Gregor Schöllgen
Brose

Gregor Schöllgen

BROSE

Ein deutsches Familienunternehmen
1908 – 2008

Econ

Econ ist ein Verlag der Ullstein Buchverlage GmbH

ISBN 978-3-430-20053-0

© der deutschsprachigen Ausgabe
Ullstein Buchverlage GmbH, Berlin 2008
Alle Rechte vorbehalten
Gesetzt aus der Janson bei LVD GmbH, Berlin
Druck und Bindearbeiten: Bercker, Kevelaer
Printed in Germany

INHALT

Vorwort

Die großen Auftritte sind nicht ihre Sache. Wenn es um die Außendarstellung geht, überlassen familiengeführte Unternehmen das Feld gerne anonymen Publikumsgesellschaften. Sie selbst bevorzugen die diskrete Präsentation, halten sich im Hintergrund. Dafür gibt es eine Reihe von Gründen, darunter den, daß sich Familien wie Unternehmen nun einmal nicht gerne in die Karten schauen lassen. Zudem zeichnen sich Familienunternehmen durch langfristiges Denken und – damit verbunden – durch ein verantwortliches Engagement für ihre Mitarbeiter und das regionale und lokale Umfeld aus, in dem sie leben und arbeiten. Mit hektischen Auftritten ist das zumal dann schwer vereinbar, wenn ihre Produkte – jedenfalls für den Endverbraucher – nicht sichtbar sind.

So auch im Falle der Familie des Firmengründers Max Brose. Daher war es nicht selbstverständlich, daß sein Enkel Michael Stoschek, der den Automobilzulieferer 35 Jahre lang als geschäftsführender Gesellschafter geleitet hat und seither als Vorsitzender der Gesellschafterversammlung fungiert, mir und meinen Mitarbeitern anläßlich des einhundertsten Firmenjubiläums uneingeschränkten Zugang zu sämtlichen Materialien der Firma wie der Familie gewährte. Also gilt ihm an dieser Stelle mein besonderer Dank,

7

in den ich seine Schwester Christine Volkmann, seine Kinder
Julia und Maximilian Stoschek, seine Nichte Gabriele Volkmann und nicht zuletzt seine Frau Gabriele Stoschek ein-
schließen will. Ohne die Gespräche, die ich mit ihnen allen
führen durfte, hätte dieses Buch kaum geschrieben werden
können. Vergleichbares gilt auch für eine Serie von Gesprächen mit Vertretern aus Politik, Wirtschaft und Gesellschaft
sowie mit Menschen aus dem Kreis der Mitarbeiter, Weggefährten und Berater Max Broses, Gisela Broses und Michael Stoscheks – aktiven wie ehemaligen –, für die ich sehr
dankbar bin.

Schließlich habe ich meinen wissenschaftlichen Mitarbeitern vom Zentrum für Angewandte Geschichte (ZAG) zu
danken: Thomas Joswiak und einmal mehr Dr. Claus W.
Schäfer haben durch ihre Recherchen in zahlreichen Archi-
ven, Bibliotheken und Institutionen maßgeblich dazu beigetragen, daß die Darstellung einer bemerkenswerten Familien-
und Firmengeschichte auf einem soliden Quellenfundament
errichtet werden konnte.

Erlangen, im Januar 2008   Gregor Schöllgen

ANFÄNGE IN BERLIN

Die Firma Max Brose

1908–1919

Die Anfänge liegen in Berlin. Am 4. März 1908 wird die »Firma Max Brose« unter der Nummer 31 763 in das Handelsregister des Königlichen Amtsgerichts Berlin-Mitte, Abteilung A, eingetragen. Als Inhaber ist »Max Brose, Kaufmann, Berlin« angegeben. Bei der Firma handelt es sich um eine »Agentur« und ein »Kommissionsgeschäft«. Ihr Sitz ist in der Charlottenstraße, die parallel zur Friedrichstraße verläuft und Kreuzberg mit Berlin-Mitte verbindet. Keine schlechte Adresse. Hier also, im Parterre der Charlottenstraße 87, Telefon IV. 9853, beginnt die Geschichte eines Familienunternehmens, das sich im Laufe eines Jahrhunderts zu einem der weltweit bedeutendsten Automobilzulieferer entwickeln wird.

Vorhersehbar ist das 1908 nicht. Aber wer ein gutes Gespür für die Trends der Zeit besitzt, weiß doch, daß Berlin der richtige Ort ist, um in der jungen Automobilindustrie Karriere zu machen. Denn Berlin ist nicht irgendeine Stadt. Berlin ist die selbstbewußte Hauptstadt des 1871 gegründeten Deutschen Reiches, zugleich die am dichtesten besiedelte Stadt Europas und eine prosperierende, quirlige Metropole, die es wohl mit den Großen der Welt aufnehmen kann.

So gesehen spiegelt die Hauptstadt die allgemeine Verfassung des Landes wider. Wohl war dem stürmischen Antritt

der Reichsgründung bereits 1873 eine Ernüchterung gefolgt, die als »Gründerkrach« in die Geschichte eingegangen ist; was nicht ohne Folgen für die Konjunktur blieb. Aber
von einer Wirtschaftskrise, gar von einer »Großen Depres-
sion«, von der die Zeitgenossen gelegentlich sprachen,
konnte bei nüchterner Betrachtung keine Rede sein.
Als dann Mitte der neunziger Jahre ein neuer, kräftiger
wirtschaftlicher Aufschwung einsetzt, ist endgültig nicht
mehr zu übersehen, daß sich das Deutsche Reich, obgleich
nicht einmal drei Jahrzehnte alt, fest im Kreis der führenden
Staaten Europas und der Welt eingerichtet hat. Durch die
Reichsgründung hat sich Deutschland – nach Rußland – als
größter Territorialstaat und als bevölkerungsreichste Nation
des Kontinents etabliert. Drei schnell und erfolgreich ge-
führte Kriege bestätigen den Ruf dieses Reiches, das nach wie
vor als die erfolgreichste Militärmacht seiner Zeit gelten
kann. Im Bereich der Bildung und der Wissenschaften nimmt
es einen der vorderen Plätze ein, und selbst als Kolonialmacht
mischt Deutschland seit Mitte der achtziger Jahre mit.
    Vor allem aber ist das Deutsche Reich wirtschaftlich auf
dem besten Weg, sämtliche Nachbarn zu überrunden. Auf
den klassischen Sektoren der Kohleförderung, der Eisener-
zeugung und der Stahlproduktion hat Deutschland die meisten Konkurrenten, darunter alte Industrienationen wie
Frankreich und Belgien, schon vor der Jahrhundertwende
weit hinter sich gelassen. Den eigentlichen Vorsprung aber
sichern sich die Deutschen bis zum Ausbruch des Ersten
Weltkrieges in den Bereichen, denen damals die Zukunft gehört. Dazu zählen die Elektro- und die Chemieindustrie, der
Maschinenbau und nicht zuletzt: die Automobilindustrie.

Zwar steckt die damals, also an der Wende vom 19. zum
20. Jahrhundert, noch in ihren Anfängen. Aber eben darin
liegt für den, der jetzt in diese junge Technik investiert, eine

große Chance. Und Berlin ist die Stadt, in der man das wie nirgends sonst in Deutschland beobachten kann. Am 30. September 1897 wird hier die erste deutsche Automobilausstellung eröffnet, auf der acht Fahrzeuge zu sehen sind. Eigentlich bildet sie nur das Rahmenprogramm für die Gründung des »Mitteleuropäischen Motorwagenvereins«, der im November 1897 aus der Taufe gehoben worden ist und ein Jahr später schon 366 Mitglieder zählt, darunter Gottlieb Daimler, Carl Benz und Rudolf Diesel. Die erste Automobilausstellung ist ein so großer Erfolg, daß ihr 1898 und 1899 eine zweite und eine dritte folgen, die bereits 100 000 Besucher anzieht.

Überhaupt sind die Jahre um die Jahrhundertwende für die Automobilisten, die ja damals zu den Pionieren zählen, eine gute Zeit. So wird Ende Juli 1899 der »Deutsche Automobil-Club« (DAC) gegründet, der sich nach dem Ersten Weltkrieg den bis heute gängigen Namen »Automobil-Club von Deutschland« gibt. Dem »Herrenfahrer-Club« gelingt es sogar, 1905 Wilhelm II. für die Schirmherrschaft zu gewinnen. Selbstverständlich ist das nicht, denn zunächst hatte der Deutsche Kaiser und König von Preußen, wie viele Zeitgenossen, erhebliche Vorbehalte gegenüber diesen »Stinkkarren«.

Mit der Zeit entwickelt sich Wilhelm II. dann aber zu einem begeisterten Automobilisten. 1904 wird der erste Wagen, ein Daimler, angeschafft; zehn Jahre später, bei Kriegsausbruch, verfügt der kaiserliche Marstall über 25 Automobile. Weil Wilhelm II. wegen seines körperlichen Handicaps, eines seit der Geburt verkrüppelten Arms, nie selbst ein Auto steuern kann, läßt er sich im Fond des Wagens Gas- und Bremseinrichtungen installieren und nimmt so Anteil am automobilen Leben.

Im übrigen liegt die Begeisterung für das neue Gefährt in der Familie: 1908, dem Jahr also, in dem sich Max Brose in

Berlin niederläßt, erfindet Prinz Heinrich von Preußen, der
Bruder des Kaisers und begeisterter »Herrenfahrer«, den
Scheibenwischer, »einen aus einem Abstreichlineal bestehenden Scheibenreiniger für die vordere Schutzscheibe an
Kraftfahrzeugen«. Zu dieser Zeit ist die Zahl der in Deutschland zugelassenen Automobile zwar noch bescheiden, aber
doch immerhin schon so hoch, daß im Oktober 1906 Kenn-
zeichen für sie eingeführt werden: IA steht für Berlin.
So bleibt die Hauptstadt, auch wegen des Wohlwollens
von allerhöchster Seite, das Zentrum der beginnenden Motorisierung Deutschlands. Seit 1905, als Berlin mehr als zwei
Millionen Bewohner zählt, werden hier die ersten Auto-
busse im Stadtverkehr eingesetzt, und auch die »Kraftfahr-
abteilung der Verkehrstruppen« hat ihren Standort in der
Hauptstadt. Im April 1907 aus der Taufe gehoben, entwikkelt sich daraus bis zum Herbst 1911 das Kraftfahr-Batail-
lon der preußischen Armee mit drei Kompanien. Seit April
1908 subventioniert die Heeresverwaltung die Anschaffung
von Lastkraftwagen, sofern sich der Eigentümer verpflichtet, diese im Ernstfall den Behörden zur Verfügung zu stellen.
Die Automobilindustrie ist also von Anfang an breit aufgestellt, wenn auch das besondere Interesse dem Personenkraftwagen gilt. Und hier zeichnen sich weltweit unterschiedliche, zunächst sogar noch gegenläufige Trends ab.
Während im fernen Amerika der legendäre Henry Ford
nach 1908 in seiner fünf Jahre zuvor gegründeten Ford Motor Company mit dem Modell »Tin Lizzie« zur Fließbandproduktion übergeht, ist der PKW in Deutschland noch ein
Luxusgut. Übrigens auch in steuerlicher Hinsicht: Im Rahmen des 1906 modifizierten Reichsstempelsteuergesetzes
firmiert die Kfz-Steuer als Luxussteuer. Bis 1921 wird sie zudem nur auf private Fahrzeuge erhoben.
Tatsächlich ist der Unterhalt eines Automobils hierzu-

lande ein Luxus. Das gilt schon für den ersten PKW, der diesen Namen verdient: Um die Jahrhundertwende baut Wilhelm Maybach, der auch 1886 den ersten vierrädrigen Kraftwagen auf die Straße gestellt hat, in der Daimler-Motoren-Gesellschaft den »Mercedes«. Mit seinem niedrigen Fahrwerk, dem verlängerten Radstand und den gleichgroßen Vorder-und Hinterrädern hebt er sich deutlicher als alle bislang gebauten Wagen von der Kutsche ab. Außerdem ist er mit einem Vierzylindermotor, der 35 PS leistet und dem »Mercedes« zu einer Geschwindigkeit von mehr als 70 Kilometern in der Stunde verhilft, ordentlich motorisiert. Allerdings ist das Fahrzeug, obgleich es bis zu 16 000 Reichsmark kostet, nicht vollständig ausgestattet. Vieles muß vom stolzen, aber eben auch wohlhabenden Besitzer hinzugekauft werden. Zum Beispiel die Beleuchtung. Seit 1908 kann man sie in Berlin über die Firma Max Brose beziehen. Brose ist nämlich Generalvertreter der Firma Carl Erbschloe seelig Wittib Elberfeld, und die wiederum firmiert als »Spezialfabrik für Automobillaternen, Karosserie u. Wagenbeschläge«.

Heinrich Hermann »Max« Brose hat am 4. Januar 1884 wohl als drittes von vermutlich fünf Kindern im westfälischen Osnabrück das Licht der Welt erblickt. Seine Eltern sind der Wagenbauer Johann Carl Hermann Brose, der sich »Karl« nennt, und Maria Elisabeth Brose, geborene Bußmann. Karl Brose ist am 13. September 1848 geboren worden, also zu einer Zeit, als sich Europa, auch Deutschland, in einer Phase des allgemeinen politischen, wirtschaftlichen und sozialen Umbruchs befindet. Zur Welt kommt Karl Brose in Münster in Westfalen – wie schon sein Vater Johann Christof Brose, der dort am 25. September 1822 geboren worden ist. Über diesen, also über Max Broses Großvater, liegen unterschiedliche, mitunter auch widersprüchliche

Angaben vor. Er hatte wohl sieben Kinder – drei Töchter
und vier Söhne.

Sicher ist, daß Johann Christof zum Zeitpunkt der Geburt
seines Sohnes Karl »Unteroffizier des 1. Eskadron 11. Hu-
saren-Regiment« gewesen ist, übrigens wie sein Vater Johann Andreas, also der Urgroßvater Max Broses, von dem
wir nur wissen, daß er zum Zeitpunkt der Geburt von Johann Christof, mithin 1822, beim 13. Infanterieregiment in
Münster gedient hat. Es spricht also einiges dafür, daß es in
der Familie Brose eine militärische Tradition gibt und daß
die Broses in diesem Zusammenhang mit Pferden zu tun
hatten. Für den weiteren beruflichen Weg der Familie ist
das nicht ohne Belang: Max Broses Großvater Johann Christof, der bei den Husaren gedient hat, bringt es immerhin
zum »Postwagenmeister«.

Sein Sohn Karl, Max Broses Vater, kommt noch eine Station weiter, und firmiert seit den achtziger Jahren des
19. Jahrhunderts als »Wagenfabrikant«. Offenbar ist diese
berufliche Verbesserung eine Folge seiner Hochzeit mit Maria Elisabeth Bußmann, die am 7. Februar 1852 als Tochter
des Wagenfabrikanten Johann Erich Bußmann in Osnabrück
geboren worden ist. Denn als Karl Brose am 27. Juli 1875 Maria Elisabeth Bußmann heiratet, ist er noch »Postgehilfe«.
Danach firmiert er als »Wagenfabrikant«, bald auch als Inhaber der Firma J. E. Bußmann – jedenfalls bis 1887.

Warum Karl Brose nach elf Jahren Osnabrück verläßt und
die Stellung in der Firma seiner Frau aufgibt, wissen wir
nicht. Wie überhaupt die verfügbaren Informationen über
ihn und seine Familie nur ein spärliches Licht auf die achtziger Jahre, also auf die Osnabrücker Zeit, werfen. Offenbar
haben die beiden fünf Kinder, vier Jungen und ein Mädchen.
Erich ist wohl der Älteste; über die Tochter ist nichts Nähe-
res bekannt. Sicher ist, daß Friedrich Heinrich Hermann
»Carl« und eben Heinrich Hermann »Max« am 8. Mai

1880 beziehungsweise am 4. Januar 1884 in Osnabrück geboren werden.

Vier Jahre nach Max' Geburt also verläßt die Familie Osnabrück, geht für einige Jahre zurück nach Münster, um dann nach Elberfeld zu ziehen, wo Max Broses Vater jetzt dem Beruf des »Reisenden« nachgeht. Elberfeld und das benachbarte Barmen, die nach 1930 unter dem Namen »Wuppertal« verbunden sein werden, liegen in einem Tal, durch das »träg und verschlammt« die Wupper »kriecht«, deren »jämmerliche Erscheinung, dem eben verlassenen Rheine gegenüber, die Erwartungen bedeutend herab[spannt]«. So beschrieb jedenfalls Friedrich Engels – Unternehmer, Schriftsteller, Weggefährte von Karl Marx und vielleicht bekanntester Sohn der Doppelstadt – 1839 im ersten seiner »Briefe aus dem Wuppertal« seine Heimat. Seit 1890 leben Karl Brose und wahrscheinlich auch seine Familie also hier, im bergischen Land.

Das bergische Land, das 1815 zu Preußen gekommen ist, durchlebt in der ersten Hälfte des 19. Jahrhunderts eine schwere, anhaltende Krise, weil die englische Konkurrenz in der Napoleonischen Ära von der Kontinentalsperre profitiert und unter anderem die traditionellen bergischen Absatzgebiete erobert hat. Dank einer Reihe technischer und organisatorischer Neuerungen, wie der Einrichtung der ersten modernen Handelskammer in Deutschland und der Gründung von Aktiengesellschaften, gelingt dann aber, vom Wuppertaler Gewerbe ausgehend, nach der Jahrhundertmitte die Trendwende.

So auch bei der Firma Carl Erbschloe sel. Wwe., die als älteste Firma Elberfelds gilt und Anfang Dezember 1740 gegründet worden ist. Mitte des 19. Jahrhunderts firmiert sie als »Fabrik von Messing-, Neusilber- und plattierten Geschirr- und Wagenbeschlägen, Peitschen, Wagenborden,

Gurten, Decken und Bändern, Gaslampen und Militär-
Equipements«. Sie ist eine der fünf Elberfelder »Eisen-,
Bronce- und Blechwarenfabriken«. Inhaber beziehungsweise
»Associers« sind die »Wwe. Carl« sowie Julius, wohl ihr
Sohn. Bald nach der Jahrhundertmitte gesellt sich Carl Erb-
schloe, vermutlich ein Enkel der Witwe und Sohn von Julius,
als weiterer Associer hinzu.

Danach scheint sich die Familie mehr und mehr aus dem
Unternehmen zurückzuziehen. Jedenfalls hat der im Dezember 1887 verstorbene Kaufmann Julius Erbschloe sein
gesamtes unbewegliches Vermögen der Stadt Elberfeld vermacht, die damit, wie von diesem verfügt, 1894 ein Stift eröffnet. Ähnlich hält es der Universalerbe. Auch Carl Erbschloe vermacht der Stadt sein Vermögen zugunsten des
Stiftes. Ende der achtziger Jahre hat er sich in der Nähe von
Brüssel niedergelassen und um 1890 in Elberfeld mit Carl
Wiedemann einen Geschäftsführer eingesetzt.

1894/95 tauchen Carl Wiedemann und der vormalige
Handelsreisende Karl Brose im Adreßbuch der Stadt Elberfeld als neue Inhaber der Firma Carl Erbschloe sel. Wwe. auf.
Überraschend ist das nicht, denn Carl Wiedemann hat ja
den Betrieb viele Jahre lang als Geschäftsführer geleitet, und
was Karl Brose angeht, so war nicht nur schon der Vater als
Postwagenmeister tätig; auch er selbst hat ja als Wagenfabrikant in der Firma seiner Schwiegereltern sein Auskom-
men gefunden.

Nach der Jahrhundertwende wird aus der Fabrik für Satt-
ler und Wagenbauer, wie sie sich zwischenzeitlich nennt,
eine »Metallwarenfabrik«, und Karl Brose, einer der beiden
Inhaber, bezeichnet sich seit 1907 als Kaufmann. Viel mehr
als diese dürren Informationen stehen uns nicht zur Verfügung, weil sämtliche aussagekräftigeren Unterlagen im
Bombenhagel des Zweiten Weltkriegs vernichtet worden
sind. Nach dem verheerenden britischen Luftangriff von

Ende Mai 1943, bei dem 3400 Menschen getötet und acht-
zig Prozent der Wohnfläche zerstört wurden, schrieb die
Londoner *Times:* »Keine Industriestadt in Deutschland ist
zuvor so vollständig von der Landkarte wegradiert worden.«
Bis 1905 wohnt Familie Brose in der Wiesenstraße 34.
Hier wachsen die Kinder auf, auch Karls Sohn Max Brose.
Offenbar standen schon diesem nicht mehr die Unterlagen
über seine Kindheit und Jugend, nicht einmal über seine
Schulzeit zur Verfügung, als er ein halbes Jahrhundert später, im Herbst 1945, den Fragebogen der amerikanischen
Militärregierung ausfüllte. Die Angabe, er habe von 1890
bis 1900 die Elberfelder Oberrealschule besucht, ist so kaum
zutreffend. Sicher ist Max Brose zunächst für einige Jahre in
die Volksschule und danach in die neu erbaute »Realschule
in der Nordstadt zu Elberfeld« gegangen. Jedenfalls ist er in
einer der dortigen Vorschulklassen zu finden, die Mitte
April 1893 mit insgesamt 38 Schülern den Unterricht aufnehmen und drei Jahrgänge umfassen. So drückt auch sein
Bruder Felix Brose in dieser Klasse die Schulbank.

Ein Jahr später werden die beiden Broses in die Sexta aufgenommen und bringen damit die folgenden Voraussetzungen mit: »Bekanntschaft mit den wichtigsten Geschichten des alten und neuen Testaments; Geläufigkeit im Lesen
deutscher und lateinischer Druckschrift; Kenntnis der Re-
deteile; eine leserliche und reinliche Handschrift (deutsch
und lateinisch); Fertigkeit Diktiertes ohne grobe orthogra-
phische Fehler nachzuschreiben; Sicherheit in den vier
Grundrechnungsarten mit ganzen Zahlen.«
Die Brüder bleiben bis zum Schuljahr 1897/98. Felix Brose
verläßt die Schule im Winterhalbjahr ohne das Einjährige,
mithin auch ohne Reifeprüfung; Max Brose besucht seit
Frühjahr 1898 die Obertertia der Oberrealschule in Elberfeld, legt dort im März 1900 die mündlichen und schriftlichen Abschlußprüfungen der Untersekunda ab, und hat da-

mit das Einjährige. Erstaunlich, daß es Max überhaupt so lange in der Schule ausgehalten und nicht wie Bruder Felix längst das Weite gesucht hat. Denn die Broses sind Leute der Praxis. Schulbänke sind lästige Hürden auf dem geraden Weg zum beruflichen Erfolg. Außerdem hat die Elberfelder Realschule nicht den besten Ruf. Als Friedrich Engels 1839 seine »Briefe aus dem Wuppertal« schrieb, galt sie zwar auf der einen Seite »als sehr gut fundiert«; andererseits aber herrschte »auf ihr jene fürchterliche Heftschreiberei, die einen Schüler in einem halben Jahre stumpf machen kann«.

Aber schon der junge Max Brose ist nicht nur Praktiker, er ist auch Pragmatiker. Für die Laufbahn bis zum Einjährigen dürfte neben anderen Erwägungen auch die maßgeblich gewesen sein, daß der sechsjährige Besuch einer weiterführenden Schule von der allgemeinen Wehrpflicht befreit, aber die Möglichkeit für den »einjährig-freiwilligen« Militärdienst und damit für den Titel eines Reserveoffiziers offenhält. Das Reserveoffizierspatent gilt damals gerade auch in bürgerlichen Kreisen einiges. Wer gesellschaftlich und beruflich reüssieren will, tut gut daran, ein solches zu besitzen.

Im kaiserlichen Deutschland hat das Militär einen hohen Stellenwert. Es ist also keine Frage ob, sondern wann, wo und wie lange man dient. Max Brose kümmert sich zunächst um seine berufliche Laufbahn. Vom Frühjahr 1900 bis zum Herbst 1906 absolviert er offenbar in großen Firmen des In- und Auslandes eine kaufmännische Ausbildung, arbeitet danach in der väterlichen Fabrik in Elberfeld und leitet zuletzt deren Filialbetrieb in Berlin. Erst danach, am 1. Oktober 1906, tritt er seinen Militärdienst beim Fußartillerie Regiment 14 an, bleibt der Armee als Reservist verbunden, wird im März 1913 zum Leutnant befördert und beschreibt seine Funktion schließlich als »militärischer Fahrlehrer und Kraftfahrzeug-Sachverständiger«.

Auf eigenen Beinen:
1908 eröffnet der vierundzwanzigjährige Kaufmann Max Brose in
Berlin eine Firma für »Motoren-
fahrzeugbestandteile«.

Wenn also auch auf dem Weg dorthin manche Frage offen
bleiben muß, ist doch sicher, daß der Vierundzwanzigjährige
nach Ablauf seiner Militärzeit am 4. März 1908 in Berlin die
Firma Max Brose ins Leben ruft, die Automobilzubehör
vertreibt, und daß er zugleich offiziell als »Generalvertreter« der Elberfelder Firma Carl Erbschloe seelig Wittib in
der Hauptstadt residiert. Dahinter steckt eine interessante
Geschichte. Es ist die Geschichte Karl Broses und seiner
Söhne. So lückenhaft sie auf der einen Seite bleiben muß, so
sicher wissen wir andererseits, daß die beiden Inhaber der
Firma Carl Erbschloe seelig Wittib, Carl Wiedemann und
Karl Brose, bis 1907 aus der Firma ausscheiden. Karl Brose

verläßt übrigens spätestens 1910 Elberfeld und lebt mit seiner Frau zumindest seit 1912 in Düsseldorf.

Offenbar ist aber das Stammhaus in Elberfeld kein ausreichendes Betätigungsfeld für drei beziehungsweise vier aufstrebende Jungunternehmer. Jedenfalls treten lediglich Erich und Felix Brose vor Ort in die väterlichen Fußstapfen, während Bruder Carl seinen künstlerischen Neigungen folgt und Bruder Max in die prosperierende Hauptstadt geschickt wird, um dort die Interessen des Elberfelder Familienunternehmens Carl Erbschloe seelig Wittib wahrzunehmen. 1916 tritt dann die »Wwe. Felix« als Teilhaberin an die Stelle von Felix Brose, was darauf hindeutet, daß der jüngste Sohn von Karl und Maria Elisabeth Brose im Krieg gefallen sein muß. 1919 wird auch sie nicht mehr als Teilhaberin geführt. Dafür taucht jetzt Carl Brose als »Fabrikleiter« auf. Dabei handelt es sich um den Bruder von Erich, Max und Felix Brose, der nach der Rückkehr aus dem Feld in dem Familienunternehmen die Stelle des gefallenen Felix einnimmt.

Seiner Neigung entspricht das ursprünglich nicht. Denn Carl Brose hat den Beruf des Bildhauers erlernt, hat zunächst an der Königlichen Akademie für graphische Künste und Buchgewerbe in Leipzig, anschließend von 1902 bis 1907 an der Kunstakademie in Dresden studiert. Dort ist er auch bis 1914 tätig. Aus der vergleichsweise kurzen Zeit seines künstlerischen Schaffens stammen neben Portraitbüsten, Plaketten und Metallarbeiten wie Schmuckkästen und Schalen auch einige Figuren in Bronze, darunter »Sieger«, »Weiblicher Akt« oder »Bauernmagd einen Stier treibend«, die 1993 auf einer Auktion auftauchte.

Als Carl Brose in die väterliche Firma Carl Erbschloe seelig Wittib Elberfeld eintritt, genügt er zunächst nur der Pflicht. Allerdings bleibt er dann bei dieser Entscheidung, kehrt also nicht mehr in den erlernten Beruf des Bildhauers zurück, obgleich er neben seinem offenbar schwierigen Bruder Erich seine unternehmerischen Vorstellungen kaum angemessen verwirklichen kann, und der Erste Weltkrieg – wohl auch deshalb – den Rückzug der Brüder Brose aus dem Unternehmen einleitet. Erich taucht seit 1927 im Einwohnerbuch der Stadt Elberfeld nur noch als »Fabrikant« auf. Die Firma Carl Erbschloe seelig Wittib wird nicht mehr erwähnt, jedenfalls nicht mehr in Verbindung mit seinem Namen. Carl und Max gründen ihre eigenen Firmen – der eine in Elberfeld, der andere in Coburg. Der Ältere ruft 1920 in Elberfeld die Firma Carl Brose & Co. ins Leben, die sich zunächst auch auf »Automobilzubehör« konzentriert, dann aber mit Informationsanzeigen für den Fahrgast reüssiert. Dem Inhaber eilt bald der über Elberfeld hinausreichende Ruf des »Schilderkastenkönigs« voraus. Denn Carl Brose, der Bruder von Max, hat sich auf die »präzise Information für den Fahrgast« an Bussen und Bahnen spezialisiert. Die Entwicklung beginnt mit Stecktafeln aus Blech und geht dann über den 1925 vorgestellten Rollband-Schilderkasten hin zu alphanumerischen Anzeigen, die 1980 aufkommen, bis hin zu den LCD-Innenanzeigen, die seit 1990 gebräuchlich sind. Inzwischen existiert Carl Brose & Co. nicht mehr als eigenständiges Unternehmen. 25 Jahre nach dem Tod Carl Broses Anfang Juli 1959 geht es in der Schaltbau AG auf, behält allerdings seinen Namen.

Mithin hat nur einer der vier Söhne von Karl Brose die Familientradition als Automobilzulieferer dauerhaft und mit Erfolg fortsetzen können. Ob sich Max Brose das hat vorstellen können, als er Anfang März 1908 seine eigene Firma ins Handelsregister des Amtsgerichts Berlin-Mitte eintragen läßt? Zunächst ist er ja außerdem als Generalvertreter

der Elberfelder Firma Carl Erbschloe seelig Wittib tätig,
steht also unternehmerisch auf zwei Beinen. Allerdings wird
bald erkennbar, daß der Name »Max Brose« zu einem eigenen Markenzeichen wird, das den Traditionsnamen des Elberfelder Familienunternehmens in den Schatten stellt.
1910 läßt er seine Firma unter der Rubrik »Motorenfahr-
zeugbestandteile« ins Berliner Adreßbuch eintragen, und
im folgenden Jahr ist sein Eintrag dort beinahe so groß wie
derjenige der Firma Carl Erbschloe seelig Wittib Elberfeld,
in der im übrigen der Hinweis »Generalvertreter: Max
Brose« in fetten Lettern hervorgehoben ist.

Und wenn die Größe der Anzeige Rückschlüsse auf den
geschäftlichen Erfolg zuläßt, dann hat die Firma Brose die
Firma Erbschloe spätestens 1912 hinter sich gelassen. Beinahe viermal so groß wie die der Firma Erbschloe prangt die
eigene Anzeige nun im Berliner Adreßbuch. Außerdem ist
die Palette des angebotenen »Automobilmaterials« deutlich
erweitert und umfaßt nunmehr: »Automobil-Beschläge,
Windschutzscheiben, Innenausstattungen, Klappsitze usw.
Automobil-Laternen, Scheinwerfer u. Entwickler, Signal-
Instrumente«.

Inzwischen hat sich der Jungunternehmer auch räumlich
verändert. 1911 bezieht die Firma Brose in der Charlottenstraße 5, zwei Jahre später in der Charlottenstraße 13 neue
und jeweils größere Geschäftsräume, und seit 1912 wohnt
Max Brose privat in der Courbièrestraße. Das hat seinen
Grund, denn er ist in den Stand der Ehe eingetreten: Am
17. April 1911 hat der Kaufmann Max Brose, »katholisch«,
Elfriede Anna Auguste Lehmann, »evangelisch«, geheiratet.

Friedrich Lehmann, der Schwiegervater von Max Brose,
im November 1841 in Berlin geboren, ist seit Juni 1873 mit
der Pfarrerstochter Johanna Wilke verheiratet, die ihrerseits
im August 1848 in Usch, Provinz Posen, zur Welt gekom-

Herzliche Grüße vom Brocken

BROCKEN, IM AUGUST 1911.

Nie ohne: Für Max Brose und seine Frau Elfriede – hier 1911 auf der Hochzeitsreise im Harz – gehört der Hund zur Familie.

men ist. Offenbar haben die Eheleute Lehmann nach der Hochzeit einige Zeit in der Provinz Posen gelebt. Denn dort – in Zachasberg, dem heutigen Zacharzyn, einem damals kaum 900 Seelen zählenden Ort – ist ihre Tochter Elfriede am 12. Februar 1885 geboren worden. Als sie Max Brose heiratet, lebt die Familie in Berlin, dort sterben auch die Eltern, Vater Lehmann im Mai 1917, die Mutter im März 1919.

Die Hochzeit von Max und Elfriede Brose findet in Charlottenburg statt, Trauzeugen sind Pfarrer Friedrich Lehmann, der Vater der Braut, und der Rentner Karl Brose, also

23

Max' Vater, der jetzt in Bonn lebt. Die Hochzeitsreise führt das junge Paar und seinen Hund – der fortan zur »Familie« gehört – im August nach Schierken am Brocken. Der Gatte hat nämlich geschäftlich in Hamburg zu tun, und da läßt sich der Umweg in Kauf nehmen. Ansonsten hüllen sich unsere Quellen über Einzelheiten des Ehe- und Familienlebens der Broses aus dieser Zeit in Schweigen. Wir wissen lediglich, daß am 4. Februar 1912 ihre erste Tochter, Gisela Maria Johanna Brose, geboren wird.

Inzwischen prosperiert das Geschäft Max Broses, einstweilen noch in Berlin. Wie es aussieht, sorgt dessen eigene Firma für einen ordentlichen Umsatz, während die Elberfelder mit ihren technischen Neuerungen führend sind. So meldet die Firma Carl Erbschloe seelig Wittib im Januar 1913 in Österreich eine »Laterne für Automobile und dgl. mit verstellbarem Lichtkegel« zum Patent an, und im gleichen Jahr sorgt Erich Brose für die Patentierung von »Improvements in or relating to Vehicle Lamps« in Großbritannien.

Unterdessen wächst der Hauptkatalog von »Max Brose/ Automobilmaterial« für die Saison 1913/14 auf stattliche 106 Seiten an, der für das Geschäftsjahr 1914/15 sogar auf 149 Seiten. Das Angebot reicht jetzt von »Abfüllböcken« bis »Zylinderlötgebläsen«. Offenbar hat die Firma zu diesem Zeitpunkt sechs Abteilungen, darunter jeweils eine für »Motorrad- und Motorboots-Material« sowie für »Bekleidungs-Stücke« aller Art, zu der auch »Hundebrillen« gehören. Mit anderen Worten: ganz gleich mit welchem motorisierten Gefährt, in welcher Begleitung und wie gewandet sich der Automobilist in Bewegung setzt, bei Max Brose wird er umfassend ausgestattet.

Er selbst darf im übrigen erst seit kurzem ein Auto steuern: Am 7. Juni 1913 hat der neunundzwanzigjährige Kaufmann

No. 144/739 **Hundebrille**
Ledermaske mit Kopf- und Hals-
bändern, Federkapseln
Preis pro Stück . . . **M. 3.60**

Alles im Angebot: Die Hundebrille für den vierbeinigen Begleiter
des Automobilisten ist im Produktkatalog 1914/15 abgebildet.

Max Brose beim »amtlich anerkannten Sachverständigen
Herrn Ingenieur Preuß« in Berlin die Führerscheinprüfung
abgelegt, ist hernach berechtigt, »einen Kraftwagen mit Ver-
brennungsmaschinen Klasse 3 ... zu führen«, muß dabei allerdings »Augengläser« tragen.

Sein aufschlußreicher Hauptkatalog für 1914/15 bietet unter anderem eine Auto-Dynamo-Beleuchtung unter dem
Markennamen »Mabro« an. Das Kürzel steht für »Max
Brose«. So unterschreibt er gelegentlich persönliche Briefe,
so nennen ihn seine Freunde, so lautet seit 1919 auch seine
Telegrammadresse. Und dann tauchen in diesem Katalog
erstmals »Atlas-Kerzen« auf. Am 24. Januar 1914 hat die
»Fa. Max Brose, Berlin« das Zeichen »Atlas« als Markenzeichen für »Zündkerzen für Explosionsmotore« (sic) angemeldet, vier Monate später ist es mit der Nr. 194250 ins

Markenregister eingetragen worden. Der Erweiterung der Produktpalette entsprechend, läßt die Firma dasselbe Zeichen Ende 1921 auch für »Vulkanisierungsapparate für Fahrräder« registrieren.

Neben Zündkerzen und Vulkanisierungsapparaten führt Max Brose seit den zwanziger Jahren zahlreiche weitere Produkte unter diesem Namen, darunter Wagen- und Fensterheber. Da sein Unternehmen bis Kriegsende über keine eigene Fertigung verfügt, dürften die Atlas-Produkte zu diesem Zeitpunkt von einem Hersteller für Brose produziert worden sein. Mit der Aufnahme einer eigenen Produktion in Coburg ändert sich das. Zwar werden selbst nach dem Zweiten Weltkrieg bei Brose in Coburg noch Atlas-Produkte hergestellt und verkauft, darunter Herde und Haushaltsgegenstände. Allerdings ist der Name zu diesem Zeitpunkt nicht mehr geschützt, sondern Mitte Mai 1934 aus dem Markenregister gelöscht worden. Inzwischen ist der Name »Brose« längst zu einem eigenständigen Markenzeichen geworden.

Als der Hauptkatalog 1914/15 auf den Markt kommt, gelten alle »Preise mit 150% Aufschlag!«. Der Grund dafür ist der Kriegsausbruch. Nachdem die englische Seeblockade das Deutsche Reich wenige Tage nach Kriegsbeginn nicht nur von den ausländischen Märkten, sondern auch von der Rohstoffzufuhr abschneidet und im preußischen Kriegsministerium eine sogenannte Kriegsrohstoffabteilung eingerichtet wird, zeichnet sich auch für die deutsche Wirtschaft eine Katastrophe ab.

Angebahnt hat sie sich spätestens seit 1908. In dem Jahr, in dem der ungekrönte Autokönig Henry Ford sein Modell T auf den Markt bringt, Prinz Heinrich von Preußen den Scheibenwischer erfindet und der Kaufmann Max Brose in Berlin sein Geschäft eröffnet, in diesem Jahr 1908 also brauen

sich am Horizont des europäischen Geschehens dunkle Ge-
witterwolken zusammen. Zwar scheinen sie sich kurzzeitig
immer wieder einmal aufzulösen, tatsächlich aber verdich-
ten sie sich im Laufe der Jahre zu einem Unwetter, das
schließlich, im Sommer 1914, mit großer Gewalt hervor-
bricht und alsbald Europa, später auch große Teile der übrigen Welt in die bis dahin größte Katastrophe der neueren
Geschichte reißt. Nichts und niemand in Deutschland bleibt
davon unberührt.

Auslöser für die dramatischen Entwicklungen sind die
Vorkommnisse auf dem Balkan, der immer noch zu einem
nicht geringen Teil von den Türken beherrscht wird. Als
eine innere Krise, die sogenannte jungtürkische Revolution,
das ohnehin marode Imperium der Sultane erschüttert,
nutzt Österreich-Ungarn die Chance und annektiert Anfang Oktober 1908 die noch türkischen Provinzen Bosnien
und die Herzegowina. Aus dieser brisanten Konstellation
entwickelt sich eine explosive Situation.

Rußland, das damals mit dem Deutschen Reich eine gemeinsame Grenze hat, unterstützt Serbien, das sich durch
die Annexion Bosniens und der Herzegowina übervorteilt
fühlt. Deutschland stellt sich ohne Wenn und Aber hinter
die Doppelmonarchie, weil sich die Deutschen seit dem ausgehenden 19. Jahrhundert durch ihre offensiv wirkende Politik in eine fast vollständige Isolierung manövriert und nur
noch einen Partner haben, auf den sie sich wirklich verlassen können, und das sind die Österreicher.

Was immer die fortan tun, wird von Berlin unterstützt. So
in den Balkankriegen der Jahre 1912/13. So auch in der sogenannten Julikrise des Jahres 1914. Ist es ein Zufall, daß sie
in Bosnien-Herzegowina ausgelöst wird? Jedenfalls ist die
Gegend seit 1908 ein Unruheherd. Als Österreichs Thron-
folger Franz Ferdinand ihr anläßlich eines Manövers einen
Besuch abstattet und mit seiner Gattin im offenen Automo-

bil – einem »Gräf & Stift-Doppelphaethon« – Sarajevo passiert, werden die beiden auf offener Straße erschossen.
Daß Österreich-Ungarn darauf antworten muß, ist klar. Wie es darauf antworten wird, macht es von Deutschland abhängig, und als von dort das unmißverständliche Signal kommt, daß man für alle Fälle, also auch für den Fall, daß Rußland auf den Plan tritt, hinter dem Partner stehen werde, geht Österreich in die Offensive und greift Serbien an. So findet sich Deutschland gleichsam über Nacht in einem großen europäischen Krieg wieder. Nachdem das Reich selbst die Flucht nach vorne angetreten, am 1. beziehungsweise 3. August 1914 Rußland und Frankreich den Krieg erklärt hat und seine Truppen nach Belgien einmarschiert sind, quittiert die britische Regierung diesen Akt ihrerseits mit einer Kriegserklärung an Deutschland. Kaum jemand hält es damals für möglich, daß sich dieser Krieg mehr als vier Jahre hinziehen und zur Urkatastrophe des 20. Jahrhunderts werden könnte.

Der Reserveoffizier Max Brose wird bereits am 18. Juli 1914 zum Kraftfahrbataillon eingezogen, kommt dann zur Etappen-Kraftwagenkolonne 39 und von dort zur Tankkolonne der 5. Armee. Seit Ende März 1915 ist er in dieser Armee Adjutant beim Kommandeur der Kraftfahrtruppen. Das heißt, er kommt an der Westfront zum Einsatz. Seit der deutsche Angriff bereits Mitte September 1914 an der Marne aufgehalten und damit der ursprüngliche Plan eines schnellen Sieges über Frankreich gescheitert ist, liefern sich hier die Armeen Deutschlands und seiner Kriegsgegner eine beispiellose Abnutzungsschlacht, die als »Stellungskrieg« in die Geschichte eingegangen ist.
An kaum einem zweiten Ort wird das so sichtbar wie bei Verdun, wo auch Leutnant Brose im Einsatz ist. Hier entwickelt sich im Laufe des Jahres 1916 aus einer deutschen

Offizier mit Familie: Während des Ersten Weltkrieges dient Max Brose – hier 1917 mit Ehefrau Elfriede und Tochter Gisela – bei den Kraftfahrtruppen des Heeres.

Offensive eine der längsten und verlustreichsten Schlachten des Krieges und damit der neueren Geschichte überhaupt: In dieser »totalen Schlacht«, die im Februar 1916 beginnt und im Juli 1916 erst einmal abgebrochen wird, verlieren mehr als eine halbe Million Deutsche und Franzosen ihr Leben oder werden verwundet.

Bis Mitte Januar 1917 bleibt Max Brose an der Westfront. Nach diversen weiteren Stationen, unter anderem im Kriegsministerium, wird er am Ende des Krieges von Berlin nach Elbing in Ostpreußen geschickt, um dort ein Kraftwagendepot aufzulösen. 1918 unterhalten die deutschen Truppen einen Fuhrpark von 12 000 PKW, 25 000 LKW, 3200 Sanitätskraftwagen und 5400 Motorrädern. Das ist beachtlich, wenn man bedenkt, daß die Motorisierung des Heeres noch in den Anfängen steckt und das Pferd neben der Eisenbahn nach wie vor das wichtigste Transportmittel ist.

Als Max Brose, einer der wenigen Kfz-Fachleute der Armee, im Juni 1918 zum Oberleutnant befördert wird, ist er bereits hochdekoriert. Insgesamt wird er während des Kriegs mit rund einem Dutzend Orden ausgezeichnet, darunter das Eiserne Kreuz 1. und 2. Klasse, das Hessische Allgemeine Ehrenzeichen, das Hamburgische Hanseatische Kreuz, das Sachsen-Meiningen-Ehrenkreuz, das Oldenburger Kriegskreuz 1. und 2. Klasse, das Bulgarische Ritterkreuz, das Braunschweiger Kreuz, das Sachsen-Weimar-Ehrenkreuz sowie das Lipper Verdienstkreuz.

Und die Familie? Und das Geschäft? Was die Familie angeht, so bleiben Elfriede Brose und Tochter Gisela während des Krieges in Berlin, ziehen aber mehrfach um, zuletzt in die Charlottenburger Windscheidtstraße 36/I. Dort wird am 6. Juni 1918 die zweite Tochter Christa Eva Elfriede Anna geboren, die in der Familie »Christel« genannt wird.

Gut möglich, daß Elfriede Brose sich auch um das Geschäft kümmert. Wohl ist Max, vor allem am Kriegsende, häufig in Berlin; aber um die Firma zu führen, dazu reichen solche Visiten natürlich nicht aus. Jedenfalls wird das Unternehmen »Max Brose … Automobil-Material« im Adreßbuch weitergeführt, und auch die Firma Carl Erbschloe seelig Wittib Elberfeld nennt Max Brose nach wie vor als Generalvertreter. Erst 1918 ändert sich das: die Elberfelder tauchen einstweilen nicht mehr auf, und Max Broses Firma führt jetzt auch Werkzeuge im Programm. Außerdem hat Max Brose seit dem 20. Juli des Jahres auch seinen Wohnsitz in Coburg.

Vermutlich ist Max Brose erstmals 1917 nach Coburg gekommen. Dort erfährt er, daß die Firma Haußknecht zum Verkauf steht. Etwa zu dieser Zeit, spätestens aber bei Kriegsende, als er im ostpreußischen Elbing ein Kraftwagende-

Im siebten Himmel: Max Broses Partner Ernst Jühling 1936 mit seiner
zweiten Frau Hertha.

pot aufzulösen hat, trifft er Ernst Otto Jühling. Jühling, am
15. Dezember 1875 geboren, hat zunächst Maschinenbau und
Elektrotechnik studiert, sich dann aber der Chemie zuge-
wandt, weil seine Frau, Maria Wunderlich, mit der Familie
Boehringer Ingelheim verwandt ist und deren Chef den jungen Jühling in die Firma aufnehmen will. Dort steigt Jühling
1904 in die Alkaloid-Abteilung ein, übernimmt sogar ihre
Leitung, scheidet aber 1919 wieder aus dem Unternehmen
aus. Zwei Jahre zuvor hat er Verwandten sein Haus verkauft.
Jetzt sucht er für den Erlös eine gewinnbringende Anlage.

Aus der Ehe von Ernst Otto und Maria Jühling gehen drei
Töchter hervor: Martha, Charlotte und Ruth. Für den weiteren Lebensweg Ernst Jühlings, aber auch Max Broses und
ihrer gemeinsamen Firma, ist es nicht unerheblich, daß sich
dieser von seiner ersten Frau trennt und 1925 Hertha Ritter

heiratet. Deren gemeinsamer Sohn Peter Jühling, der im September 1925 das Licht der Welt erblickt, wird in den fünfziger Jahren den Anlaß dafür geben, daß Ernst Jühling als Teilhaber aus dem gemeinsam mit Max Brose in Coburg aufgebauten Unternehmen ausscheidet.

Genau genommen ist es also einer Serie von Zufällen zu verdanken, daß der Berliner Kaufmann Max Brose ausgerechnet nach Coburg kommt und dort den Grundstein für ein heute weltweit operierendes Firmenimperium legt. Als es ihn dorthin verschlägt, ist die Welt in Coburg noch in Ordnung, jedenfalls für einige Wochen. Das seit dem Hildburghäuser Erbteilungsvertrag von 1826 regierende Haus Sachsen-Coburg hält die räumlich getrennten Landesteile Coburg und Gotha zusammen, die sich in herzlicher Abneigung zugetan sind. Das größere Gotha will sich nicht vom kleinen Coburg bevormunden lassen, und Coburg fürchtet, von Gotha erdrückt zu werden. Dennoch hält der Zusammenschluß.

In den revolutionären Wirren des Herbstes 1918 geht auch dieser unter. Zwei Tage bevor das Deutsche Reich und seine Kriegsgegner den Waffenstillstand unterzeichnen, am 9. November 1918, werden nicht nur in Berlin mit der Ausrufung der Republik und der Abdankung Wilhelms II. die Weichen neu gestellt, sondern auch in Sachsen-Coburg und Gotha: Der Arbeiter- und Soldatenrat in Gotha erklärt den Herzog für abgesetzt. Nachdem sich am nächsten Tag, also am 10. November, auch in Coburg ein eigener Arbeiter- und Soldatenrat gebildet hat, der sowohl die Stadtverwaltung als auch das herzogliche Ministerium unter seine Kontrolle bringt, und ein von Sozialdemokraten organisierter Demonstrationszug deutlich gemacht hat, wohin es die Untertanen zieht, verzichtet Herzog Carl Eduard am 13. November 1918 auf den Thron.

Am 1. März 1919 konstituiert sich die drei Wochen zuvor gewählte und von den Sozialdemokraten dominierte Landesversammlung. Die verabschiedet am 10. März eine provisorische Verfassung und beschließt am 12. April 1919 die Trennung von Gotha. Fortan ist Coburg ein Freistaat von 562 Quadratkilometern Fläche und mit rund 74000 Einwohnern, die wissen, daß ihr Zwergstaat nicht überlebensfähig ist, jedenfalls nicht aus eigener Kraft. Aber wo will man unterkommen? Zur Auswahl stehen Thüringen und Bayern. Für Thüringen sprechen jahrhundertealte Beziehungen und konfessionelle Verbindungen. Allerdings ist die Versorgungslage miserabel. Vor allem aber hat dort die Linke eine ihrer Hochburgen, und das gefällt den Coburgern, deren Magistrat beziehungsweise Stadtverordnetenversammlung von den Bürgerlichen dominiert wird, gar nicht.

Also Bayern. Nachdem der Landtag in München schon Ende Juli 1919 dem Anschluß zugestimmt und auch eine Volksbefragung in Coburg Ende November eine deutliche Mehrheit gebracht hat, geht der Freistaat Coburg am 1. Juli 1920 im Freistaat Bayern auf. Zwar wird der Schritt nach den Zusammenstößen der Polizei mit linken Demonstranten am 3. September 1921, dem sogenannten Blutsonnabend, gelegentlich in Frage gestellt, aber dann doch nicht revidiert. Es lebt sich gut unter dem bayerischen Dach, zumal sich die Coburger einige Rechte und Privilegien, wie das Fortbestehen ihrer Industrie- und Handelskammer, gesichert haben.

Als Max Brose zum Jahresende 1926 in die Industrie- und Handelskammer gewählt wird, ist er bereits einer der bekanntesten Unternehmer der Stadt. Schon seit 1919 gehört er dem Arbeitgeberverband und dem Verein der Metallindustrie für Coburg und Umgebung an. Nach wie vor hat er geschäftlich zwei Standbeine. Allerdings nicht mehr in Berlin, also an einem Ort, sondern Max Brose firmiert nun an zwei Orten, in Berlin und Coburg, wobei die Hauptstadt alsbald nur noch eine untergeordnete Rolle spielt.

Die Verbindung zur Firma Carl Erbschloe seelig Wittib besteht ganz offenkundig nicht mehr. Zwar taucht sie 1920 im Berliner Adreßbuch wieder auf, allerdings mit einem anderen Vertreter. Auch wird der Standort Berlin 1919 im Herbstkatalog der Firma Brose nur noch als »Zweigniederlassung« angegeben, während der Schriftzug »Metallwerk Max Brose & Co.« die Titelseite ziert. Am 27. November 1919 erfolgt der Eintrag ins Handelsregister des Amtsgerichts Berlin-Mitte. Fortan wird das Geschäft – seit August 1920 durch einen Prokuristen – als »Metallwerk Max Brose & Co. Coburg mit Zweigniederlassung Berlin« weitergeführt. Keine Frage: Die Hauptstadt bleibt für den Kaufmann Max Brose interessant, allerdings nur als Niederlassung. Seit dem Frühjahr 1919 liegt das Zentrum seiner unternehmerischen Aktivitäten in Coburg.

Am 14. Juni 1919 ist das »Metallwerk Max Brose & Co.« angemeldet und wenige Wochen später, am 25. August, als Offene Handelsgesellschaft ins Handelsregister der Stadt eingetragen worden. Gesellschafter sind Max Brose und Ernst Jühling, die das Gesellschaftskapital von 500 000 Reichsmark je zur Hälfte einbringen. Brose »leistet seine Einzahlung durch Zahlung in bar und durch Einbringung seines in Berlin-Charlottenstraße 13 bestehenden Automobil-Materialien Geschäftes«, Jühling »nach Bedarf« in bar.

Der Chemiker Jühling hat zwar in der Verarbeitung und im Vertrieb von Metall keine Erfahrung, aber er ist liquide und er sucht nach einer aussichtsreichen Anlagemöglichkeit für sein Kapital. Der Kaufmann Brose hat sich inzwischen in Berlin einen Namen insbesondere als Automobilzulieferer gemacht. Um aber sein Geschäft auf eine breitere Basis stellen, in die Metallverarbeitung einsteigen und zu diesem Zweck das Coburger Metallwerk Haußknecht & Co. erwerben zu können, braucht er einen kapitalkräftigen Partner. So finden Max Brose und Ernst Jühling über ihre Zufallsbekanntschaft im Krieg hinaus auch geschäftlich zueinander.

Am 14. Juni 1919, also am Tag der Firmengründung, kaufen die beiden für die »noch nicht eingetragene Firma Metallwerk Max Brose & Comp. offene Handelsgesellschaft in Coburg« von Kommerzienrat Alfred Haußknecht nicht nur das Grundstück Ketschendorfer Straße Nr. 28, die heutige Nr. 44, und die dazugehörigen Gebäude, sondern auch die Maschinen und Werkzeuge von Haußknecht & Comp. Dazu zählen die »in dem Fabrikgebäude angebrachten Transmissionen und Riemenscheiben«, das Inventar, die Kraftmaschinen, 22 Werkmaschinen sowie die dazugehörigen Werkzeug-Einrichtungen. Der Gesamtpreis beträgt 281 675,90 Reichsmark, von denen 100 000 zum 1. Juli 1919, der Rest zuzüglich Zinsen zum 1. Januar 1920 fällig sind.

Beide Gesellschafter beziehen ein Jahresgehalt. Die Nebenabreden sehen unter anderem vor, daß Jühling »durch Beifügung seines Namens« eine Änderung der »Firma« bewirken darf. Der Gesellschaftervertrag hält fest, was der Zweck des gemeinsamen Unternehmens sein soll, nämlich »die Fabrikation und der Vertrieb von Metallwaren, Werkzeugen, Apparaten und Materialien, insbesondere für Kraftfahrzeuge und Flugzeuge, ferner damit verbunden der Erwerb von Grundstücken und Beteiligung an ähnlichen Unternehmungen«.

So sagt es auch der erste Briefkopf aus dem Jahr der Gründung: »Metallwerk Max Brose & Co. Automobil- u. Flugzeug-Material«. Im Verlauf der dreißiger Jahre wird daraus »Metallwerk Max Brose & Co. Fabrikation von Kraftfahrzeug-Material«, und Anfang der vierziger Jahre heißt es nur noch »Metallwerk Max Brose & Co. Coburg«. Darin spiegelt sich zum einen – und zum Teil kriegsbedingt – die Konzentration auf den Kernbereich, zum anderen aber ein wachsendes Selbstbewußtsein. Je stabiler dieses wird, um so mehr schrumpft der Briefkopf: In der Ära Stoschek wird daraus Mitte der siebziger Jahre »brose coburg«, Anfang der neunziger Jahre schlicht »brose« – und das sagt deutlich: Alle Welt weiß, wer wir sind und was wir tun.

Natürlich läßt sich der Gesellschaftervertrag vom Juni 1919 auch über ein mögliches Ende der Gesellschaft in ihrer bestehenden Form aus. Der Vertrag ist zwar unbefristet, kann aber von jedem Gesellschafter – oder dessen Rechtsnachfolger – sechs Monate vor Ablauf eines Geschäftsjahres gekündigt werden, frühestens jedoch zum 1. Juli 1924, also nach fünf Jahren. Nur bei Verlust von mehr als der Hälfte der Einlagen oder bei Kündigung durch beide Gesellschafter ist eine Liquidation möglich. Auch beim Tod eines Gesellschafters besteht sie weiter. Dessen Erben werden als stille Gesellschafter am Gewinn beteiligt, können aber vom verbliebenen Gesellschafter – frühestens drei Jahre nach dem Ableben des Partners – gekündigt und ausbezahlt werden. Es ist diese Regelung, an der sich dreieinhalb Jahrzehnte später die Auseinandersetzung zwischen Ernst Jühling und Max Brose entzündet.

Daß für den urbanen, an das Leben in der Großstadt gewohnten Brose mit dem Gang nach Coburg ein Lebenstraum in Erfüllung gegangen wäre, läßt sich nicht sagen. Aber mit der Frage konfrontiert, wie er die Mittel aufbringen soll, um seinem Geschäft durch den Einstieg in die Metallverarbeitung einen neuen Horizont zu eröffnen, greift er zu, als sich in der Person des vermögenden Jühling die Möglichkeit bietet. Außerdem muß Coburg ja nicht die Endstation sein. Es spricht einiges dafür, daß Max Brose daran gedacht hat, nach Berlin zurückzukehren, sobald das neue Unternehmen Tritt gefaßt und er die Mittel für den Ausbau des zwangsläufig vernachlässigten Berliner Standbeins ha-

»Max und Co. im Chefbüro«: Beinahe vier Jahrzehnte lang teilen sich
Max Brose und sein Partner Ernst Jühling ein gemeinsames Büro an der
Ketschendorfer Straße in Coburg. Die Karikatur erschien zu Weih-
nachten 1949 in der Firmenzeitschrift *Die Kurbel*.

ben würde. Immerhin zieht seine Familie ja erst 1920 von
der Hauptstadt in die Provinz. Aber zu diesem Zeitpunkt ist
klar, daß der Neuanfang, vor allem aber die Auswirkungen
der beträchtlichen konjunkturellen Schwankungen auf das
Geschäft, den Mittdreißiger auf nicht absehbare Zeit ganz
an den neuen Standort binden.

So geht Max Brose also Tag für Tag in sein Büro an der
Ketschendorfer Straße 28, wo sich bis heute, wenn auch unter der Nummer 44, der Hauptsitz des Konzerns befindet.
Brose und Jühling teilen sich übrigens ein Büro und sitzen
sich dort an ihren Schreibtischen gegenüber. Für Jühling
dürfte das ein eingeschränktes Vergnügen gewesen sein,
denn Brose raucht Kette. Ein Leben lang bleiben die beiden
beim förmlichen Sie. Das mag ihnen geholfen haben, die
schwierige Zeit der beruflichen Trennung mit Anstand zu
überstehen, soweit das irgend möglich war.

In ihrem Vertrag mit Alfred Haußknecht haben sich die beiden Gesellschafter dazu verpflichtet, die »Arbeiter und Beamten« der Firma Haußknecht zu übernehmen. Kein Wunder, daß die örtliche Presse die Übernahme schon deshalb begrüßt. Denn die Zeiten, in denen Max Brose und Ernst Jühling in Coburg unternehmerisch tätig werden, sind schwierig. Der Krieg hat auch die deutsche Volkswirtschaft an den Rand des Ruins gebracht: Bis 1919 sind der Index des Volkseinkommens von 100 auf 67 und der der Industrieproduktion auf 38 des Vorkriegsstandes gesunken.

Grundsätzlich ist auch der Automobilbau vom allgemeinen Schwäche- und Krisenbazillus befallen. Allerdings hat der Krieg den allgemeinen Trend hin zur Motorisierung nicht aufgehalten oder gar zurückgeworfen, sondern ihm ganz im Gegenteil endgültig zum Durchbruch verholfen. So wächst die Nachfrage nach Kraftfahrzeugen aller Art, nach Personenkraftwagen, Lastkraftwagen, Omnibussen und Spezialfahrzeugen. Allerdings kann sie wegen der allgemeinen wirtschaftlichen Lage, aber beispielsweise auch wegen eines Fahrverbots für den privaten Kraftwagenverkehr, vorerst nicht angemessen bedient werden.

Bis zum Jahresende 1920 wird der Bedarf nicht zuletzt aus Heeresbeständen gedeckt. Als seit Anfang Februar 1921 auch private Kraftfahrzeuge wieder benutzt werden dürfen, soweit das einem öffentlichen Bedürfnis entspricht oder das Wirtschaftswachstum fördert, kommt der Automobilbau in Fahrt und läuft einige Jahre auf Touren, bis die Inflation auch hier ihre Spuren hinterläßt: Bis 1923 hat sich die Zahl der Automobilhersteller in Deutschland von 41 auf 93 mehr als verdoppelt, und das in nicht einmal vier Jahren. Als vom 23. September bis zum 2. Oktober 1921 in Berlin die erste Automobilausstellung nach dem Krieg veranstaltet wird, stellen 46 Unternehmen 90 PKW-Modelle zur Schau, weitere 21 Hersteller zeigen 49 LKW.

In diesen Zahlen spiegelt sich übrigens noch eine andere Eigenart des deutschen Automobilbaus dieser Jahre: Die begehrten Stücke werden nach wie vor in Kleinserie und mehr oder weniger in Handarbeit hergestellt. Da Arbeitskräfte ausreichend vorhanden sind, ist die überkommene Produktionsweise einstweilen kein bremsender Kostenfaktor. In Verbindung mit einem Importverbot, aber auch wegen des schrittweisen Verfalls der deutschen Währung, ist nicht nur der heimische Markt weitgehend vor der ausländischen Konkurrenz geschützt; die deutschen Automobilhersteller können in bescheidenem Maße auch im Ausland Fuß fassen.

Allerdings ist es nur eine Frage der Zeit, bis sich dieser Trend umkehrt. Bald werden sich die deutschen Autobauer der Konkurrenz der industriellen Serienproduktion stellen müssen, die inzwischen nicht nur in den USA ihren endgültigen Durchbruch erlebt: Mit dem Typ 501, der von einem 12,5-Liter Vierzylinder mit 23 PS angetrieben wird, geht in Italien Fiat zur Massenproduktion über, und von André Citroën wird die amerikanische Fließbandproduktion nach Frankreich importiert. Es ist daher kein Widerspruch, daß die deutsche Automobilbranche parallel zur Gründung immer neuer Firmen einen Konzentrationsprozeß erlebt: So schließen sich schon im Juli 1919 Brennabor, Hansa-Lloyd und die Nationale Automobil-Gesellschaft zur Gemeinschaft deutscher Automobilfabriken (GDA) zusammen, und im Oktober gründen DUX, Magirus, Presto und die Voigtländische Maschinenfabrik den Deutschen Automobilkonzern (DAK).

So gesehen geht der Trend auch auf dieser Seite des Atlantiks hin zur Typisierung und Rationalisierung. Und in diese technisch, aber auch wirtschaftlich und politisch bewegte und in vielem unruhige Zeit des Übergangs und des Umbruchs hinein gründen Max Brose und Ernst Jühling in Coburg ihr Metallwerk. Wie jede weitreichende unternehmerische Entscheidung ist auch diese nicht ohne Risiko: Dem Automobil gehört die Zukunft, das steht für Max Brose fest; wie aber diese Zukunft aussieht, das steht nach diesem Krieg, der Urkatastrophe des 20. Jahrhunderts, einstweilen in den Sternen.

Mit Partner in Coburg
Das Metallwerk Max Brose & Co.

1919–1939

Es ist eine Binsenweisheit: Auf zwei Beinen steht es sich besser als auf einem. Jedenfalls auf Dauer. Aber gilt das auch für Unternehmen, zumal in Zeiten des Umbruchs und des Übergangs? Und die Zeiten, in denen das Metallwerk Max Brose & Co., Coburg, das Licht der Welt erblickt, sind nicht gerade berechenbar, ruhig und stabil. Das erklärt, warum Max Brose und sein Partner Ernst Jühling, kaum daß sie ihr neues Unternehmen gegründet haben, ein zweites aus der Taufe heben.

Einerseits lassen sich die Geschäfte des Metallwerks gut an. Bereits Anfang September 1920 erhalten zwei Kaufleute, Ernst Wiegmann und Bruno Werner, Gesamtprokura, im April 1923 mit Heinrich Hofmann sogar ein dritter. Auch deutet der Erwerb eines Grundstücks von der Stadt Coburg um die Jahreswende 1920/21 darauf hin, daß es dem jungen Unternehmen nicht schlecht gehen kann. Andererseits läßt der Autoabsatz in Deutschland zu wünschen übrig. Während 1920 in den USA mehr als neun Millionen Automobile gezählt werden, in Großbritannien immerhin noch 450 000 und in Frankreich über 200 000, sind es in Deutschland gerade einmal 75 000.

Neben der allgemeinen wirtschaftlichen Situation des Landes in dieser schwierigen Nachkriegszeit ist dafür nicht

zuletzt die Einstufung des Automobils als Luxusgut verantwortlich: Seit Jahresbeginn 1920 wird im Reich eine Luxussteuer von 15 Prozent auf Automobile erhoben, die vom
Hersteller zu entrichten ist. Anfang 1925 wird sie gesenkt,
1926 endgültig gestrichen. Einstweilen ist die Anschaffung
eines Autos also eine kostspielige Angelegenheit. Und wer
braucht, zumal in Zeiten wirtschaftlicher Ungewißheit,
schon den individuellen rollenden Luxus?

Anders sieht es mit der Gesundheit aus, auch oder gerade
in solchen Zeiten. Und zu einem gesunden Menschen gehören gesunde Zähne. Also läßt sich das Metallwerk Max
Brose & Co. am 19. Oktober 1920 zwei Metallegierungen
für ärztliche und zahnärztliche Zwecke patentieren, ein halbes Jahr später gefolgt von einem »Verfahren zur Herstellung eines zwei oder mehr Edelmetalle enthaltenden Zahn-
füllmittels«. Die ersten Legierungen zeichnen sich durch
hohe chemische Widerstandsfähigkeit und maschinelle Be-
arbeitbarkeit aus. Da sie zu 75 Prozent aus Nickel und Kup-
fer bestehen, sind sie eine Alternative zu den teuren Gold-
legierungen.

Die treibende Kraft hinter dieser Entwicklung ist der Chemiker Jühling. Und weil auch er seinen Familiennamen im
Firmennamen wiederfinden will, wird zum 1. Januar 1921
die Chemische Fabrik E. Jühling & Co., Coburg, aus der
Taufe gehoben. Gesellschafter der Offenen Handelsgesellschaft ist neben dem Diplom-Ingenieur Ernst Jühling auch
»Max Brose, Fabrikbesitzer, Coburg«. Beide bringen jeweils
75 000 Mark in die Gesellschaft ein und sind gleichberech-
tigte Vertreter der Firma. Die übrigen Bestimmungen sind
analog zum Gesellschaftervertrag für das Metallwerk for-
muliert.

Zweck der Firma sind die Fabrikation und der Vertrieb
»von chemischen, chemisch-pharmazeutischen und metallurgischen Präparaten sowie von Präparaten und Apparaten

für die Zahnheilkunde und ferner zur Metallscheidung«. Der Sitz des Unternehmens und – seit Juni 1923 – ihrer Zweigniederlassung in der Hauptstadt sind die Standorte des Metallwerks, also die Ketschendorfer Straße 28 in Coburg und die Charlottenstraße 13 in Berlin.

Der geschäftliche Erfolg scheint sich in engen Grenzen gehalten zu haben, jedenfalls mittel- und langfristig. Offiziell wird die Firma zwar erst zum Jahresende 1952 aufgelöst. Aber schon Anfang Dezember 1926 wird die Zweigniederlassung aus dem Handelsregister gelöscht, und spätestens 1930 dürfte sie ihre Arbeit, vor allem die Produktion von »Zahnplomben«, eingestellt haben.

Für die Kurzlebigkeit dieses bemerkenswerten Kapitels der Firmengeschichte gibt es mehrere Gründe, darunter sicher auch die konjunkturelle Entwicklung, vor allem aber wohl die Erkenntnis, daß die Konzentration auf das Kerngeschäft und die Kernkompetenz zukunftsträchtiger ist als der Auf- und Ausbau eines zweiten Standbeins, der auf Dauer eben doch Kräfte und Ressourcen bindet. Andererseits ist das Automobil ein derart komplexes und kompliziertes System, daß sich auf diesem Feld für den Zulieferer leicht zwei oder mehr Standbeine entwickeln lassen.

Zwar wird es im weiteren Verlauf der frühen Firmengeschichte noch einmal einen – dann gleichfalls scheiternden – Versuch geben, aus dieser Logik auszubrechen und sich mit dem Bau und dem Vertrieb einer Schreibmaschine ein neues unternehmerisches Betätigungsfeld zu erschließen. Insgesamt aber ist wohl bereits Ende der zwanziger Jahre die grundsätzliche und bis heute durchgehaltene Entscheidung gefallen, sich auf die Herstellung von Automobilzubehör zu konzentrieren.

Das heißt zwangsläufig auch, daß sich der aus der Branche kommende Max Brose gegenüber dem Chemiker Ernst Jühling behauptet hat – wenn auch hinter dem Rückzug aus der Fabrikation »von chemischen, chemisch-pharmazeutischen und metallurgischen Präparaten ... für die Zahnheilkunde« kein Machtkampf zwischen den beiden steht. Tatsache allerdings ist, daß die Chemische Fabrik E. Jühling & Co. seit den ausgehenden zwanziger Jahren nur noch auf dem Papier besteht, das Metallwerk Max Brose & Co. hingegen, von dem allgemeinen Konjunktureinbruch im Gefolge der Weltwirtschaftskrise abgesehen, eine stürmische Entwicklung nimmt.

Seit 1920 hat Max Brose seinen Lebensmittelpunkt endgültig in Coburg. Denn im Herbst des Jahres zieht die Familie von Berlin in die Provinz. So jedenfalls empfindet es die ältere Tochter. Gisela ist zwar erst acht, und der Vater versucht sie Anfang August mit einer Postkarte für das neue Haus mit großem Garten, Spielplatz und Schaukel zu begeistern, wo »wir bald alle zusammen wohnen werden«. Aber die Begeisterung der Tochter, die sich von ihren Berliner Schulfreundinnen trennen muß, wie auch die ihrer Mutter hält sich in Grenzen.

Der Jüngeren, die gerade einmal zwei Jahre alt ist, bleibt der Kulturschock erspart. Aber noch an ihrem Lebensabend erinnert sie sich, wie Schwester und Mutter das Leben im Vorfeld des Thüringer Waldes empfunden haben: »Das kleine Coburg!« Christa Brose kommt Mitte der zwanziger Jahre zunächst für zwei Jahre auf die Zinkenwehrschule, danach für ein Jahr auf die Lutherschule. Das vierte Schuljahr überspringt sie, geht nach bestandener Aufnahmeprüfung ans Alexandrinum und von dort – nach der Mittleren Reife und gemeinsam mit ihrer Freundin Irmgard Schneider – auf das Ernestinum.

Schon früh wird eine Leidenschaft erkennbar, die für Christa Broses weiteres Leben, aber auch für das ihrer Familie, bestimmend werden soll: das Theater. Mit dreizehn

44

oder vierzehn gründen sie und einige Freundinnen, unter ihnen auch Irmgard Schneider, den TSK, den Theaterschwärmerinnenkreis. Kaum hat Christel, gerade einmal siebzehn Jahre alt, das Abitur in der Tasche, verläßt sie Coburg – natürlich in Richtung Berlin –, und nimmt dort das Studium auf. Allerdings studiert sie nicht, wie die Eltern annehmen, Sprachen, sondern besucht heimlich die Schauspielschule. Die junge Brose hat ihren eigenen Kopf, und den hat sie vom Vater.

Der macht derweil einen Ausflug in die Politik. Zwei Jahre nach Gründung des Metallwerks wird Max Brose am 13. November 1921 in den Stadtrat von Coburg gewählt. Gerade einmal zweieinhalb Jahre hält es ihn dort, dann reicht es ihm. Der Unternehmer kandidiert für die Vereinigte Bürgerliste, in der sich die liberalen und konservativen Parteien zusammengeschlossen haben, um gemeinsam gegen die als Einzelpartei dominierenden Sozialdemokraten, bald auch gegen die Nationalsozialisten anzutreten, die in Coburg so früh wie in keiner anderen deutschen Stadt reüssieren.

Als Max Brose im Juni 1924 wieder aus dem Stadtrat ausscheidet, gibt er zu Protokoll, der »nationalliberalen Partei« angehört zu haben, solange er »politisch denke«. Das klingt plausibel. Die DVP, die Deutsche Volkspartei der Weimarer Republik, ist ja in vielem die zeitgenössische Variante der Nationalliberalen Partei des Kaiserreichs. Bis zu dessen Tod im Oktober 1929 von Gustav Stresemann geführt, steht die DVP für den starken Nationalstaat und für eine starke Stellung der Industrie in Wirtschaft und Politik.

Kein Wunder, daß es schon im kaiserlichen Deutschland, dann auch während der Weimarer Republik immer wieder eine mehr oder weniger enge Zusammenarbeit der rechtsliberalen Partei mit den Konservativen gegeben hat. Kein Wunder auch, daß sich Max Brose nach seinem Bruch mit der DVP, der lokale Ursachen hat, der DNVP, der Deutschnationalen Volkspartei, zuwendet. Nach dem Krieg gibt er an, den Konservativen »etwa bis 1928« angehört und sie auch bis 1932 gewählt zu haben. Dabei dürfte vor allem der Einsatz der DNVP für die Interessen der Industrie und des freien Unternehmertums den Ausschlag gegeben haben. Weltanschauliche Fragen, in diesem Falle die völkische, antiliberale Grundeinstellung der Partei, interessieren Brose nicht. Das macht sein Intermezzo im Stadtrat deutlich: Wenn er sich zu Wort meldet, geht es um praktische, insbesondere um Haushaltsfragen. In diesem Sinne ist Brose kein politischer Mensch. Weil und soweit Politik die Rahmenbedingungen für Wirtschaft setzt, muß man sich mit ihr arrangieren, so gut es geht. Aber sich selbst dort einzubringen, ist die reine Zeitverschwendung. Das ist für ihn nach den zweieinhalb Jahren – ein für allemal und aus eigener Anschauung – ausgemachte Sache.

Schon in der konstituierenden Sitzung des Stadtrates weigert er sich, einer neuen Anleihe und damit dem Anwachsen des städtischen Schuldenberges auf 30 Millionen Mark ohne vorherige Prüfung zuzustimmen. Mit seinem Vorschlag, damit eine Kommission zu beauftragen, steht er freilich mehr oder weniger allein auf weiter Flur. Als er wenig später eine Gehaltserhöhung des Theaterpersonals ablehnt, hat er endgültig einen einschlägigen Ruf. Dabei wünscht er durchaus die Erhaltung des Theaters, verlangt aber eine solide Finanzierung, und die sei nun einmal von einem Theaterausschuß, der fast »durchwegs mit Beamten besetzt sei, die nicht den rechten kaufmännischen Überblick besäßen«, kaum zu erwarten.

So hält er es mit allen Themen. Ganz gleich ob es um das Volksbad oder um die Sparkasse geht, stets klagt der Unternehmer verantwortliches Wirtschaften, Kostenkontrolle und zeitgemäße Reformen ein. Allerdings beläßt Max Brose es nie bei der Kritik, sondern läßt ihr stets einen konkreten Vorschlag, manchmal auch mehr folgen: Als sich der Stadtrat Anfang 1923 nicht in der Lage sieht, einem »Wiederherrichten und Aufstellen des schmiedeeisernen goldenen Kreuzes im Coburger Friedhof« zuzustimmen, spendet er der klammen Stadtkasse eine namhafte Summe.

Max Brose ist nicht für die Politik geschaffen, soviel ist gewiß. Und so zieht er Anfang Juni 1924 seine Konsequenzen, legt nach gut zweieinhalb Jahren sein Stadtratsmandat nieder und tritt bei dieser Gelegenheit auch aus der DVP aus. Anlaß sind diesmal nicht die Verschuldung der Stadt, die Eintrittspreise für das Volksbad oder die Beamtenmentalität vieler Stadträte, sondern die Querelen innerhalb der bürgerlichen Arbeitsgemeinschaft. Weil deren Vertrauensmann nach Broses Dafürhalten gegen die Mehrheit der Gemeinschaft arbeitet und diese auch deshalb »nicht den Weg gefunden hat zu einem einheitlichen Zusammengehen«, nimmt er seinen Hut und wird fortan in der Politik nicht mehr gesehen.

Als sich Max Brose aus der Politik zurückzieht, hat die junge Republik die schwersten Jahre hinter sich. Entstanden ist sie unter Umständen, die ungünstiger kaum hätten sein können. Von ihnen hat sie sich während ihres kurzen Lebens nie wirklich erholt. Daß Deutschland nach mehr als vierjährigem Krieg am 11. November 1918 einen Waffenstillstand, am 28. Juni des folgenden Jahres auch einen Friedensvertrag unterzeichnen mußte, die dem Reich und seinen Verbündeten die alleinige Verantwortung für dessen Ausbruch mit allen seinen Folgen anlasten, wollen viele auch Jahre später noch nicht einsehen.

Und weil zwei Tage vor Unterzeichnung des Waffenstillstandes die alte Garde von der politischen Bühne abgetre-

ten ist, weil am 9. November 1918 – in Berlin, in einer ganz
und gar unübersichtlichen Situation und im Grunde im-
provisiert – die Republik ausgerufen worden ist, wird diese
für alles mögliche verantwortlich gemacht. Auch für die
Niederlage Deutschlands und was aus ihr folgt, vor allem für
die hohen Reparationszahlungen, die ihrerseits wiederum
nicht gerade zur wirtschaftlichen Stabilisierung des Landes
beitragen.

Anderes kommt hinzu, insbesondere die rigide Auslegung
des Versailler Vertrages durch Frankreich. Den vorläufigen
Höhepunkt bildet die Besetzung des Ruhrgebiets durch
französische und belgische Truppen am 11. Januar 1923. Sie
löst eine der schwersten inneren Krisen der Weimarer Republik aus, die selbst im fernen Coburg Folgen zeitigt: Am
23. Februar stimmt der Stadtrat dem Beschluß des Schulaus-
schusses zu, ab Ostern in den städtischen Schulen fortan Eng-
lisch statt Französisch zu unterrichten. Trägt der »passive
Widerstand« gegen die französischen Besatzer das Seine dazu
bei, Wirtschaft und Finanzen des Landes zu zerrütten, so
mobilisiert der Abbruch dieses ruinösen »Ruhrkampfes«
durch die Regierung acht Monate darauf die radikalen Kräfte
unterschiedlichster Couleur.

Der folgende heiße Herbst sieht sowohl Aktionen der
Rechten wie den Putschversuch Hitlers und anderer in
München am 8. und 9. November als auch kommunistische
Aufstandsbewegungen, namentlich in Sachsen und Thüringen, und selbst im benachbarten Coburg zählt die Polizei
Ende September 1923 noch rund 300 KPD-Anhänger, die
den Sowjetstern zum Teil offen tragen. Ende 1923 steht
schließlich die deutsche Wirtschaft vor dem Zusammenbruch. Die Arbeitslosigkeit nimmt dramatisch zu, und der
Dollarkurs steigt von knapp 7200 Mark Anfang Januar auf
inflationsbedingte 4,2 Billionen Mark im November. Ob die
am 15. November mit der Währungsreform beschlossene

Einführung der Rentenmark eine grundlegende Wende herbeiführen wird, ist am Jahresende noch nicht absehbar. Immerhin kann Mitte Februar des folgenden Jahres der Ausnahmezustand in Deutschland beendet werden.

Natürlich wird auch die deutsche Automobilindustrie von dieser schweren Krise erfaßt. Im Hauptkatalog Nr. 7, den das Metallwerk Brose im September 1922 verschickt, steht zu lesen: »Unter den heutigen schwierigen wirtschaftlichen Verhältnissen ist uns die Angabe fester Preise für alle unsere vielen verschiedenen Waren leider nicht möglich.« Entsprechend flexibel wird die Preisliste gestaltet: »Die Preise laut nachstehender Liste verstehen sich zur Zeit mit … % Aufschlag«. Je strammer die Inflation galoppiert, um so höher der Preisaufschlag. In der vorliegenden Liste ist zum Beispiel per Hand »900« Prozent eingefügt.

Dennoch scheint Brose, wie die deutsche Automobilindustrie insgesamt, die Krise zunächst gut zu überstehen. So geht Opel 1923/24 zur mechanisierten Fließbandproduktion über, wodurch sich im übrigen einmal mehr zeigt, daß die Gebrüder Fritz und Wilhelm von Opel zu den Pionieren des deutschen Automobilbaus zählen. Mit der Übernahme dieser amerikanischen Produktionstechnik geht die Einführung einer weiteren Neuerung einher: die Benutzung standardisierter Teile, die zunehmend von spezialisierten Zulieferbetrieben hergestellt werden.

Kein Wunder, daß Max Brose, der ja seinerseits zu den Pionieren im Zubehör- und immer stärker im Zulieferbereich zählt, diese Entwicklung aufmerksam verfolgt und Zeichen setzt. Im Februar 1924 meldet das Metallwerk »Atlas« als Warenzeichen an, und zwar für »Wasserfahrzeuge, Beleuchtungen für Kraftfahrzeuge, Signalinstrumente, Beschlagteile, Windschutzscheiben und Karosseriebeschläge, Innenausstattungen für Karosserien, Kotflügel, Benzin- und

Wieder in Fahrt: Nachdem die Inflation überwunden ist, zeigt die Automobilausstellung Ende 1924, was ein Kraftfahrzeug zu bieten hat. Max Brose präsentiert das Programm des Coburger Zulieferers auf dem Stand Nr. 255.

Ölkanister, Automobilheber, Luftpumpen, Vulkanisierungsapparate«, und Mitte Dezember des Jahres ist die Firma erstmals auf einer Deutschen Automobil-Ausstellung vertreten. Auf ihrem Stand Nr. 255 werden in Berlin unter anderem die ganz neu konstruierten »Atlas-Magnet-Hörner« vorgeführt.

Deren Produktion mit den dazugehörigen Testverfahren dürften für eine ordentliche Geräuschkulisse gesorgt haben. Die Nachbarn in Coburg jedenfalls ziehen im Sommer 1925 bei der zuständigen Behörde mittels einer Unterschriftenliste gegen den »unerträglichen, ohrenbetäubenden, nervenzermürbenden Lärm« der Hupentests zu Felde. Ein Nachbar, in dessen Zentralheizungs- und Lüftungsanlagen-Fabrik es auch nicht gerade nervenschonend zugegangen sein wird, beschreibt die Folgen der Huperei so: »… die stärksten Nerven gehen hierbei zu Grunde, ein geistiges Arbeiten ist unmöglich.« Das Metallwerk hat ein Einsehen, und so wird man in den Lärmschutzmaßnahmen des Juli 1925 die Anfänge des Umweltschutzes bei Brose sehen können. Allerdings bleibt das Thema Lärmbelästigung bis in den Zweiten Weltkrieg hinein auf der Tagesordnung. Als im Spätherbst 1941 erneut Beschwerden aus der Nachbarschaft laut werden, weist das Gewerbeaufsichtsamt sie jedoch im Januar 1942 als unbegründet und mit Hinweis auf die »Schlagkraft unserer Wehrmacht« zurück.

Ganz ungeschoren von der wirtschaftlichen Krise der frühen zwanziger Jahre bleibt allerdings auch die deutsche Automobilindustrie nicht, nur daß die Folgen hier mit einer gewissen zeitlichen Verzögerung greifbar werden. Nach der Stabilisierung der deutschen Währung zieht der Automobilabsatz kurz an, gerät aber, nachdem die Reichsbank ihre Kredite kontingentiert hat, im Frühjahr 1924 in eine Krise, die jedoch nicht von langer Dauer ist. Denn als im Herbst dieses Jahres die ersten Auslandskredite nach Deutschland fließen, kommen die Nachfrage und mit ihr auch die Produktion wieder in Schwung.

Wie häufig in solchen Schwäche- und Krisenzeiten trennt sich jetzt, Mitte der zwanziger Jahre, auch in der deutschen Automobilindustrie die Spreu vom Weizen. Dem Trend zur Automatisierung und zum »Vollautomobil« korrespondierend, gehen alleine 1925 25 Kleinauto-Hersteller in Liquidation, in den beiden folgenden Jahren sind es weitere zehn. Hingegen nimmt die Zahl der Zulieferbetriebe umgekehrt proportional zu – in dem guten Jahrzehnt von 1913 bis 1924 um das Vierfache. 1928 entfallen bereits zwei Fünftel der Herstellungskosten eines Automobils auf weitgehend fertige oder vorgefertigte Anlieferteile. 1929 bezeichnet sich das Metallwerk Brose & Co. als »Erste Spezialfabrik für Automobil-Zubehör«.

Natürlich gehen die konjunkturellen Schwankungen der zwanziger Jahre auch an Brose nicht spurlos vorüber: Verglichen mit dem Jahr 1925, für das uns erstmals Zahlen vorliegen, schrumpft der Umsatz von 626 600 auf 458 600 Reichsmark im folgenden Jahr, um allerdings bereits 1927 auf 811 000 Reichsmark zuzulegen und schließlich 1928 mit knapp 1,2 Millionen Reichsmark ein Ergebnis zu erreichen, das erst 1934, also nach Überwindung des schweren Einbruchs im Gefolge der Weltwirtschaftskrise, wieder erzielt werden kann: Gut 350 000 Personenkraftwagen rollen Mitte 1928 auf Deutschlands Straßen, mehr als doppelt soviele wie noch drei Jahre zuvor.

Mithin spiegelt sich in der Umsatzentwicklung des Coburger Metallwerks beispielhaft die Entwicklung der deutschen Automobilindustrie, die relativ spät aus der Krise der frühen zwanziger Jahre herausfindet und – nach einer kurzen Blüte und warum auch immer – bereits früh Anzeichen des folgenden allgemeinen wirtschaftlichen Einbruchs erkennen läßt: Die 21. Internationale Automobil- und Motorradausstellung, die im November 1928 in Berlin abgehalten wird, endet trotz überquellender Ausstellungsflächen geschäftlich unbefriedigend.

Nun sind Umsatz und Gewinn eine Sache. Für die Zukunft des Unternehmens mindestens so wichtig ist die technische Entwicklung, gerade bei einem so modernen, mithin der Gegenwart stets vorauseilenden Produkt wie dem Automobil. Fragt man nach dem Erfolgsrezept von Brose, dann stößt man unweigerlich auf die Fähigkeit, künftige

Entwicklungen des Automobilbaus zu erkennen und damit zu einem gewissen Teil selbst mit zu beeinflussen. Zum Beispiel die Fensterheber, die bis heute eines der wichtigsten Standbeine des Unternehmens sind. Seit die Zeiten der Vergangenheit angehören, in denen die Scheiben mit einem Lederriemen bewegt und fixiert werden mußten, macht die Entwicklung hier rasche Fortschritte.

Wenn sich die frühen Etappen auch nicht mehr in allen Einzelheiten rekonstruieren lassen, steht doch fest, daß dem Metallwerk Brose & Co. in Coburg am 29. Oktober 1926 ein »Kurbelantrieb für versenkbare Fenster, insbesondere von Fahrzeugen, mit schwingender Zahnstange« patentiert wird. Fest steht auch, daß Brose auf der Berliner Automobilausstellung im November 1928 Fenster-Kurbel-Apparate für Seiten- und Vorderscheiben präsentiert. Ob diese noch mit der Freilaufbremse ausgestattet gewesen sind, oder bereits über die Schlingfederbremse verfügen, ist nicht mit Sicherheit zu ermitteln.

Wahrscheinlich wird Brose zu der Zeit, als er sich den Fensterheber patentieren läßt, auf die Schlingfederbremse aufmerksam gemacht, womöglich durch Wilhelm von Opel, einen Bekannten Ernst Jühlings. Dieser Bremsentyp verhindert, daß die Scheibe unkontrolliert nach unten gleitet, und ist integraler Bestandteil mechanischer Fensterheber. Brose erwirbt das Patent von der amerikanischen Firma Ternstedt, die seit 1926 zur General Motors Corp. gehört. Ternstedt, ursprünglich ein Tochterunternehmen von Fisher Body, hat sich bereits Anfang der zwanziger Jahre mit einem »window regulator« einen Namen gemacht. Wann und zu welchen Konditionen Brose das Patent bekommen hat, ist nicht mehr zu ermitteln. Daß er seine Bedeutung sogleich erkannt hat und die allen anderen überlegene Schlingfederbremse für seine eigenen Fenster-Kurbel-Apparate der Marke »Atlas« einsetzt, ist sicher.

Inzwischen gehört Max Brose, der die Vierzig hinter sich hat, zu den bekannten und profilierten Unternehmerpersönlichkeiten Coburgs. Offensichtlich zählt er zu den jüngeren, dynamischen Vertretern der Zunft. Das liegt an seiner Persönlichkeit, und es liegt an den Produkten der »Ersten Spezialfabrik für Automobil-Zubehör« in Deutschland. Die Umstände seiner Wahl in die Industrie- und Handelskammer der Stadt sprechen eine deutliche Sprache. Die Neuwahl wird nötig, weil die Bayerische Staatsregierung im Herbst 1926 die Handels- in Industrie- und Handelskammern umbenannt und die bestehenden Kammern zum 1. Januar 1927 aufgelöst hat, um der Industrie eine angemessene Vertretung zu ermöglichen.

Offensichtlich ist Max Brose, dem spätestens seit seiner Zeit im Stadtrat kaum mehr der Sinn nach Gremien und Institutionen steht, zur Kandidatur aufgefordert worden, und zwar durch Firmen der metallverarbeitenden und metallhandelnden Branche. Jedenfalls veröffentlichen diese drei Tage vor der Wahl in der Coburger Zeitung eine »Entschließung«, in der es unter anderem heißt: »Die Metallbranche nimmt mit äußerstem Befremden davon Kenntnis, daß es einige Vertreter der Korbindustrie für angemessen erachtet haben, das Verlangen des Arbeitgeberverbandes, [des] Bayer. Industriellen-Verbandes und der Metallbranche zu ignorieren. Die Versammelten verlangen nachdrücklichst, daß Herr Brose für die neue Handelskammer kandidiert. Sie wünschen die Aufstellung einer Liste, die für eine neue tatkräftige Handelskammer der Wählerschaft die beste Garantie bietet.«

So kandidiert Max Brose nicht nur am 7. Dezember 1926 für einen Sitz in der Industrie- und Handelskammer, sondern er tritt auch wenige Wochen darauf – auf deren erster Sitzung und wohl erneut auf Drängen der Vertreter der Metallbranche – bei der Wahl des Präsidiums an. Ist schon das

Ergebnis seiner Wahl in die Kammer mit 259 von 435 Stimmen nicht gerade berauschend, so unterliegt er bei den beiden Wahlen zum Präsidium, wenn auch vergleichsweise knapp, gegen die Kommerzienräte Alfred Haußknecht und Hans Leh, die dem Gremium seit 1913 beziehungsweise 1918 angehören.

Der Vorgang ist aufschlußreich, zeigt er doch, daß hinter der Wahl auch ein Branchen- und Generationenkonflikt steckt und daß die metallverarbeitende Industrie, vor allem aber die Automobilindustrie, zu den modernen Branchen zählt. Und dann sagt das Ergebnis der Wahl zur Kammer auch etwas über die Persönlichkeit Broses aus. Der Mann steht für Fortschritt und Erneuerung, für Tatkraft und Entscheidung. Wenn es um diese Werte und diese Maximen geht, scheut er keine Auseinandersetzung. Max Brose polarisiert.

Kaum ist er in der Kammer, tritt er auch schon mit einer Reihe von Anträgen hervor. Wenn schon, denn schon. Sein Auftritt dort unterscheidet sich offenbar in nichts von seiner Vorstellung im Stadtrat, wenn wir auch über die Verhandlungen der Coburger IHK nach 1929 kaum etwas wissen: Die Akten sind 1945 durch die amerikanischen Besatzer beschlagnahmt worden und dann verlorengegangen. Sicher ist, daß Max Brose Ende 1932 wieder in die Vollversammlung der Industrie- und Handelskammer gewählt wird.

Zu diesem Zeitpunkt befindet sich die geschäftliche Entwicklung seines Unternehmens auf dem Tiefpunkt: Nicht einmal mehr 270000 Reichsmark werden 1932 umgesetzt, das ist fast eine Halbierung gegenüber dem Vorjahr, und zum ersten Mal in der Firmengeschichte wird ein Verlust ausgewiesen: Mit gut 20000 Reichsmark schreibt das Metallwerk Brose & Co. rote Zahlen. Die Bilanz geht vor allem auf das Konto der allgemeinen wirtschaftlichen Entwicklung seit dem Herbst 1929.

Am 24. Oktober 1929 brechen an der New Yorker Wall Street die Aktienkurse ein. Bis zum November sinkt der Dow-Jones-Index um fast 50 Prozent des Jahreshöchststandes vom September. Dieser Kurssturz ist der Anlaß, wenn auch nicht die Ursache für die große Bankenkrise in Deutschland, die ihrerseits durch den Zusammenbruch der österreichischen Creditanstalt im Mai 1931 ausgelöst wird. Die Reaktionen ausländischer Gläubiger und Investoren erfolgen postwendend, und sie treffen vor allem das Deutsche Reich: Neue Dollars gibt es nicht mehr, und die bereits geflossenen Kredite werden zurückgefordert. Die Auswirkungen auf die deutsche Volkswirtschaft sind verheerend. Im Februar 1932 sind mehr als sechs Millionen Arbeitslose registriert. In Bayern trifft es neben Nürnberg und München den Arbeitsamtsbezirk Coburg besonders hart.

Die Krise erfaßt auch die deutschen Automobilbauer mit Wucht. Nachdem schon im Frühjahr 1929 die eigentlich für die Saison typische Belebung des Marktes für Kraftfahrzeuge ausgeblieben ist, bleiben die Hersteller in diesem Jahr auf einem Fünftel der Jahresproduktion sitzen. 1930 verschärft sich die angespannte Lage durch die Erhöhung der Treibstoffkosten weiter, und 1931 führt die Bankenkrise unter anderem zu einem Versiegen der Kredite für den Autokauf. Viele Hersteller sind für eine Krise dieser Dimension nur unzureichend gerüstet, nicht wenige stehen vor dem Zusammenbruch. So stoppt Opel Ende Juli und Anfang August für eine Woche die Produktion und geht danach zur Vierundzwanzig-Stunden-Woche über. Im Frühjahr 1932 erreicht die Absatzkrise der deutschen Automobilindustrie ihren Höhepunkt. Von 64 Herstellern, die 1926 registriert sind, überleben 26.

Natürlich wird auch Brose von der Krise erfaßt. 1932, also im Jahr der roten Bilanz, beschäftigt das Metallwerk noch etwa 40 Mitarbeiter, die zeitweise nur noch an drei Tagen in

der Woche arbeiten. Gleichzeitig investieren Brose und
Jühling allerdings. So wird die Presserei umgebaut und modernisiert. Das läßt verschiedene Schlüsse zu. Möglicher-
weise gehen die Gesellschafter davon aus, daß die Talsohle
der krisenhaften Entwicklung erreicht ist.

Im übrigen haben sie ausreichende finanzielle Reserven –
geschäftlich wie privat. Große Sprünge, wie vor dem Kol-
laps der Weltwirtschaft, werden zwar nicht mehr gemacht:
Eine Reise wie zu Ostern 1929, als Elfriede Brose mit den
Töchtern Gisela und Christa an den Gardasee und von dort
spontan noch für einige Tage nach Venedig gefahren ist,
steht in den kommenden Jahren nicht mehr auf dem Programm. Aber für die Sommerfrische an der Ostsee, zum
Beispiel auf Rügen, reicht es auch während der frühen dreißiger Jahre.

Es ist erstaunlich, wie rasch die deutsche Automobilindustrie aus dem Tief des Jahres 1932 herausfindet. Bereits im
zweiten Quartal 1933 werden über doppelt so viele »Vier-
radfahrzeuge« hergestellt wie im gleichen Zeitraum des
Vorjahres, und bis 1935/36 verdoppelt sich sogar der Ausstoß der Automobilindustrie gegenüber dem Spitzenjahr
1928. Hinter diesem Erfolg steckt auch ein Name: Am
11. Februar 1933 hat erstmals ein Reichskanzler die Internationale Automobil- und Motorradausstellung in Berlin
eröffnet. Es ist zugleich die erste öffentliche Amtshandlung
Adolf Hitlers in seiner neuen Funktion.

Der Reichskanzler, der in Vertretung des erkrankten
Reichspräsidenten Paul von Hindenburg auftritt, nutzt die
Gelegenheit, um für die »wichtigste Zukunftsindustrie« eine
Reihe von Neuerungen anzukündigen, darunter eine »steu-
erliche Entlastung« und einen »großzügigen Straßenbau-
plan«. Damit nicht genug, läßt die neue Regierung den Worten auf dem Fuße Taten folgen: Im April 1933 wird die

Kfz-Steuer für alle neuzugelassenen Fahrzeuge abgeschafft; seit Ende Mai haben Altwagenbesitzer die Möglichkeit, sich ihrer Steuerpflicht durch eine einmalige Zahlung zu entledigen; und im gleichen Jahr bekommt der Autobahnbau, der 1928 mit dem Baubeginn für die Verbindung von Köln nach Bonn seinen Anfang genommen hat, mit der Arbeit an jeweils zwei Nord-Süd- und Ost-West-Verbindungen einen massiven Schub.

Daß Hitler die Motorisierung auch deshalb braucht, um seine eigentlichen Ziele erreichen und einen beispiellosen Eroberungs- und Vernichtungsfeldzug führen zu können, ist allenfalls für den erkennbar, der ihn wörtlich nimmt. Und das tut im In- wie im Ausland einstweilen kaum jemand. Dafür ist der Vorgang der Machtübernahme zu unauffällig: Ähnlich waren seit Ende März 1930 die vier voraufgegangenen sogenannten Präsidialkabinette ins Amt gekommen. Als Adolf Hitler am 30. Januar 1933 durch den Reichspräsidenten zum Reichskanzler ernannt wird, ist das nicht nur ein legaler Vorgang, so wie ihn die Verfassung des Deutschen Reiches vorsieht; die Ernennung ist auch naheliegend, weil Hitler an der Spitze der mit Abstand stärksten Fraktion im Reichstag steht.

Die Nationalsozialistische Deutsche Arbeiterpartei, Hitlers Partei, hat in der Politik lange keine nennenswerte Rolle gespielt, hatte sich bis 1924 an keiner einzigen Wahl beteiligt, war dann einige Zeit verboten und trat unter anderem Namen auf. In der zweiten Hälfte der zwanziger Jahre, also in der relativ stabilen Phase der Weimarer Republik, dümpelt sie mit wenigen Prozentpunkten und einigen Reichstagsmandaten vor sich hin, bis ihr Mitte September 1930 der Durchbruch gelingt: Mit gut 18 Prozent der Stimmen und 107 Sitzen wird sie über Nacht zur zweitstärksten Fraktion im deutschen Parlament, hinter den Sozialdemokraten.

Und damit hat die NSDAP noch lange nicht den Zenit ih-

Rauschender Empfang: In keiner zweiten Stadt finden die Nationalsozialisten schon früh so großen Zuspruch wie in Coburg. Im Januar 1931 wird hier erstmals an einem Amtsgebäude in Deutschland die Hakenkreuzfahne gehißt.

res Aufstiegs erreicht. Ende Juli 1932 fahren die Nationalsozialisten gut 37 Prozent der Stimmen ein, bekommen 230 Sitze im Reichstag und lassen so alle anderen Parteien, die SPD eingeschlossen, weit hinter sich. Unmittelbar sind die Wahlerfolge der NSDAP unter ihrem »Führer« Adolf Hitler eine Reaktion weiter Teile der Bevölkerung auf die desaströse Lage in Deutschland, vor allem auf die wirtschaftliche Entwicklung, auf deren Konto auch das Riesenheer der Arbeitslosen geht.

Allerdings beginnen Ende 1932 beziehungsweise Anfang 1933 die Maßnahmen zur Ankurbelung der Wirtschaft und zum Abbau der Arbeitslosigkeit zu greifen, die Franz von Papen, einer der Vorgänger Hitlers, im Sommer 1932 auf den Weg gebracht hat; am Horizont sind erste Anzeichen für eine Aufhellung der Konjunktur zu sehen; und bei den Novemberwahlen 1932 verlieren die Nazis rund vier Prozent der Stimmen und mehr als dreißig Sitze im Reichstag. Inzwischen fehlen der NSDAP auch die nötigen Finanzmittel, und wer weiß, was aus Hitler und seiner Partei geworden wäre, hätte nicht eine Gruppe von Honoratioren um den intriganten Altkanzler von Papen geglaubt, Hitler und seine Bewegung für die eigenen Zwecke einspannen zu können.

So wird am 30. Januar durch den Reichspräsidenten ein neues Kabinett installiert, dem neben den Nationalsozialisten Adolf Hitler als Reichskanzler, Wilhelm Frick als Innenminister, Hermann Göring als Minister ohne Portefeuille sowie, seit dem 13. März, Joseph Goebbels als Minister für »Volksaufklärung und Propaganda« mehrheitlich Konservative oder Parteilose angehören.

Zu den frühen Hochburgen der Nationalsozialisten zählt Coburg, das seit den späten dreißiger Jahren den Titel »Erste nationalsozialistische Stadt Deutschlands« führt. Tatsächlich rollt schon im Oktober 1919 eine erste antisemitische Welle über Coburg hinweg, und nachdem sich die vaterländischen Verbände drei Jahre später auf dem sogenannten Deutschen Tag in Coburg ein Stelldichein gegeben haben, zu dem auch Hitler gekommen ist, wird am 24. Oktober 1922 die Ortsgruppe Coburg der NSDAP aus der Taufe gehoben, Ende Januar 1923 gefolgt von der Aufstellung einer lokalen SA-Truppe.

Nach dem Verbot der Partei – eine Folge des gescheiterten Münchener Putsches vom November 1923 – wird sie auch in Coburg bis zur Neugründung Ende Februar 1925

Heimspiel: Im Oktober 1932 spricht Adolf Hitler – nicht zum ersten und nicht zum letzten Mal – zu den Coburger Bürgern.

verdeckt im Völkischen Block fortgeführt. Nach der Reichstagswahl vom Mai 1924 entsenden die Coburger Nationalsozialisten einen eigenen Abgeordneten in das Berliner Parlament, und bei den Stadtratswahlen im Dezember 1924 erringen sie vier Mandate. Seit Ende Dezember 1923 steht Franz Schwede an der Spitze der Coburger NSDAP. Anfang März 1888 geboren, zieht der gelernte Schlosser und Mitbegründer der Ortsgruppe im Januar 1925 in den Stadtrat ein. Als er Coburg im Juli 1934 verläßt, um – über die Zwischenstation des Regierungspräsidenten von Niederbayern-Oberpfalz – als Gauleiter und Oberpräsident nach Pommern zu gehen, verleiht ihm der Stadtrat mit Zustimmung Hitlers den Namenszusatz »Coburg«.

Die Coburger wissen warum. Denn dank Schwede ist ihre Stadt seit Juni 1929 die erste in Deutschland mit einer frei gewählten NSDAP-Mehrheit, seit August 1930 die erste deutsche Stadt mit einem NSDAP-Bürgermeister, und seit Februar 1932 die erste Stadt in Deutschland, die Adolf Hitler, kaum daß dieser in Braunschweig die deutsche Staatsangehörigkeit erworben hat, die Ehrenbürgerrechte verleiht. Kein Wunder, daß sich der »Führer« aus diesem Anlaß gerne einmal mehr in dem Provinzstädtchen zeigt. Ähnlich halten es andere Größen der NSDAP wie Hermann Göring oder Julius Streicher, konsequenter Antisemit der ersten Stunde.

Wie überhaupt die Coburger NSDAP ihre rasante Karriere vor allem dem Antisemitismus verdankt. Seit Anfang der zwanziger Jahre schießen sich die Nationalsozialisten unter Führung von Franz Schwede propagandistisch auf Abraham Friedmann ein. Der Endzwanzigjährige ist um die Jahrhundertwende als Viehhändler nach Coburg gekommen, ist nach dem Krieg in die Großschlächterei Großmann eingetreten und hat sie zu einem der bedeutendsten Unternehmen der Branche in Deutschland entwickelt. Als Friedmann – auch deshalb – zum Kommerzienrat ernannt werden soll, ziehen die Coburger Nazis im Stadtrat dagegen zu Felde.

Solchermaßen verunglimpft, setzt Friedmann die Städtischen Werke unter Druck: Sofern sie nicht den bei ihnen beschäftigten Schwede entließen, werde seine und eine weitere Firma den Bezug von Koks und Strom einstellen. Als der Stadtrat Ende Februar 1929 die Kündigung der Städtischen Werke bestätigt, haben die Nazis leichtes Spiel. Flankiert von einer beispiellosen Agitationskampagne erzwingen sie einen Volksentscheid und mit diesem im Juni 1929 Neuwahlen zum Stadtrat.

Seither sind sie die dominierende politische Kraft, und daher überrascht es nicht, daß nach der Machtübernahme der Partei in Berlin die einzelnen Wellen, zunächst der Verfolgung der Juden, dann ihrer Vernichtung hier besonders früh und heftig anbranden: Im September 1942 werden die letzten Coburger Juden per Bahn über Nürnberg nach Theresienstadt deportiert, und am 19. November des Jahres meldet der Oberbürgermeister die Stadt »judenfrei«.

Max Brose stellt nach eigener Angabe am 8. Juni 1933 einen Antrag auf Aufnahme in die NSDAP. Das Datum ist bemerkenswert, weil zu diesem Zeitpunkt bereits eine Aufnahmesperre der Partei gilt. Sie ist zum 1. Mai 1933 in Kraft getreten, um den Ansturm der sogenannten Märzgefallenen aufzuhalten: Am 5. März 1933, also fünf Wochen nach der Machtübernahme durch Hitler, waren zum letzten Mal Reichstagswahlen in Deutschland durchgeführt worden, die zwar im Zeichen des Terrors vor allem gegen die Linke standen, deren Ergebnisse aber nicht manipuliert waren. Sie brachten nicht die absolute, wohl aber mit 43,9 Prozent der Stimmen eine klare Mehrheit für die Nationalsozialisten.

Seither muß man davon ausgehen, daß die Nazis auf nicht absehbare Zeit die entscheidende politische Kraft im Land sein werden. Kein Wunder, daß die Deutschen jetzt der Partei in Massen beitreten; kein Wunder aber auch, daß der Reichsschatzmeister der NSDAP deshalb am 19. April eine Aufnahmesperre verhängt, um den Charakter der Kaderbeziehungsweise Elitepartei zu wahren. Um nach dem 1. Mai 1933, dem Tag der Aufnahmesperre, und vor 1935 noch in die Partei aufgenommen zu werden, bedarf es entweder sehr guter Beziehungen oder aber eines besonderen Interesses der Partei an einer solchen Aufnahme.

So auch im Falle Max Broses und Ernst Jühlings, die zum 1. Mai 1933 – also offensichtlich rückdatiert – in die NSDAP aufgenommen werden, beide mit einer Mitgliedsnummer jenseits der drei Millionen. Nach der in diesem Punkt übereinstimmenden Darstellung des Berufungsklägers und des Verteidigers von Max Brose, die sie im Juli beziehungsweise

63

November 1948 dem Kassationshof in München zusenden, ist Brose »aufgrund besonderer Verwendung« beziehungsweise »wiederholte[r] persönliche[r] Aufforderung« des Kreisleiters der NSDAP, Franz Schwede, in die Partei aufgenommen worden.

Das ist plausibel. So wie die Mitgliedschaft des exponierten und respektierten »Fabrikbes.[itzers]« – so die Berufsbezeichnung auf der Mitgliedskarte der Nationalsozialistischen Volkswohlfahrt – für die in ihrer Herrschaft keineswegs gefestigte NSDAP wichtig ist, hat auch dieser gute Gründe für den Parteieintritt. Vor allem hofft Brose, Ungemach von seiner Firma und von der Wirtschaft der Stadt abzuhalten und den Einfluß der Partei auf die lokale Wirtschaftsverwaltung oder auch auf Gremien wie die IHK zu begrenzen.

Bezeichnenderweise stellt Max Brose seinen Aufnahmeantrag drei Wochen nachdem er am 20. Mai 1933 mit beinahe allen abgegebenen Stimmen wieder in die Industrie- und Handelskammer und von deren Mitgliedern zum Zweiten Vorsitzenden gewählt worden ist. Die Wahl ist von einem zuvor unter anderem für diesen Zweck eingesetzten Sonderkommissar durchgeführt worden. Allerdings soll bei der Wahl nicht nur die »politische Entwicklung im Reich und in den Ländern« Berücksichtigung finden, sondern auch Kriterien wie »Befähigung und fachliche Eignung« der Kandidaten. So will es jedenfalls das Bayerische Wirtschaftsministerium. Tatsächlich erfolgt die Wahl Max Broses ja vor der grundlegenden Neuordnung der Industrie- und Handelskammern, mit der das Reichswirtschaftsministerium diese am 20. August 1934 unter seine Fittiche nimmt.

Fast zehn Jahre lang gehört Max Brose dem Präsidium der Coburger Industrie- und Handelskammer an – von seiner erneuten Wahl im Mai 1933 bis zum April 1943, als die Coburger gemeinsam mit der Passauer und der Regensburger

Kammer in der Gauwirtschaftskammer Bayreuth zusammengefaßt wird. Damit endet auch seine Zeit als Präsident der IHK Coburg. Wann er dieses Amt angetreten hat, läßt sich nicht mehr genau ermitteln; die Akten der Kammer gelten, wie gesagt, als verschollen. Vieles spricht aber dafür, daß Max Brose im Zuge der erwähnten Reorganisation der Industrie- und Handelskammern Ende 1934 oder Anfang 1935 durch das Reichswirtschaftsministerium zum Präsidenten ernannt worden ist.

In dieser Funktion gehört er unter anderem dem Beirat der Wirtschaftskammer Bayern an, die Mitte März 1935 durch das Reichswirtschaftsministerium als eine von reichsweit insgesamt 18 eingerichtet worden ist. Die Aufgaben dieser Kammern sind nicht geregelt worden; eine gewisse Rolle spielen sie unter anderem bei der Vergabe öffentlicher Aufträge und bei der Wirtschaftsberichterstattung. In der bayerischen Kammer sitzt neben Bürgermeistern und Funktionären eine Reihe namhafter Unternehmer, darunter zum Beispiel Georg Schäfer von der Schweinfurter Firma Kugelfischer.

Außerdem wird Brose – wie sämtliche Präsidenten der Industrie- und Handelskammern – auf Grundlage der ersten Durchführungsverordnung über die Wirtschaftsverwaltung vom August 1939 zum Reichskommissar für die Wirtschaftsverwaltung bestellt. Allerdings wurden auch deren Befugnisse durch das hier gleichfalls zuständige Reichswirtschaftsministerium nie geregelt und die Verordnung zwei Jahre später wieder außer Kraft gesetzt.

Nach dem Krieg gibt Max Brose zu Protokoll, im Mai 1942 als »Präsident der Industrie- und Handelskammer-Coburg« das Kriegsverdienstkreuz 2. Klasse erhalten zu haben. Dieses ist im Oktober 1939 von Hitler »als Zeichen der Anerkennung für Verdienste in dem uns aufgezwungenen Krieg, die keine Würdigung durch das Eiserne Kreuz finden können«, gestiftet und mehr als anderthalb Millionen Mal verliehen worden.

Die sechzehnjährige Tätigkeit Max Broses in der Industrie- und Handelskammer zu Coburg, viele Jahre auch als ihr Präsident, ist in erster Linie als Versuch zu verstehen, den Zugriff der Partei auf die Wirtschaft der Stadt in Grenzen zu halten. Dem freien Unternehmer sind der planwirtschaftliche Zuschnitt und die dilettantische Umsetzung der nationalsozialistischen Wirtschaftspolitik ein Dorn im Auge. Daher überrascht es nicht, daß die Partei wiederholt und auch mit dem Mittel der Intrige versucht, ihn abzusetzen. Daß diese Versuche scheitern, ist aufschlußreich.

Der Vorgang zeigt nämlich, daß sich Teile der Industrie und wohl auch einige Kreise des Reichswirtschaftsministeriums bis in den Krieg hinein ein nicht zu unterschätzendes Maß an Handlungsfreiheit erhalten können – weil die Machthaber bei der Umsetzung ihrer Politik und Kriegsführung auf sie angewiesen sind: So gesehen markiert auch der Rücktritt des Wirtschaftsministers Ende November 1937 noch nicht die entscheidende Zäsur.

Man darf davon ausgehen, daß Max Brose sein Ehrenamt seit 1933 nicht anders ausgeübt hat als seine Ehrenämter zuvor – sei es im Stadtrat von 1921 bis 1924, sei es in der Industrie- und Handelskammer während der Jahre 1926 bis 1934/35: an der Sache orientiert und frei von ideologischen oder weltanschaulichen Erwägungen. So betreibt er die typische Standortpolitik, versucht zum Beispiel, allerdings vergeblich, beim Generalinspektor für das Straßenwesen, dem späteren Reichsminister für Bewaffnung und Munition Fritz Todt, die Trasse der geplanten Reichsautobahn näher an die Stadt zu bringen, oder verhilft der IHK zu einem neuen Domizil: Wohl auf Broses Initiative hin erwirbt die Kammer 1939 von der Fürstin Alexandra zu Hohenlohe-Langenburg das Palais Edinburg. Der Kauf wird mit Spenden von 23 Firmen finanziert, darunter auch eine namhafte Summe vom Metallwerk.

Max Brose ist kein Mann der Partei und schon gar kein Überzeugungstäter. Wer in Coburg mit Hilfe der NSDAP etwas werden will, der tritt spätestens 1929 in sie ein und läßt sich nicht, nachdem es eigentlich zu spät ist, rückwirkend in die Partei aufnehmen. Es ist eben kein Zufall, daß »das Ansehen des Herrn Brose bei den massgeblichen Parteidienststellen ... etwa seit 1935/36 ein Schlechtes« war und sich »von Jahr zu Jahr« weiter verschlechterte, wie ein Prokurist des Metallwerks nach 1945 unter Eid zu Protokoll gibt. Broses Vorteil, vielleicht auch sein Glück ist, daß die Partei ihn und sein Unternehmen braucht.

Ein wie immer geartetes Engagement in der oder für die Partei läßt sich zu keinem Zeitpunkt beobachten. Als »Fabrikbesitzer« gehört er natürlich einer Reihe von Parteiorganisationen an, so seit 1934 der »Nationalsozialistischen Volkswohlfahrt« (NSV), der »Nationalsozialistischen Betriebszellenorganisation« (NSBO), also der dann allerdings kaltgestellten Gewerkschaft der Nazis, sowie der »Deutschen Arbeitsfront« (DAF), der Zwangsvereinigung der Unternehmer, Angestellten und Arbeiter, und seit 1935 der Freizeitorganisation »Kraft durch Freude« (KdF).

Von dem halben Dutzend weiterer – zum Großteil unterstützender – Mitgliedschaften, wie zum Beispiel im »NS-Reichsbund für Leibesübungen«, verdient diejenige im »Nationalsozialistischen Kraftfahr-Korps« Erwähnung. Brose tritt ihm im Herbst 1933 bei. Für das im August 1934 aus der SA herausgelöste NSKK ist die Mitgliedschaft größerer Industrieller, besonders aus der Kraftfahrzeugindustrie, von erheblichem Interesse. Brose will Ende 1934 »wegen Nichtbeteiligung« aus dem NSKK ausgeschieden sein, wird aber nicht nur weiter als Mitglied geführt, sondern Ende Januar 1937 sogar zum »Truppführer« befördert.

Daß Max Brose der Organisations- und Vereinsmeierei der Nationalsozialisten etwas abgewinnen kann, ist unwahrscheinlich; daß er sich an ihre Spielregeln hält, sobald sie ihre Macht gefestigt haben, ist unübersehbar. Dafür gibt es Gründe, vor allem den, daß auch das Metallwerk Brose & Co., Coburg, von der Politik des Dritten Reiches profitiert. Alleine bis Ende 1935 pumpen die neuen Machthaber zum Zwecke der Arbeitsbeschaffung fast fünf Milliarden Reichsmark, mehr als das Dreifache des industriellen Investitionsvolumens, in den Wirtschaftskreislauf. Mit der Wiedereinführung der allgemeinen Wehrpflicht Mitte März 1935 und dem Übergang von der verdeckten zur offenen Aufrüstung steigt der Anteil der Wehrmachtsausgaben an den Gesamtausgaben der öffentlichen Hand bereits 1936 auf knapp 40 Prozent.

Dem Metallwerk Brose kommt zunächst vor allem die automobilfreundliche Politik zugute, der Hitler schon wenige Tage nach der Machtübernahme das Wort redet. Sie trägt mit dazu bei, daß der Umsatz der Firma 1933 erstmals seit 1928 wieder zulegt, um dann ungebremst nicht gekannte Dimensionen zu erreichen: Bis 1944, also innerhalb von gut zehn Jahren, legt er um mehr als das Zwanzigfache zu. Das ist auch dann noch beachtlich, wenn man in Rechnung stellt, daß der Umsatz 1932 im Keller ist und daß er 1944 im wesentlichen durch die Produktion von Rüstungsgütern erwirtschaftet wird.

Den Grundstein des wirtschaftlichen Erfolgs freilich bildet nach wie vor das Automobil. Zwar bleibt die Motorisierung in Deutschland weiterhin hinter den britischen und französischen Zahlen zurück, von den amerikanischen gar nicht zu reden. Dennoch tummeln sich 1936 in der deutschen Kfz-Teile- und Zulieferindustrie bereits mehr als 700 Hersteller. Da aber die Konkurrenz nicht nur das Geschäft belebt, sondern auch

einen erheblichen Druck auf die Preise ausübt, sinken diese
während der ersten Hälfte der dreißiger Jahre in der Branche
um 30 Prozent. Brose begegnet dieser Entwicklung mit dem
bewährten Rezept der zukunftsorientierten Weiterentwicklung des Angebots. So kann das Metallwerk im Februar 1936
auf der Berliner Automobilausstellung »Fenster-Kurbelap-
parate« nicht nur für »alle Kraftfahrzeuge« anbieten, sondern auch für »Omnibusse, Eisenbahn- [und] Straßenbahn-
wagen«.

Offensichtlich verfolgt man damit den richtigen Kurs. Denn
1934 beschäftigen Brose und Jühling schon wieder 262 Mitarbeiter, mehr als sechsmal so viele wie zwei Jahre zuvor. Dabei gilt im übrigen das Prinzip: wenige, aber gute und entsprechend entlohnte Mitarbeiter. So führen die beiden
Gesellschafter ihr Unternehmen im wesentlichen selbst –
ohne Direktoren und Ingenieure und mit nur wenigen Angestellten. Zu ihnen zählt Richard Heldrung, der im Februar
1934 – nach einer kaufmännischen Ausbildung und noch nicht
einmal zwanzigjährig – zu Brose kommt, zum Leiter des gesamten Einkaufs avanciert, als »Vertreter des Betriebsführers«
zu einem der engsten Mitarbeiter Max Broses wird und im
November 1939 Gesamtprokura erhält. Als »Führer des Betriebes« firmieren im übrigen seit Ende Januar 1934 und auf
Basis des Gesetzes zur »Ordnung der nationalen Arbeit« alle
im Betrieb arbeitenden Unternehmer, ganz gleich, ob sie der
NSDAP angehören oder auch nicht.

Dem steigenden Geschäftsumfang und der zunehmenden
Mitarbeiterzahl folgend, werden die Produktionsanlagen
Schritt für Schritt ausgebaut. Im Februar 1934 und erneut
im April 1936 genehmigt das Stadtbauamt entsprechende
Um- und Ausbauten, letztere nach einem mehr als einjähri-
gen Genehmigungsverfahren. Seitens der Firma wird diese
Korrespondenz von Ernst Jühling geführt.

Bedeutend schneller geht es mit der Baugenehmigung für die Villa Max Broses voran. Mitte März 1935 erteilt der Stadtrat die im Februar beantragte baupolizeiliche Erlaubnis für die »Erbauung eines Einfamiliengebäudes« auf dem Grundstück Marienstraße 11, das Brose bereits im September 1928 erworben hat. Der Bau der Villa bringt eben auch zum Ausdruck, daß die dürren Jahre hinter ihm liegen und daß es der inzwischen Einundfünfzigjährige zu etwas gebracht hat. Und zu einem ordentlichen Fabrikdirektor gehört nun einmal – und noch ganz im Stil und Verständnis des 19. Jahrhunderts – eine Villa, mag sie wie im Falle der Marienstraße auch eher bescheiden sein.

Aus familiärer Sicht macht das keinen rechten Sinn mehr, legt doch Tochter Christa in diesem Jahr ihr Abitur ab und ist damit wie schon die ältere Schwester aus dem Haus. Gisela, die ja ihre Kindheit in Berlin verbracht hat und den Wechsel nach Coburg nicht sonderlich attraktiv fand, hat sich gleich nach dem Abitur wieder in die Reichshauptstadt abgesetzt, um dort das journalistische Handwerk zu erlernen. Vom April 1932 bis März 1938 studiert sie, von einem etwa einjährigen Praktikum im journalistischen Bereich unterbrochen, in Berlin – und zeitweilig auch in München – Zeitungswissenschaft, Literatur und Theaterwissenschaft.

In dieser Zeit verlobt sich Gisela Brose auch einmal. Jedenfalls hat ihr Freier diesen Eindruck gewonnen, greift in der Nacht vom 11. auf den 12. August 1934 – um »3 Uhr« – zur Feder, hält beim Vater seines »Frauchens« um deren Hand an und stellt sich bei dieser Gelegenheit vor: »Medizinalrat, kerngesund, sportlich durchtrainiert, habe das Deutsche Turn- und Sportabzeichen in Silber und das S. A.-Sportabzeichen als erster in unserer Standarte. Ich bin 38 Jahre alt ... Das E. K. II bekam ich mit dem Vermerk ›wegen vorbildlichen Verhaltens im feindlichen Feuer‹.« Als

Gisela Brose daraufhin einen Rückzieher macht, bleibt es
Max Brose vorbehalten, dem Enttäuschten und seiner Mutter auf Rügen die Nachricht zu eröffnen. Für seine Töchter,
das jedenfalls ist gewiß, tut er alles.

Selbstredend auch für die Jüngere. Bevor sie zum Studium
nach Berlin geht, spendiert ihr der großzügige Vater noch
eine Reise. Die führt Christa Brose – auch hier ganz auf der
Linie des traditionsbewußten Bürgertums – nach Italien.
Und weil ein eigener Fahrer wie die Villa zu den Insignien
des gutsituierten Unternehmers zählen, chauffiert Herr
Späth, der firmeneigene Fahrer, die junge Dame nach Süden. Mit von der Partie sind Schwester Gisela und Freundin
Irmgard Schneider. Sie hat später von der Fahrt berichtet:
»Die Reise ging über Innsbruck nach Mailand und dann an
die Riviera. Christel und ich, wir waren erstmalig so richtig
frei. Herr Späth fuhr uns am Abend die Riviera entlang, wir
tanzten auch in einer herrlichen Bar, in der Lilian Harvey
war mit Gefolge – das war für uns alles fantastisch. Wir waren auch in San Remo, und zurück ging es über Bormio und
über den Ortler«.

Zum schrittweisen Ausbau des Metallwerks gehört nicht zuletzt der Erwerb weiterer Immobilien, darunter das »Miet-Wohnhaus« Ketschendorfer Straße 2 und Casimirstraße 6.
Das Anwesen hatte zuvor jenem Abraham Friedmann gehört, der um die Jahrhundertwende nach Coburg gekommen war, sich mit der Fleischfabrik Großmann einen Namen gemacht hatte und Anfang der zwanziger Jahre ins
Fadenkreuz des nationalsozialistisch gesteuerten Antisemitismus geraten war. Nachdem er im März 1933 entführt, mißhandelt und am 25. März 1933 »namens der Coburger Aufsichtsratsmitglieder« fristlos entlassen worden war, ist er zu
seiner ersten Tochter nach Berlin, von dort 1935 zu seiner
zweiten nach Paris gezogen, wo er 1938 stirbt.

Der Erwerb des Anwesens durch Max Brose und Ernst Jühling ist rechtens. Die Grundstücke waren am 5. März 1935 auf Antrag der Dresdner Bank zum Zweck der Zwangsversteigerung beschlagnahmt worden. Zu diesem Zeitpunkt hatte Friedmann fast 80 000 Reichsmark Schulden. Die Hälfte der Grundschuld war bereits am 11. April 1930, also Jahre vor der Machtübernahme durch die Nationalsozialisten, zugunsten der Dresdner Bank eingetragen worden, und auch der formale Anlaß für die Entlassung fällt noch in die Zeit vor dem 30. Januar 1933: Im Revisionsbericht von 1932 waren »eigenmächtige Geldentnahmen« Friedmanns im Jahr 1931 entdeckt worden.

Nach der rückschauenden Auffassung des damit betrauten Notars war die »Zwangsversteigerung eine Folge der Überschuldung des Eigentümers ... politische Gründe [waren] für ihre Durchführung nicht bestimmend und wirtschaftlich gesehen [war] der Eigentümer des Anwesens schon längst infolge seiner Schuldenlast verlustig gegangen«. Zu einem ähnlichen Schluß kam die Treuco, die Treuhand- und Revisionsgesellschaft mbH Coburg, die nach dem Krieg im Auftrag der amerikanischen Militärregierung in diesem Fall kurzzeitig für die Vermögensverwaltung zuständig war. In dem Akt wird auch aus einem Schreiben der Dresdner Bank vom April 1935 zitiert, wonach »der Schuldner schon seit einigen Jahren nicht die geringsten Abzahlungen auf seine bei uns bestehenden Verbindlichkeiten vornimmt«.

Anfang April 1946 teilten Max Brose und Ernst Jühling der Militärregierung Coburg mit, daß sie Grundstücke und Gebäude je zur Hälfte durch »Zuschlag in öffentlicher Zwangsversteigerung, betrieben durch die Dresdner Bank«, erworben hätten. Die Gesamtkosten hätten sich, diverse Steuern und Notariatskosten eingeschlossen, auf 50 357,80 Reichsmark belaufen.

Allerdings erhalten Max Brose und Ernst Jühling erst am

10. Juni 1953 die Verfügungsgewalt über Grundstücke und Gebäude zurück, nachdem sich ein Rückerstattungsverfahren durch einen Vergleich »erledigt« hat. Denn die beiden Töchter Abraham Friedmanns haben 1948 einen entsprechenden Antrag gestellt. Am 6. Mai 1953 einigen sich die Antragsgegner auf einen Vergleich, der zur »Abgeltung aller Rückerstattungsansprüche« eine Zahlung von 25 000 D-Mark vorsieht. Das ist nicht einmal ein Drittel der geforderten 80 000 D-Mark, die in etwa dem aktuellen Verkehrswert entsprechen.

Die Höhe der Abgeltung deutet darauf hin, daß Max Brose und Ernst Jühling sie als Geste gegenüber den Opfern nationalsozialistischer Gewaltherrschaft verstanden haben. Offenbar wollten die beiden in Zukunft nicht mit dem Vorwurf leben, die Zwangslage jüdischer Mitbürger ausgenutzt zu haben – so unberechtigt er auch war. Denn der Erwerb der Immobilie ist rechtmäßig, erfolgt auf der überkommenen und nicht auf der von den Machthabern des Dritten Reiches neu geschaffenen Rechtsgrundlage, die mit der »Verordnung über die Anmeldung des Vermögens von Juden« vom 26. April 1938 zu greifen beginnt. Nach dem Tod Ernst Jühlings wurde das Anwesen im November 1956 verkauft.

Das Metallwerk nutzt die neuen Gebäude auch als Werkswohnungen. Die werden dringend benötigt, um die rasch wachsende Zahl von Mitarbeitern, darunter jetzt auch einige leitende, unterbringen zu können: Nachdem im März und Juni 1933 die drei bestehenden Prokuren gelöscht worden waren, wird im Mai 1937 wieder zwei Kaufleuten, Friedrich Dehler und Erich Frosch, »Gesamtprokura miteinander« erteilt. Die Intensivierung der Personalpolitik geht nicht zuletzt auf das Konto einer Erweiterung des Produktionsprogramms, und die wiederum ist eine unmittelbare Folge der staatlichen Wirtschaftspolitik.

Am 9. September 1936 ist auf dem Nürnberger Reichsparteitag der NSDAP ein »Vierjahresprogramm« verkündet worden. Nach außen hin dient es dazu, die Bevölkerung auf zum Teil schmerzliche Engpässe beim Konsum oder beim Wohnungsbau vorzubereiten; tatsächlich wird mit ihm die deutsche Industrie in die Pflicht genommen, ihre Produktion stärker noch als zuvor auf die Kriegsvorbereitung auszurichten. Die Machthaber wissen, daß sie mit planwirtschaftlich angelegten Methoden beim Unternehmertum nicht nur auf Gegenliebe stoßen, aber sie haben, wie sie meinen, ein attraktives Angebot zu machen: »Wenn wir siegen«, erklärt Hermann Göring, jetzt auch »Beauftragter für den Vierjahresplan«, am 17. Dezember 1936 vor führenden Vertretern der deutschen Wirtschaft und Industrie, »wird die Wirtschaft genug entschädigt werden ... Ich verlange, daß Sie alles tun und beweisen, daß Ihnen ein Teil des Volksvermögens anvertraut ist. Ob sich in jedem Fall die Neuanlagen abschreiben lassen, ist völlig gleichgültig. Wir spielen jetzt um den höchsten Einsatz. Was würde sich wohl mehr lohnen als Aufträge für die Aufrüstung?«

Das heißt im Klartext, daß die deutschen Unternehmen – früher oder später und auf die ein oder andere Weise – in die Rüstungsproduktion einzusteigen haben, wollen sie ihre Unabhängigkeit wahren, soweit das im Rahmen einer totalitären Plan-, später dann auch einer Kriegswirtschaft überhaupt möglich ist. Das gilt auch für das Metallwerk Max Brose, zumal die Bevorzugung der Rüstungswirtschaft erklärtermaßen auch zu Lasten der Automobilhersteller, wenn auch nicht unbedingt der Zulieferer geht.

Ausgerechnet auf der Internationalen Automobil- und Motorradausstellung bekräftigt Hitler im Februar 1937 die »Typenreduzierung«. Als sich die Industrie in dieser Frage nicht einigen kann, setzt Göring in seiner Eigenschaft als Beauftragter für den Vierjahresplan am 15. November 1938

Die Spezialisten: Seit Mitte der dreißiger Jahre versteht sich Brose ausschließlich als Hersteller von »Kraftfahrzeug-Material«. Das Bild zeigt den Briefkopf von 1936.

Oberst von Schell als »Generalbevollmächtigte[n] für das Kraftfahrzeugwesen« (GBK) ein. Das nach diesem benannte Programm reduziert schließlich Mitte März 1939 die Lastwagentypen von über 100 auf etwa 20 und die Personenwagentypen von 52 auf rund 30.

Max Brose reagiert auf die Zeichen der Zeit, indem er sich treu bleibt. Was immer in Berlin aus politischen oder sonstigen Erwägungen beschlossen werden mag, die Weiterentwicklung des Automobils läßt sich von nichts und niemandem aufhalten, schon weil sie keine nationale Angelegenheit ist. Und so hat das Metallwerk auf der letzten Automobilausstellung vor dem Krieg unter anderem »Windschutzscheiben« und »Entlüftungen« im Angebot. Die Ausstellung, die im Februar und März 1939 wie stets in Berlin stattfindet, belegt zwar weniger Hallen als in den vorangegangenen Jahren, zieht aber mit etwa 825 000 mehr Besucher an als je zuvor.

Die Windschutzscheiben sind offenbar die Reaktion auf
die neue Straßenverkehrsordnung, die am 1. Januar 1938 in
Kraft getreten ist und unter anderem verlangt, daß alle fa-
brikneuen Kraftwagen bei den quer zur Fahrtrichtung ste-
henden Scheiben Sicherheitsglas verwenden müssen. Und im
Bereich der Entlüftungen setzt Brose nach wie vor auf den
technischen Vorsprung der amerikanischen Ternstedt Ma-
nufacturing Co. und schließt Anfang Februar 1939 einen Lizenzvertrag über »Belüftungseinrichtungen«, »Lizenzbelüf-
ter« und »Kraftfahrzeugbelüfter«, denen »eine senkrecht
schwenkbare Scheibe und eine verschiebbare Scheibe in der
gleichen Fensteröffnung zugeordnet sind, einschließlich der
Stellvorrichtungen hierfür«. Weil die »in Frage stehende Be-
lüftungsvorrichtung« auch nach dem Krieg noch »zweifels-
ohne das Beste darstellt, was es auf diesem Gebiet überhaupt
gibt«, drängt Brose das Bayerische Ministerium für Wirtschaft und Verkehr, die Durchführung des währungsrelevan-
ten Lizenzvertrages zu genehmigen. Tatsächlich wird 1951/
1952 der Vertrag mit General Motors verlängert.

Schon weil das Automobil in allen Varianten fester Bestandteil einer modernen Armee ist, hat das Coburger Metallwerk
auch unter der neuen Reglementierung vergleichsweise gute
Chancen, sich auf seinem ureigensten Betätigungsfeld wei-
terzuentwickeln. Eine Möglichkeit, den staatlichen Vorgaben zu entsprechen, besteht in der Modifizierung und Spe-
zialisierung. Da ist es ein glücklicher Umstand, daß die
Firma – offenbar zunächst nicht, jedenfalls nicht in erster Linie mit Blick auf den Rüstungssektor – seit 1936 ein neues
Produkt im Angebot hat: In einem jüngst errichteten Gebäude wird jetzt der 20-Liter-Einheitskanister produziert.
Mehr als zwanzig Jahre lang gehört er zu den erfolgreichsten
Produkten des Metallwerks.
Nicht daß man hier Neuland beträte: Bereits im Februar

1924 hatte Brose das Warenzeichen »Atlas« unter anderem für »Benzin- und Ölkanister« angemeldet. Aber das neue Modell steht für ein weitgehend automatisiertes, in seiner Zeit hochmodernes Fertigungs- und Prüfungsverfahren, das sich mit dem Namen des Meisters Max Rüger verbindet. Dieses garantiert eine bislang nicht erreichte Belastbarkeit des Behälters und der Lackierung. Um die Kunden des Metallwerks davon zu überzeugen, hat der Meister ein anschauliches Testverfahren entwickelt: Er läßt einen mit Wasser gefüllten Kanister aus dem zweiten Stock der Werkshalle auf den gepflasterten Hof fallen. Die Demonstration bleibt nicht ohne Wirkung auf die Kundschaft.

Natürlich reichen solche Produkte auf Dauer nicht aus, um den Vorgaben und Erwartungen der auf den Krieg fixierten Machthaber zu genügen. Also nimmt auch das Metallwerk Max Brose & Co. 1938 schließlich die Produktion von Rüstungsgütern auf. Daß »bereits im Jahre 1936 oder 1937 … eine geheime Abteilung eingerichtet wurde, die sich mit den Vorarbeiten für Heereslieferungen (Zünderfertigung) befasste«, ist unwahrscheinlich, zumal die Aussage von Günter Skrobek, dem von der amerikanischen Militärverwaltung eingesetzten Treuhänder, stammt, und an dessen Aussagen bestehen nicht nur in diesem Punkt begründete Zweifel.

Daß es den Automobilzulieferer Max Brose auf dieses neue Betätigungsfeld gezogen hätte, läßt sich nicht sagen, im Gegenteil. Die Aufnahme der Produktion erfolgt vergleichsweise spät. Im Sommer 1937 wird er zum Heereswaffenamt bestellt und mit der Fertigung von 20 mm Zündern beauftragt. Damit zieht die Behörde unter anderem die Konsequenz aus dem Unvermögen der Firma Alfred Haußknecht, die ursprünglich unter den Coburger Firmen für Heereslieferungen vorgesehen war, aber damit nicht zurechtkam.

Am 11. Januar 1938 erscheint das Oberkommando des Heeres erstmals in den Büchern des Metallwerks Max

Brose & Co. Um welche Produkte es sich dabei handelt, ob zum Beispiel besagte Kanister einen Teil der Lieferung bilden, ob sich bereits ein erstes Kontingent von Zündern darunter befindet, ist nicht mehr festzustellen. Gesichert ist der Umfang der Sonderfertigung, der mit 438 500 Reichsmark ein Siebtel zum Gesamtumsatz beiträgt. Sicher ist schließlich, daß Brose spätestens zum Jahresende 1939 die Produktion des Aufschlagzünders 5045 aufnimmt.

Weil die Aufträge mit den bestehenden Produktionsanlagen nicht mehr zu meistern sind, erwirbt das Metallwerk Brose im Februar beziehungsweise März 1939 von der Stadt Coburg – außer einem Miet-Wohnhaus an der Deyssingstraße 4 – das ehemalige Gelände der Dusko-Werke Derichs & Sauerteig, Holz- und Rohrmöbelfabrik, an der Uferstraße 7. Dort hatte sich übrigens zuvor ein städtisches Arbeitsdienstlager, wohl eines der ersten in Deutschland, befunden. Bereits im Sommer 1932 hatte der – mehrheitlich von der NSDAP besetzte – Stadtrat in Vorwegnahme der Arbeitsbeschaffungsmaßnahmen der Reichsregierungen unter Franz von Papen und Kurt von Schleicher angeregt, einen »freiwilligen Arbeitsdienst« für Jugendliche einzurichten, »die jetzt dem Wohlfahrtsamt zur Last liegen durch Unterstützung«. Ende September 1932 waren dann vorläufig 28 Jugendliche im Alter von bis zu 25 Jahren – für 20 Wochen und für ein Taschengeld in Höhe von 30 Pfennigen pro Stunde – eingestellt worden.

Das Metallwerk, so die »Anzeige« des Kaufs, erwirbt das Gelände mit dem ehemaligen Arbeitsdienstlager von der Stadt, »da die in unseren Fabrikgebäuden Ketschendorferstraße 44 vorhandenen Räu[m]lichkeiten zu eng geworden sind«. Die neu erworbene Immobilie diene der Produktion »von weiterem, wichtigem Heeres-Material«, bei dem es sich um »Eisen und Metall-Gegenstände« handelt. Die Produktionsanlagen an der Uferstraße firmieren als

Werk 2, die älteren an der Ketschendorfer Straße fortan als
Werk 1.

Max Brose ist ohne Zweifel der alten Garde der Privat-Un-
ternehmer zuzurechnen, die sich von der Riege der nationalsozialistischen beziehungsweise »Parteibuch«-Indu-
striellen unter anderem dadurch abhebt, daß sie für die
Vertreter der traditionellen Eliten in Bürokratie und Militär
ansprechbar sind. In dieses Bild fügt sich auch seine Ernennung zum »Wehrwirtschafts-Führer« am 20. April 1938.
Offenbar ist Brose gemeinsam mit den übrigen sechs Han-
delskammerpräsidenten des Wehrkreises XIII von den zuständigen militärischen Dienststellen ernannt worden – wie
in vielen anderen Fällen wohl auch in diesem ohne sein Wissen und jedenfalls ohne sein Zutun.

Ursprünglich ist die Position eines Wehrwirtschaftsfüh-
rers, die den allgemeinen Offiziersrang in der Wehrmacht
miteinschließt, ersonnen worden, um sich gegen die Gleich-
schaltungstendenzen der Industrie durch Gauleiter und
Gauwirtschaftsberater, also durch die Partei, wehren zu
können. Das hat jedenfalls General Georg Thomas nach
dem Krieg zu Protokoll gegeben. Als Chef des Wehrwirt-
schaftsstabes hatte sich Thomas 1935 entschlossen, »einen
ausgesuchten Kreis von politisch vernünftigen und über-
legten Männern« an seine Dienststelle zu »binden«. In den
späten dreißiger Jahren hat der Titel eine andere Bedeutung
und einen anderen Stellenwert als nach Kriegsbeginn, als er
mehr und mehr zur Auszeichnung besonderer Leistungen
für die Kriegswirtschaft benutzt wird.

Ob ihm das nun paßt oder nicht, für die Behörden ist Max
Brose »in gehobener und Vertrauensstellung tätig«. Daher
fordert der Führer des Sicherheitsdienstes (SD) im SS-
Oberabschnitt Süd den SD-Unterabschnitt Bayerische Ostmark in Bayreuth Ende Januar 1939 auf, den Unternehmer

»anhand des bekannten Fragebogens« zu »erörtern«. Der Vorgang ist als »Geheim« eingestuft und bis zum 1. Mai zu erledigen. Der SD-Unterabschnitt Bayerische Ostmark beauftragt die SD-Außenstelle Coburg mit der Bearbeitung. Die reicht ihre Ergebnisse Ende März dort ein, wo das vierseitige Papier im Laufe des Aprils zu einer zweiseitigen Fassung verdichtet und von dort an den SS-Oberabschnitt Süd geschickt wird.

Danach stuft der Sicherheitsdienst des Reichsführers SS Max Brose als »national, ohne weitere Bindungen« ein. Er sei zwar 1933 unter anderem in die NSDAP und das NSKK eingetreten, aber »ohne weitere Tätigkeit in der Partei«. Seine Beziehungen zur Partei gelten als »gut«, die zur Wehrmacht sind »unbekannt«, allerdings habe Brose »grosse Heeresaufträge«. Seine Eignung als »Abwehrbeauftragter« sei »berufstechnisch gut«, jedoch dürfe »ND-mäßig«, also bezogen auf seine Vertrauenswürdigkeit, »wohl etwas Zurückhaltung am Platze sein«.

Wie auch die abschließende »charakterliche Gesamtbeurteilung« zeigt, traut der Sicherheitsdienst Max Brose also offensichtlich nicht ganz über den Weg: »B. ist ein schwer zu beurteilender Mensch. Seine nationale Einstellung ist wohl ausser Zweifel, seine soziale lässt Wünsche offen, im Geben ist er nicht engherzig, die Volksgemeinschaft scheint er noch nicht ganz begriffen zu haben. Er ist ein kluger Kopf und tüchtiger Kaufmann, zielbewusst und ehrgeizig, anpassungs- und wandlungsfähig, egoistisch und – wenn er auch sehr nett sein kann – auch dünkelhaft. Die grossen Gewinne aus dem Geschäft hat er zum guten Teil zur erheblichen Erweiterung seiner Fabrikanlagen verwendet, zum anderen Teil privat in Grundbesitz angelegt ... Eine gewisse Vorsicht ist angebracht.«

Auch über den Privatmann läßt sich das Papier aus. Danach sind den Verfassern seine »Vorbildung« und sein »beruflicher Werdegang« »unbekannt«, seine familiären Verhältnisse hingegen klar: Die »Ehe besteht nur noch der Form nach«; Max Brose und Frau »Elfriede, geb. Lehmann, hat [sic] zwei unverheiratete Töchter von Anfang bis Mitte 20«. Zu diesem Zeitpunkt trifft das zwar noch zu, doch stehen sowohl Gisela als auch Christa Brose in diesem Jahr 1939 vor einem neuen Lebensabschnitt – die ältere beruflich, die jüngere privat.

Am 21. Juni 1941 heiratet Christa Brose den Kapellmeister Walter Stoschek. Der hat am 30. Januar 1912 im oberschlesischen Leobschütz das Licht der Welt erblickt, ist katholisch getauft, wächst in Brieg auf, besucht das humanistische Gymnasium und gehört dort einem sozialistischen Schülerbund an. Darauf führt Walter Stoschek, als er in hohem Alter auf sein Leben zurückblickt, die vorzeitige Pensionierung seines Vaters Paul zurück, der in Brieg Polizist gewesen ist, nach dem Zweiten Weltkrieg mit seinem Sohn nach Coburg kommt und hier seinen Lebensabend als »Polizeikommissar a. D.« verbringt.

Nach dem Abitur absolviert Walter Stoschek zunächst bei einem Privatlehrer in Breslau, dann bei Kurt Striegler am Dresdener Konservatorium seine Ausbildung zum Kapellmeister. Weil er aber als Hilfskorrepetitor an der Staatsoper, wo Karl Böhm seit 1934 den Taktstock fest in der Hand hält, nicht zum Dirigieren kommt, nimmt er schweren Herzens Abschied von der sächsischen Metropole. 1937 geht Stoschek ans Oberschlesische Landestheater in Beuthen, wirkt dort zunächst als Ko-, seit 1938 als Solorepetitor, und schon 1939 arbeitet er als Kapellmeister. Weil er sich treu und zu den nationalsozialistischen Machthabern auf Distanz bleibt, sorgt die Theaterleitung dafür, daß er 1940 eingezogen wird und für etwa ein Jahr seinen Wehrdienst in Breslau verbringt. Immerhin kommt der ausgebildete Pianist nicht an die Front, sondern darf im Kasino die feiernden Offiziere mit seinem Klavierspiel unterhalten.

In Beuthen hat Walter Stoschek Christa Brose kennengelernt. Die hat sich nach dem Studium in Berlin zunächst um geeignete Portraitfotos für die anstehenden Bewerbungen gekümmert – und zwar, einem Rat ihrer Schwester Gisela folgend, durch die Fotografin Rosemarie Clausen, die damals alles, was in Berlin Rang und Namen hat, ins rechte Licht rückt, so auch Marianne Hoppe und Gustav Gründgens. Die Bilder mögen der jungen Brose geholfen haben, jedenfalls bekommt sie in der Saison 1940/41 ein erstes Engagement als »Darstellendes Mitglied« am Schauspiel des Oberschlesischen Landestheaters in Beuthen – für 130 Reichsmark im Monat.

Max Brose nimmt die Nachricht vom kommenden Schwiegersohn gelassen, »wenn es auch«, wie sich Christa noch an ihrem Lebensabend erinnert, »zwei Welten waren, denn mein Vater hatte vom Theater soviel Ahnung wie die Kuh vom Seiltanzen«. Die standesamtliche Hochzeit, die von Max Brose – im Bahnhofshotel »Excelsior« und in gewohnt großzügiger Weise – ausgerichtet wird, findet während der Theaterferien in Coburg statt. Auf der Hochzeitsreise an den Wörthersee erfährt der Ehemann durch seinen Schwiegervater von einem neuerlichen Gestellungsbefehl. Jedenfalls entnimmt Max Brose dem Absender, daß es sich um einen solchen handeln müsse, schickt den Brief ungeöffnet zurück ans Wehrbezirkskommando und rät seinem Schwiegersohn von Ort zu Ort nach Dresden zu reisen. An der dortigen Staatsoper erwartet ihn nämlich ein Engagement als Assistent seines Lehrers Striegler und damit der Status »unabkömmlich«. Das immer wieder nachgeschickte Einschreiben enthielt im übrigen die entsprechende Bestätigung.

Auch für Christas Schwester beginnt im Sommer 1939 ein neuer Lebensabschnitt, allerdings anderer Art. Am 1. November 1939 tritt Gisela Brose in das väterliche Unternehmen ein. Die älteste Tochter des Firmengründers folgt damit nicht ihrer Neigung. Wäre es nach ihr gegangen, wäre sie beim Journalismus geblieben. Tatsächlich hat sie 1935/1936 nicht nur ein gut einjähriges Praktikum in diesem Bereich absolviert und ist 1936 in die Reichspressekammer eingetreten, vielmehr ist Gisela Brose, als der Vater sie nach Coburg ruft, auch bei einem Berliner Verlag als Redaktionssekretärin tätig. Ob sie in diesem Beruf eine Zukunft gehabt hätte, sei dahingestellt. Weil sie nämlich der Partei nicht angehört und auch sonst mit den Nationalsozialisten nichts im Sinn hat, weigert sich Gisela Brose wiederholt, einen nationalsozialistischen Schulungskurs der Reichspresseschule zu besuchen, tritt auch aus der Reichspressekammer aus, bevor diese sie dann 1941 förmlich ausschließt.

Aber zu dieser Zeit ist die ältere der Brose-Töchter schon zwei Jahre im väterlichen Betrieb tätig. Nicht zum letzten Mal in ihrem Leben hat sie eigene, andere Pläne hintangestellt und ist ihrem Pflichtgefühl gefolgt. Bis Ende September 1945 bleibt Gisela Brose in der Firma, um fünf Jahre später erneut einzutreten und dann vom April 1950 bis zur Übergabe der Verantwortung an ihren Neffen, Max Broses Enkel Michael Stoschek, Ende September 1971 das Unternehmen nicht mehr zu verlassen.

Warum Max Brose seinerseits diesen Schritt getan und die Tochter in sein Unternehmen geholt hat, läßt sich nicht mehr feststellen. Vieles spricht aber dafür, daß der bevorstehende Kriegsausbruch der entscheidende Anlaß ist. Offensichtlich will Brose sicherstellen, daß seine Tochter nicht dienstverpflichtet wird. Das 1938 eingeführte Pflichtjahr für Mädchen gilt zwar nur bis zu einem Alter von 25, und Gisela Brose ist inzwischen 27, aber es gibt andere Verfügungen. So bestimmt das Wehrgesetz vom 21. Mai 1935, daß im Kriege »jede deutsche Frau zur Dienstleistung für das Va-

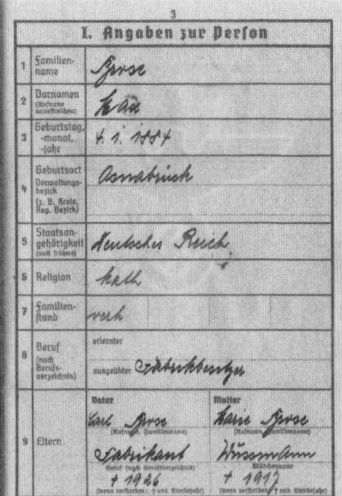

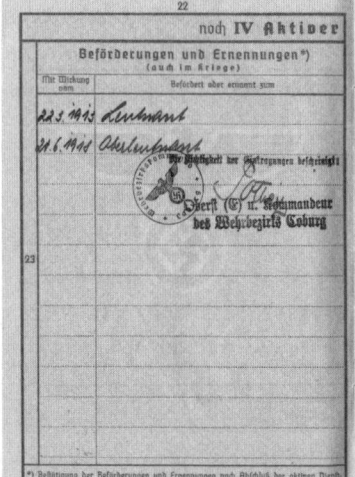
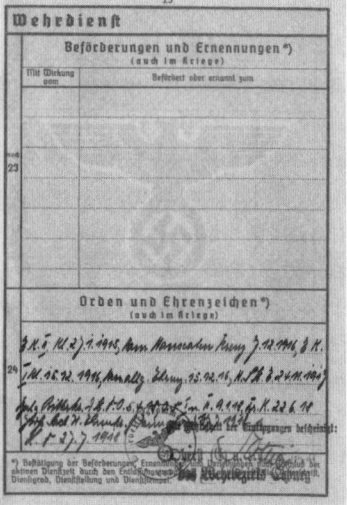

Oberleutnant der Reserve: Im Herbst 1938 wird Max Brose in die Landwehr I überführt. Die Bilder zeigen den im Oktober dieses Jahres ausgestellten Wehrpaß mit Einträgen aus der Zeit des Ersten Weltkriegs.

terland verpflichtet« ist. Tatsächlich kommen dann auch
während des Krieges im Metallwerk Brose zahlreiche weib-
liche Arbeitskräfte zum Einsatz.

Das hat seinen Grund. Denn in den Analysen und Berichten auch der zuständigen Coburger Stellen drängt sich seit
dem Sommer 1939 ein Thema in den Vordergrund, das wenige Monate später neben dem chronischen Mangel an
Rohstoffen zum wichtigsten Thema der deutschen Kriegswirtschaft überhaupt werden wird: der Mangel an Arbeitskräften. So spricht der Bericht der IHK zu Coburg für Juli
1939 von einer »äußerst schwierige[n] Lage«, die sich durch
den weiteren Eingang von Aufträgen bei gleichzeitigem Ab-
zug von Arbeitskräften für »staatspolitisch wichtige Aufgaben und für den Ernteeinsatz« weiter verschärfe. In einigen
Fällen seien bereits die »letzten Fachkräfte« aus den Betrieben geholt worden.

Max Brose weiß also, warum er in dieser Situation seine
Tochter in die Firma holt. Sie hilft, die größerwerdende
Lücke an Fachkräften zu schließen, und sie steht so für eine
anderweitige Verwendung nicht zur Verfügung. Zwar hat
Gisela Brose, soweit wir sehen, während des Krieges keine
bleibenden Spuren in der Unternehmensführung hinterlassen, aber natürlich bedeutet ihr Eintritt in die Firma eine
Zäsur. Immerhin hat jetzt einer der beiden Gesellschafter
einen Vertreter der nächsten Generation in dem gemeinsamen Unternehmen installiert. Das wird auch den anderen
mit der Frage der weiteren Entwicklung konfrontiert haben.
Vorerst allerdings treten solche Gedanken in den Hintergrund. Denn kaum daß Gisela Brose in die Firma eingetreten ist, beginnt ein Krieg bislang unbekannter Dimension,
und der stellt auch das Metallwerk Max Brose & Co., Coburg, vor völlig neue Herausforderungen.

KANISTER UND PATRONEN
Konjunktur im Krieg
1939–1948

Krieg liegt in der Luft. Auch bei der Firma Brose in Coburg versammeln sich die Menschen gegen zehn Uhr vor den Radioempfängern. Es ist Freitag, der 1. September 1939. In Berlin tritt der Reichskanzler vor das nur aus Nationalsozialisten bestehende Parlament, das in der Krolloper tagt, seit das Reichstagsgebäude Ende Februar 1933 durch einen Brandanschlag nicht mehr zu nutzen ist. Alle wissen oder ahnen doch, daß Adolf Hitler den Beginn der Kämpfe gegen Polen offiziell bekanntgeben wird.

Tatsächlich hat die Wehrmacht in den frühen Morgenstunden unter einem Vorwand den Krieg gegen den östlichen Nachbarn des Deutschen Reiches eröffnet. Damit erreicht eine seit Jahren konsequent verfolgte, wenn auch immer wieder den Gegebenheiten angepaßte Politik ihren Eskalationspunkt. Denn was Hitler auch gesagt haben mag, das eigentliche Ziel seiner Politik ist der rassenideologische Versklavungs- und Vernichtungsfeldzug gegen die Völker Ostmittel- und Osteuropas und insbesondere gegen das europäische Judentum. Weil seine Politik aber unter dem im In- und Ausland vertrauten Mantel des Revisionismus daherkommt, weil Hitler die in Deutschland populäre Losung ausgibt, nun endlich die Zumutungen des Vertrages von Versailles aus der Welt zu schaffen, können oder wollen viele sein eigentliches Ziel nicht sehen.

So greift niemand ein, als Hitler Schritt für Schritt den Vernichtungsfeldzug gegen die Sowjetunion vorbereitet. Ermutigt durch die Schwäche der Herausgeforderten und Betroffenen und bestärkt durch ein von Anfang an selbstbewußtes Auftreten, etwa beim Austritt aus dem Völkerbund und beim Rückzug von der Abrüstungskonferenz im Oktober 1933, kann die deutsche Außenpolitik einen Erfolg nach dem anderen verbuchen: Der Wiedereinführung der allgemeinen Wehrpflicht 1935 folgt ein Jahr später die Wiederbesetzung der entmilitarisierten Zonen des Rheinlandes durch deutsche Truppen, dann im März 1938 die militärische und politische Einverleibung Österreichs sowie, ein halbes Jahr später und mit mittelbarer Unterstützung Großbritanniens, Frankreichs und Italiens, der Anschluß der sudetendeutschen Gebiete der Tschechoslowakei.

Erst nach diesem Debakel der europäischen Diplomatie, als sich Hitler entgegen aller vorherigen Beteuerungen nicht an seine Zusage hält, beginnt sich der Wind zu drehen. Die Zerschlagung der Tschechoslowakei, die am 15. März 1939 mit dem Einmarsch deutscher Truppen in Prag ihren Höhepunkt erreicht, aber auch diverse Initiativen des Dritten Reiches gegenüber Litauen, Polen und Rumänien veranlassen die britische Regierung, ein Zeichen zu setzen. Am 31. März 1939 garantieren Großbritannien und Frankreich zwar nicht die Grenzen, wohl aber die Unabhängigkeit Polens. Die folgenden Monate sind von einer Fülle diplomatischer Initiativen geprägt, bei denen die Sowjetunion eine zusehends wichtige Rolle spielt.

Daß es schließlich nicht zu einem Bündnis Moskaus mit London und Paris, sondern am 23. August 1939 zu einem deutsch-sowjetischen Neutralitäts- und Nichtangriffsvertrag kommt, liegt unter anderem an den gemeinsamen Interessen Hitlers und Stalins. Beide wollen eine grundlegende Neuordnung der politischen und militärischen Verhältnisse

in Nordost-, Ost- und Ostmitteleuropa, die in einem gehei-
men Zusatz zu ihrem Pakt fixiert wird. Und so beginnt mit
dem Überfall Deutschlands auf Polen am 1. September 1939
ein Krieg, der mit dem – wenn auch vorerst nur formalen –
Eintritt Großbritanniens und Frankreichs von Anfang an europäische Dimensionen hat. Daß der Feldzug gegen Polen
bereits nach gut vier Wochen beendet ist, überrascht die meisten Beobachter; daß damit der Krieg erst begonnen hat, wissen alle, die so oder so mit der Vorbereitung der nächsten
Feldzüge zu tun haben – auch die Unternehmen, auch das
Metallwerk Max Brose & Co., Coburg.

Seit 1939 ist das Unternehmen definitiv in der Rüstungsproduktion tätig, wenn auch einige Produkte, wie der 20-
Liter-Kanister, ursprünglich nicht, jedenfalls nicht in erster
Linie oder gar ausschließlich, für die Wehrmacht entwickelt
oder hergestellt worden sind. Jetzt freilich wird der Kanister
fast nur noch für die Armee gefertigt – bis 1943 mit dem ein-
gestanzten Schriftzug »Brose Coburg«. Seither führt der
Kanister wie sämtliches bei Brose produziertes Kriegsgerät
die Signatur »fhm«. So sagt es die »Geheim-Liste der Fer-
tigungskennzeichen für Waffen, Munition und Geräte«.
Darüber hinaus produziert das Metallwerk spätestens seit
1939 in Werk 1 unter anderem den Aufschlagzünder 5045
und in Werk 2 Teile für 2 cm Panzergeschosse, seit Mai 1940
für die 2 cm Sprenggranate.

Zutreffender müßte man wohl sagen, daß Brose diese Produkte liefern sollte. Tatsächlich liegt die Firma lediglich bei
den »Einheitsbehälter[n] für Kraftstoff«, wie die Kanister in
der Sprache der Wehrmachtsbürokratie heißen, einigermaßen im Plan. Jedenfalls registriert die zuständige Rüstungsinspektion im März 1940 eine »Leistungssteigerung ... von
500 auf 1000 Stück«. Hingegen läßt die Munitionsfertigung
zu wünschen übrig: Im Februar wird beim AZ 5045 ein Aus-

schuß von 45 000 Stück festgestellt, die nachgearbeitet oder zum Teil sogar ersetzt werden müssen. Anfang Mai liegen die gelieferten hinter den angeforderten um 740 000, im Juni sogar um 935 000 Einheiten zurück. Ein ähnliches Bild ergibt sich bei Zünderersatzstücken und anderem mehr.

Der Grund ist rasch und eindeutig identifiziert, nämlich – so das Rüstungskommando Coburg schon Ende Dezember 1939 – ein »Mangel geeigneter Arbeiter und Anlernschwierigkeiten«. Seither nimmt diese Klage kein Ende. Das »Fehlen von männlichen Arbeitskräften«, so die Rüstungsinspektion Nürnberg im Juni 1940, ist das große Problem. Alleine zwischen Anfang Juni 1939 und Ende Mai 1940 werden im Deutschen Reich knapp fünf Millionen zum Kriegsdienst eingezogen, davon gut vier Millionen aus »kriegswichtiger« Arbeit.

Das stellt die meisten Unternehmen vor eine letztlich nicht lösbare Situation. Die Lücken, die der Krieg in die Reihen der Beschäftigten reißt, müssen rasch geschlossen werden, wenn die staatlicherseits vorgegebenen und ständig angehobenen Produktionszahlen erfüllt werden sollen. Gelingt das nicht, kann ein Unternehmen wie Brose also nicht den geforderten Ausstoß oder die erwarteten Rationalisierungs- und Entwicklungsleistungen vorweisen, droht ihm die Übernahme durch eine kommissarische Geschäftsleitung, die Beschlagnahmung des Maschinenparks oder gar der Zwangsverkauf.

Viele Unternehmen reagieren auf diese Lage zunächst mit eigenen Anwerbeinitiativen, scheitern damit aber bald, weil die Behörden den Arbeitseinsatz monopolisieren und damit kontrollieren wollen und der Industrie schon 1940 eigene Anwerbungsmaßnahmen untersagen. So geraten die Unternehmen immer stärker in die Fänge der Bürokratie, müssen nicht nur Rechenschaft ablegen über die Entwicklungskosten und die Stückpreisbildung, sondern auch über ihren Bedarf an Maschinen und eben Arbeitskräften. Erst wenn diese Kalkulation staatlicherseits überprüft und für plausibel befunden ist, erfolgt der Auftrag und mit ihm die Zuteilung von Rohstoffen und Maschinen sowie die Zuweisung von Arbeitskräften durch die zuständigen Arbeitsämter.

Diese Prozedur wird zusätzlich durch ein kaum mehr durchschaubares Kompetenzengerangel verschiedener Regierungs-, Amts- und Parteigremien erschwert, die zusehends Einfluß auf diesen wichtigen und nicht unprofitablen Bereich erhalten wollen. So ist anfangs für die rasch wachsende Zahl ausländischer Arbeitskräfte ein halbes Dutzend Behörden und Institutionen zuständig – neben dem Reichsarbeitsministerium die regionalen Arbeitsämter, das Wirtschaftsministerium, das Rüstungsministerium, die Deutsche Arbeitsfront, das Wirtschaftsrüstungsamt des Oberkommandos der Wehrmacht (OKW) sowie Hermann Görings Amt des Beauftragten für den Vierjahresplan. Erst als Albert Speer Anfang 1942 an die Spitze des Reichsministeriums für Bewaffnung und Munition rückt, werden durchgreifende Maßnahmen zur Koordination der Kriegswirtschaft ergriffen. Gleichzeitig versucht Fritz Sauckel als »Generalbevollmächtigter für den Arbeitseinsatz« diesen im deutschen Machtbereich zentral zu steuern.

Im Dezember 1940 taucht das Metallwerk Brose erstmals in der sogenannten Arbeitskräfte-Zuweisungstabelle der Rüstungsinspektion Nürnberg auf. Allerdings werden von den geforderten zehn »Ia-Kräften« lediglich drei zugewiesen. Damit wird der Einsatz ausländischer Arbeitskräfte auch für das Coburger Unternehmen zu einem Thema: Der Höchststand ist im Sommer 1942 erreicht, als bei Brose 200 »Russen«, also Bürger der Sowjetunion, 60 Kroaten und etwa 20 Franzosen beschäftigt sind. Von den Kroaten abgesehen, handelte es sich um Kriegsgefangene.

Von 1939 bis 1945 werden im Großdeutschen Reich schätzungsweise 13,5 Millionen ausländische Arbeitskräfte eingesetzt, darunter zivile Fremdarbeiter, Kriegsgefangene und Häftlinge aus Konzentrationslagern. 1943/44, auf dem Höhepunkt des Krieges, stellen Zwangsarbeiter in der Landwirtschaft fast die Hälfte aller Arbeitskräfte, im Bergbau und in der Baubranche etwa ein Drittel, in der Industrie bis zu einem Viertel. Zum Einsatz kommen sie überdies auch bei den Kommunen und nicht zuletzt bei den Kirchen.

Schon bevor der Krieg mit dem deutschen Überfall auf Polen beginnt, hat die Reichsregierung im Ausland systematisch Arbeitskräfte angeworben, um die steigende Nachfrage, insbesondere in der Rüstungsindustrie, decken zu können. Rekrutierungsgebiete sind zunächst Italien, Jugoslawien, Ungarn, Bulgarien und die Niederlande, seit 1938 beziehungsweise 1939 auch Österreich und die Tschechoslowakei.

Mit Kriegsbeginn ergibt sich eine neue Situation: Nach dem raschen Sieg über Polen entscheidet sich Hitler zunächst für die Feldzüge im Norden und Westen, um möglichst bald die strategischen Voraussetzungen für den Überfall auf die Sowjetunion zu schaffen und um gleichzeitig Großbritannien seine Isolierung vor Augen zu führen. So beginnt am 9. April 1940 der deutsche Angriff auf Dänemark und Norwegen und – noch bevor dieser Feldzug beendet ist – am 10. Mai der Überfall auf Belgien, Luxemburg, die Niederlande und Frankreich. Als am 22. Juni 1940 der Waffenstillstand zwischen Deutschland und Frankreich unterzeichnet wird, hat das Regime potentiell Zugriff auf ein Riesenheer neuer Arbeitskräfte.

Kriegsgefangene aus Polen, Belgien und vor allem aus Frankreich bilden die erste Welle von Zwangsarbeitern, die ins Deutsche Reich deportiert werden. Allein 1,58 Millionen Franzosen, die seit Mai 1940 in Gefangenschaft geraten waren, werden reichsweit auf etwa 82 000 Arbeitskommandos verteilt und in Industrie, Handwerk und Landwirtschaft eingesetzt. Die Zuteilung der Kriegsgefangenen liegt in der Verantwortung der Arbeitsämter. Nach der Zuweisung schließen die Unternehmen mit der Leitung der Mannschaftsstammlager, in denen die Gefangenen unter der Aufsicht der Wehrmacht untergebracht sind, Überlassungsverträge. An diese überweisen sie auch die sogenannte Entschädigung, die für jeden Kriegsgefangenen pro Tag fällig wird. Für die Verpflegung und die Unterbringung müssen gleichfalls die Unternehmen aufkommen.

Weil das Deutsche Reich mit der Bereitstellung von Kriegsgefangenen für die Herstellung von Waffen und Munition gegen die Auflagen der Genfer Konvention verstößt, bemühen sich die Behörden verstärkt, Kriegsgefangene in den Zivilstatus zu überführen. Für diese bringt eine solche Überführung zwar eine gewisse Erleichterung, doch überwiegen die Nachteile. Einerseits verbessert sich ihre Entlohnung, andererseits entzieht der neue Status sie dem Schutz der Genfer Konvention und des Internationalen Roten Kreuzes. Kein Wunder, daß bis Mitte 1944 nur 220 000 der knapp 800 000 französischen Kriegsgefangenen von dieser Möglichkeit Gebrauch machen.

Jedenfalls haben die unter solchen Bedingungen arbeitenden Kriegsgefangenen fortan im wesentlichen den Status ausländischer Zivilarbeiter, die im Lauf des Krieges die mit Abstand größte Gruppe der im deutschen Einzugsbereich eingesetzten Zwangsarbeiter bilden. Bereits im Herbst 1939 kommen die ersten zivilen Zwangsarbeiter aus Polen ins Reich. Bis Kriegsende sind es insgesamt 1,6 Millionen. Sie bilden damit eine der größten Gruppen innerhalb des Heeres ausländischer Zwangsarbeiter aus Bulgarien, Dänemark, Italien, Serbien, der Slowakei, der Sowjetunion, Ungarn oder Kroatien.

Die zivilen Fremdarbeiter werden mit Sonderzügen nach Deutschland gebracht und hier in Kontingenten den etwa 45 Auffang- und Durchgangslagern der Gauarbeitsamtsbezirke und von dort den Arbeitsamtsbezirken zugeteilt. Die sogenannten Einsatzträger wie Unternehmen, Landwirte oder Kommunen sind für den Transport der ausländischen Arbeitskräfte von den Durchgangslagern zu ihren Einsatzorten verantwortlich. Die ausländischen Zivilarbeiter sind durch ein Arbeitsverhältnis bürgerlichen Rechts an ihren neuen Arbeitgeber gebunden. Eine Dienstverpflichtung des Arbeitsamtes konnte ihnen die Rückkehr in ihre Heimat versagen.

Selbstverständlich kommen auch in Coburg Fremdarbeiter zum Einsatz. Wie viele es zu welchem Zeitpunkt gewesen sind, ist derzeit nicht bestimmt zu sagen, weil die Stadt dieses Kapitel ihrer Geschichte ohne angemessene Bearbeitung zu den Akten gelegt hat. Sicher ist, daß Coburg eine Reihe von Lagern für ausländische Arbeitskräfte aller Art unterhalten hat, darunter auch Kriegsgefangenenlager.

Spätestens im Sommer 1940 werden in Ketschendorf und Wüstenahorn die ersten Kriegsgefangenenlager der Stadt eingerichtet. Die in Ketschendorf untergebrachten Gefangenen sind bei diversen Firmen der Stadt im Einsatz, die in Wüstenahorn kasernierten anfangs 182 französischen Kriegsgefangenen des Arbeitskommandos 1556 werden unter anderem im Stadtbauamt und in den Städtischen Werken eingesetzt. Ähnliches gilt für die Gefangenen des Arbeitskommandos 1556a in Mährenhausen, einem Nebenlager von Wüstenahorn.

Um nicht auch hier in die totale Abhängigkeit von der staatlichen Bürokratie zu geraten, betreiben viele Coburger Firmen ihre eigenen Lager. Das größte »Privatlager« mit Zivilgefangenen unterhält – nach dem Stand vom Juli

1944 – die Maschinenfabrik Adolf Waldrich. Unter den 92 Insassen sind Franzosen, Russen, Tschechen und Angehörige anderer Nationen mehr. Zu den zu diesem Zeitpunkt kleineren Lagern zählt das des Metallwerks an der Ketschendorfer Straße, in dem bei Brose arbeitende Franzosen, wohl vormalige Kriegsgefangene, leben.

Franzosen sind seit September 1940 als erste Ausländer bei Brose im Einsatz. Allerdings wird der Firma damals lediglich die Hälfte der im Juli 1940 beantragten »40 französischen Kriegsgefangenen« zugewiesen. Für ihre Unterbringung mietet das Metallwerk das »Werkstattgebäude« des Rechnungsrates a. D. Arthur Catterfeld an der Saarlandstraße 5, ein Backsteingebäude mit Schlafraum, Tagesraum und einer kleinen Küche, mit Wasch- und Toilettenanlagen, »elektrischem Lichtanschluß« sowie, seit Ende 1940, einer »Telefon-Anlage«. Dafür zahlt die Firma eine monatliche Miete von 110 Reichsmark zuzüglich 5 Reichsmark für »Mobiliarabnutzung«. Ähnliche Konditionen werden für die Karosseriefabrik N. Trutz gegolten haben, die offenbar ebenfalls 20 französische Kriegsgefangene in dem Gebäude untergebracht hat. Als der Bezirks-Fürsorge-Verband Coburg-Stadt Anfang Mai 1943 das Anwesen übernehmen will, werden die verbliebenen französischen Bewohner im Lager Ketschendorfer Straße untergebracht. 1944 sind es noch elf.

Die zweitstärkste Gruppe unter den bei Brose eingesetzten ausländischen Arbeitskräften bilden 60 Kroaten. Sie werden im Februar 1942 für ein Jahr zur Durchführung »kriegswichtiger Aufgaben« im Metallwerk verpflichtet und leben in einem »Arbeits- und Wohnlager«. Als nach und nach einige von ihnen, zumeist Ehepaare, den Wunsch äußern, privat zu wohnen, hat man keine Einwände, bereut das aber bald, als sich herausstellt, daß eines der Ehepaare seine Wohnung als »Absteigequartier für bereits flüchtig gewordene oder noch flüchtig werden wollende Kroaten benützt«.

Mutmaßlich über diesen Weg wandern seit Anfang April innerhalb kürzester Zeit 14 Kroaten von Brose ab und werden so »arbeitsvertragsbrüchig«. Als Ernst Jühling die staatlichen Stellen auffordert, die Vertragsbrüchigen, die sich noch in der Stadt aufhalten, in das Gemeinschaftslager zurückzuführen, zeigen sie sich machtlos: Jedenfalls teilt die Gestapo Nürnberg ihren Coburger Kollegen mit, daß die »Leute nicht aus ihrer freien Wohnung geholt und ins Lager zurückgebracht werden« könnten, weil sie »das Recht sich frei zu bewegen« hätten.

Der Fall zeigt, wie komplex sich der Arbeitseinsatz von Ausländern im Dritten Reich darstellt. Er zeigt auch, wie sehr Brose auf die ausländischen Arbeitskräfte angewiesen ist. Einerseits nimmt im Verlauf des Krieges der Druck auf das Unternehmen, den Ausstoß von Rüstungsgütern zu vervielfachen, ständig zu. Andererseits wird um die Jahreswende 1941/42 erkennbar, daß dem Coburger Metallwerk weitere Arbeitskräfte entzogen werden. Das ist eine Konsequenz des Rußlandfeldzuges.

Nachdem Hitler im April 1941 zunächst mit den Feldzügen gegen Jugoslawien und Griechenland die südliche Flanke gesichert hat, beginnt in den frühen Morgenstunden des 22. Juni 1941 der deutsche Angriff auf die Sowjetunion, mit dem Hitler mehrere Ziele verfolgt. Allen voran markiert er den eigentlichen Beginn des deutschen Versklavungs- und Vernichtungsfeldzuges. Aber anders als erwartet wird die Sowjetunion nicht in einem weiteren »Blitzkrieg« ausgeschaltet. Als die Rote Armee im Dezember 1941 vor Moskau die bis dahin größte Gegenoffensive eröffnet, ist absehbar, daß der deutsche Angriff gescheitert ist.

Nunmehr wird der Krieg im Osten zu einer beispiellosen

Abnutzungsschlacht, und damit ändert sich die gesamte strategische Ausrichtung, auch für die deutsche Wirtschaft. Nicht nur besteht praktisch keine Aussicht, daß die zur Wehrmacht eingezogenen Facharbeiter in die Produktion zurückkehren können, sondern es stehen auch neue Einberufungswellen bevor. In dieser Situation entschließt sich das Regime zu einer grundlegenden und folgenreichen Kurskorrektur.

Ursprünglich hatten die Machthaber eine Ausweitung des Zwangsarbeitersystems auf Bewohner der Sowjetunion, Kriegsgefangene wie Zivilarbeiter, nicht geplant; dagegen sprachen schon ihre rassenideologischen Ressentiments. Angesichts der sich dramatisch wandelnden strategischen wie wirtschaftlichen Gesamtlage ändern sie jedoch ihre Haltung. Laut »Befehl des Führers« vom 24. Dezember 1941 ist die »Zuführung aller geeigneten« Kriegsgefangenen an die Rüstungsindustrie die »vordringlichste Aufgabe«.

Sind von den 3,35 Millionen sowjetischen Kriegsgefangenen, die der Wehrmacht bis Ende 1941 in die Hände gefallen waren, bis Februar 1942 zwei Millionen zu Tode gekommen, werden die Gefangenen jetzt als potentielle Arbeitskräfte in die Kalkulationen des Regimes einbezogen. Fast zwei Millionen sowjetischer Gefangener werden bis Anfang 1945 zur Zwangsarbeit in Deutschland eingesetzt, etwa 200 von ihnen im Metallwerk Brose in Coburg.

Am 12. Mai 1942 kündigt ein Aushang im Metallwerk Max Brose & Co. für den folgenden Tag die Ankunft »sowjetrussischer Kriegsgefangene[r]« an. Sie werden »Zug um Zug zuerst im Werk I und dann auch im Werk II in geschlossenen Gruppen« zum Einsatz kommen. Diesen stehen in den einzelnen Abteilungen »Hilfswachleute« vor, die von der Firma ernannt und von der Wehrmacht vereidigt werden: »Allen Nichtbefugten ist jeglicher Verkehr mit den kriegs-

gefangenen Sowjetrussen verboten!« Damit folgt Brose den
staatlichen Vorgaben. Seit Mai 1940 ist der Umgang mit
Kriegsgefangenen grundsätzlich untersagt. Vorsätzliche
Verstöße werden mit Gefängnis, schwere Fälle mit Zucht-
haus bestraft.

Die 200 Gefangenen werden Brose von der Rüstungsinspektion XIII Nürnberg zugewiesen. Disziplinarisch unterstehen sie einem Lagerkommandanten und etwa 20 Soldaten – zumeist ältere, wehruntaugliche oder vorzeitig aus der
Wehrmacht entlassene Männer, oft Außenseiterexistenzen.
Die führen die Gefangenen täglich zur Arbeit in den Betrieb. Ihre Hauptaufgabe aber besteht darin, für die Einhaltung der Lagerordnung zu sorgen, was auch bedeutet, daß
die Gefangenen streng von der deutschen Bevölkerung und
von anderen Gruppen ausländischer Arbeitskräfte abge-
schirmt werden.

Das Metallwerk ist für Unterbringung und Verpflegung
der Kriegsgefangenen zuständig. Dafür werden ihm vom
»Büro Speer« die »erforderlichen Heeresbaracken« zugeteilt, die von der Firma auf einem von der Stadt gepachteten
Gelände hinter Werk 1 aufgestellt werden. Die Kosten der
Lagererstellung belaufen sich auf rund 47 000 Reichsmark.
Brose ergänzt die sanitären Anlagen und die Eß- und Aufenthaltsräume der standardisierten Baracken und stellt den
Gefangenen offenbar in bescheidenem Maße auch Garten-
geräte und Musikinstrumente zur Verfügung. Zu Weih-
nachten 1942 und 1943 werden die Lagerinsassen mit Ra-
sierzeug, Zigaretten und Spielkarten bedacht. Besondere
Arbeitsleistungen werden durch die Firmenleitung mit Son-
derrationen und Rauchwaren belohnt.

Die Gefangenen kochen in der Regel selbst. Weil die von
den Behörden vorgeschriebenen Verpflegungssätze nach
Einschätzung der Firmenleitung nicht für eine angemessene
Verpflegung ausreichen, stockt sie die Versorgung vor allem

mit Kartoffeln auf, um den in der Nachtschicht Arbeitenden ein drittes warmes Essen zur Verfügung stellen zu können. 1944 wendet das Metallwerk für das »Russenlager« zusätzlich 25 253,16 Reichsmark vor allem für Gemüse auf. Allerdings gibt es immer wieder Engpässe. So zum Beispiel im Winter 1943/44, als ein Teil der für die Kriegsgefangenen eingelagerten Kartoffeln für die Stadt beschlagnahmt wird.

Nach dem Krieg haben Max Brose und Ernst Jühling zur Behandlung der bei ihnen eingesetzten sowjetischen Kriegsgefangenen ausführlich Stellung bezogen und zum Beispiel in einer schriftlichen Erklärung vom 17. Dezember 1945 darauf hingewiesen, daß sie »allen Werksangehörigen« schon »vor Ankunft der Russen eine einwandfreie Behandlung der Kriegsgefangenen zur Pflicht gemacht« hätten: »In den 3 Jahren sind denn auch nur wenige leichte Fälle von Zuwiderhandlung vorgekommen, fast immer herausgefordert durch einige wenige renitente Gefangene.« Es gibt keinen Grund, an dieser Darstellung zu zweifeln, wenn auch, wie in allen vergleichbaren Fällen, nach dem Krieg sehr unterschiedliche und sich zum Teil diametral widersprechende Zeugenaussagen gemacht worden sind.

Fest steht jedenfalls, daß die Lagerleitung wiederholt wechselt und daß einer der »Kommandoführer« des Lagers Brose im Mai 1943 wegen Mißhandlungen von Gefangenen abgelöst wird. Selbst wenn nicht Max Brose, wie einige Zeugen nach dem Krieg zu Protokoll gegeben haben, sondern eine außenstehende Person den Behörden den Fall zur Kenntnis gebracht und die Entlassung bewirkt hat, wird diese kaum ohne sein Einverständnis erfolgt sein. Es spricht für sich, daß eine Abordnung der Gefangenen zu Christi Himmelfahrt 1945 mit Blumensträußen bei Max Brose erscheint, um sich zu verabschieden und für die insgesamt gute Behandlung zu bedanken.

Daß Max Brose wie alle Unternehmer strikten Vorgaben

für die Behandlung der Zwangsarbeiter unterliegt, an denen er selbst dann nichts hätte ändern können, wenn er etwas hätte ändern wollen, ist eine Sache; der nach dem Krieg gelegentlich erhobene Vorwurf, er habe diese unzureichend versorgt oder gar ihre Mißhandlung toleriert, ist eine andere. Dagegen spricht schon, wenn man so will, das nackte betriebswirtschaftliche Kalkül, hätte Brose damit doch sehenden Auges jenes knappe, also kostbare Arbeitskräftereservoir gefährdet, das ihm während des Krieges zur Verfügung stand und auf das er, wie alle Unternehmer in vergleichbarer Situation, angewiesen war, um die Produktionsnormen zu erfüllen und seinen Betrieb über die Runden zu bringen.

Vor allem aber würde ein solches Verhalten gänzlich dem über viele Jahrzehnte nachvollziehbaren Bild dieses Unternehmers widersprechen. Max Brose ist seiner Stellung wie seinem Selbstverständnis nach Familienunternehmer, und zu diesem Selbstverständnis gehört grundsätzlich die Fürsorgepflicht gegenüber denen, die unter dem Dach seiner Firma tätig sind, und zwar allen. So gesehen ist er der typische Repräsentant der Gruppe »patriarchalisch eingestellte[r] mittelständische[r] Unternehmer«, der »in direktem Kontakt zu ›seinen‹ Ausländern stand und im Rahmen seiner Möglichkeiten ihr Los erleichtern konnte«. Das unterscheidet ihn, wie mit Mark Spoerer einer der besten Kenner der Materie beobachtet hat, vom Typen des angestellten Managers in einem großen Konzern.

Allerdings haben Max Brose und Ernst Jühling insofern Glück, als sie keine KZ-Häftlinge, auch keine jüdischen Zwangsarbeiter, einstellen beziehungsweise einstellen müssen. Zum einen ist das Metallwerk nicht in dem Maße wie manches andere Unternehmen von den letzten großen Einberufungswellen betroffen, die diesen auch die letzten Facharbeiter entziehen. So werden im April 1943 alle Angehörigen der Jahrgänge 1906 bis 1922 »auch aus den bisher teilweise oder total geschützten Fertigungen« eingezogen, wie es zum Beispiel in der entsprechenden Mitteilung der Gauwirtschaftskammer Bayreuth, Zweigstelle Coburg, heißt. Ausnahmen werden nur zugelassen, wenn eine Einberufung die Fertigung gefährdet. Das gilt eben auch für das Metallwerk Brose in Coburg.

Zum anderen – und aus welchen Gründen auch immer – müssen oder wollen Brose und Jühling nicht wie viele andere Unternehmer Teile ihrer Produktion an die östliche Peripherie des Reiches verlagern, wo sich auch die großen Konzentrations- und Vernichtungslager befinden. Denn mit der Intensivierung des alliierten Bombardements befiehlt Speer, die »Schlüsselproduktionen« aus den durch Luftangriffe bedrohten Gebieten zu verlegen, und natürlich hat das auch Konsequenzen für die Organisation der Zwangsarbeit.

Schon weil Max Brose und Ernst Jühling diese Verlagerung von Teilen ihrer Produktion erspart bleibt und sie deshalb nicht in der Nähe der großen Konzentrations- und Vernichtungslager produzieren, stellt sich ihnen die Frage der Beschäftigung von KZ-Häftlingen und jüdischen Zwangsarbeitern nicht. Wie sie sich in diesem Falle verhalten hätten, wissen wir nicht. Sicher ist, daß die dem Metallwerk von den staatlichen Behörden zur Verfügung gestellten Fremdarbeiter bei weitem nicht ausreichen, um den Produktionsvorgaben zu entsprechen – weil es zu wenige sind und weil sie in den allermeisten Fällen die qualifizierten, seit vielen Jahren im Unternehmen tätigen Mitarbeiter nicht ersetzen können.

Kein Wunder also, daß der Lagebericht der Rüstungsinspektion Nürnberg im Frühjahr 1941 einmal mehr darauf hinweist, daß die »Ausbringung« in diesem Falle der 2 cm

Sprenggranate »infolge Personalmangels« um die Hälfte hinter den Vorgaben zurückliegt. Im Juni kommt die gleiche Behörde zu dem Schluß, daß die »Rüstungsindustrie des Wehrkreises XIII arbeitseinsatzmäßig an der Grenze ihrer Leistungsfähigkeit angelangt ist und zusätzliche Aufträge nicht mehr hereinnehmen kann«, und im Oktober sieht die Rüstungsinspektion neben sowjetischen Gefangenen und »geeigneten Ausländern« nur noch eine Möglichkeit, nämlich den »verstärkten Einsatz von Frauen«.

Für das Metallwerk Brose ist das keine neue Perspektive, im Gegenteil. Schon seit 1940 sind vor allem in Werk 2 zahlreiche Frauen beschäftigt, die durch das Arbeitsamt zum »Kriegshilfsdienst« abgestellt wurden. Im August 1944 zeigen die Ergebnisse einer Werkschutzüberprüfung, wie sich die Belegschaft zusammensetzt: Von den jetzt 827 Beschäftigten sind 200 »russische« und 17 französische Kriegsgefangene, 210 sind »deutsche Männer« und 400, also beinahe die Hälfte der Belegschaft, sind »deutsche Frauen«, so daß man festhalten kann, daß die weiblichen Mitarbeiter während des Zweiten Weltkrieges das Gros der Belegschaft des Metallwerks Brose bilden.

Einige von ihnen bleiben schließlich dem Betrieb auf Dauer, in einem Fall sogar insgesamt vier Jahrzehnte verbunden: Elisabeth Feiler, der 1954 Prokura erteilt wird und die fast 30 Jahre lang für den Einkauf verantwortlich zeichnet, ist zugleich die erste betriebliche Angestellte in einer Führungsposition. Frauen wie sie wissen, was sie an einem Unternehmer haben, der auch in Krisen- und Kriegszeiten nicht vergißt, daß die Mitarbeiter das Rückgrat seines Unternehmens sind.

So beantragt die Leitung des Metallwerks im April 1941 beziehungsweise im September 1942 bei den zuständigen Stellen die Einrichtung einer »Bierausgabestelle« sowie einer »Gefolgschaftsküche mit Kantine«. Nachdem die

»Bierausgabestelle« bereits zum Jahresende 1941 geneh-
migt worden ist und die zahlreichen Mühlen der Partei- und
Staatsbürokratie ordentlich gearbeitet haben, wird schließ-
lich Mitte Februar 1944 die »Erlaubnis zur Errichtung einer
Gefolgschaftskantine und Werkküche mit der Befugnis zum
Ausschank von geistigen und alkoholfreien Getränken im
Anwesen Uferstraße 7 – Aufenthaltsraum an der Deißing-
strasse –« erteilt.

Das Metallwerk Brose ist ein Familienunternehmen, und
die Geschichte der Kantine zeigt anschaulich, daß auch der
Krieg daran nichts ändert, im Gegenteil. Da es hier um das
Wohl der gut 800 Mitarbeiter geht, nehmen die Gesellschafter die Sache selbst in die Hand. So versucht Max Brose
der Bürokratie auf die Sprünge zu helfen und weist Anfang
Februar 1942 brieflich darauf hin, daß man es »als eine
selbstverständliche Pflicht« betrachte, »für den großen und
umfangreichen Kreis von Mitarbeitern eine bescheidene
Unterkunfts- und Verpflegungsmöglichkeit zu schaffen« –
Unterkunftsmöglichkeit deshalb, weil mehr als 300 der Mitarbeiter aus dem weiteren Umland kommen.

Als die Kantine wohl im September 1942, also noch vor
der Genehmigung durch die zuständige Behörde, die Arbeit
aufnimmt, werden aus der »Zentralküche« auch Kriegsgefangene versorgt, soweit sie sich nicht, wie viele der sowjetischen, selbst versorgen wollen. Geleitet wird die Kantine
von Hertha Jühling, der zweiten Frau Ernst Jühlings, und
der wiederum sorgt dafür, daß die für eine Versorgung auch
der Flüchtlinge und Kriegsgefangenen zu knapp bemesse-
nen Rationen durch Lebensmittellieferungen von den Bau-
ern des Coburger Landes aufgestockt werden.

So hat die kriegsbedingt ungewöhnlich zusammengesetzte
Belegschaft ihren Anteil daran, daß der Umsatz des Unternehmens 1941 bei knapp sieben Millionen Reichsmark liegt. Er

Für alle Fälle:
Der 20-Liter-Einheitskanister
gehört seit 1936 zu den bekanntesten Produkten des Metallwerks. 1941 macht die Produktion für die Wehrmacht rund
die Hälfte des Umsatzes von
Brose aus.

wird fast ausschließlich über die militärische Sonderfertigung
erzielt. Davon wiederum machen die Wehrmachtskanister
gut die Hälfte aus, etwa ein Viertel tragen die Munitionsteile
bei, den Rest besorgen »Einheitswindschutzscheiben« und
Türen für »Wehrmachtswagen«, außerdem Kurbler, Karos-
serieteile, Vulkanisierer.

Daß die Umsatzentwicklung des Metallwerks Brose wie
die vieler vergleichbarer Unternehmen erst 1944 ihren Zenit erreicht, also zu einem Zeitpunkt, als sich das Deutsche
Reich militärisch längst an allen Fronten in der Defensive
sieht, und die alliierten Bomber mehr oder weniger pausen-
los ihre Ziele anfliegen, hat einen einfachen Grund: Trotz
der widrigen äußeren Umstände erklimmt die deutsche Rüstungsproduktion im Juli 1944 ihren Höhe- und zugleich ihren Scheitelpunkt.

Das wiederum liegt unter anderem an der Organisation
der Rüstungswirtschaft, und die verbindet sich mit einem
Namen: Am 8. Februar 1942 wird Albert Speer, Hitlers be-
vorzugter Architekt, zum Reichsminister für Bewaffnung

und Munition sowie zum Generalbevollmächtigten für Rüstungsaufgaben im Vierjahresplan ernannt. Das nach ihm benannte »Rüstungswunder« geht allerdings in Teilen noch auf Maßnahmen zurück, die schon unter seinem Vorgänger Fritz Todt in die Wege geleitet worden sind. In deren Zentrum steht eine innere Rationalisierung, die zunehmende Konzentration und Vereinfachung der Produktion, vor allem durch die Standardisierung von Waffen, Flugzeugtypen und Ausrüstungsgegenständen, flankiert von einer Mobilisierung der Produktivitätsreserven, zum Beispiel durch längere Arbeitszeiten.

Gut zwei Monate nach Speers Amtsantritt ergeht sein Erlaß »über den Verantwortungsbereich und die Geschäftsordnung für Selbstverwaltungsorgane (Ausschüsse und Ringe) in der Rüstungswirtschaft«. Danach schließen sich die Hersteller von Fertigerzeugnissen in Hauptausschüssen zusammen, denen Sonderausschüsse für einzelne Fertigungsbereiche zugeordnet werden. Zulieferbetriebe und Ersatzteilproduzenten sind in Hauptringen organisiert, denen wiederum für einzelne Fertigungsbereiche Sonderringe zugeordnet werden.

Was immer Speer und sein Stab sich dabei gedacht haben – die Maßnahmen tragen nicht nur zu einer vorübergehenden Effizienz- und damit Produktionssteigerung der deutschen Rüstungsindustrie bei, sondern sie ermöglichen auch nachfolgenden Generationen einen Einblick in die Verhältnisse. Ohne die penible bürokratische Bilanzierung wäre es uns in vielen, wenn nicht in den meisten Fällen kaum mehr möglich, die Geschichte eines Unternehmens im Zweiten Weltkrieg zu erzählen. Das gilt auch für Brose.

Nach den Unterlagen der Behörde ist das Metallwerk Max Brose & Co. zum Jahresbeginn 1944 unter anderem in zwei Unterausschüssen des Hauptausschusses Munition vertreten, außerdem in den Sonderausschüssen für »Transport-

Gefäße und -Behälter« sowie für »Schlösser und Beschläge«. Und weil die Coburger an der Reparatur der Ju 52 sowie der Ju 87 und der Ju 88 – der sogenannten Sturzkampfbomber – beteiligt sind, gehört das Metallwerk auch den für Flugzeugbau zuständigen Ausschüssen an. So fertigt Brose während des Krieges nicht nur Teile für gepanzerte »Wehrmachtsfahrzeuge mit motorischem Antrieb«, Zünder und Zündschrauben, Patronenhülsen, »20-l-Einheitsbehälter« und anderes Gerät wie zum Beispiel »Ski-Bindungen«, sondern auch Luftfahrtausrüstung wie Flugzeugtanks, Wannen sowie Sitze für die »Ju«. Allerdings werden von diesen lediglich zwei hergestellt.

Das liegt am Kriegsverlauf, der 1944 auf eine totale Niederlage des Deutschen Reiches hindeutet. Heute wissen wir, daß mit der Wende vor Moskau, also der Gegenoffensive der Roten Armee, und mit der Kriegserklärung Deutschlands an die Vereinigten Staaten von Amerika im Dezember 1941 der Anfang vom Ende der deutschen Offensive eingeläutet worden ist. Bis es dann allerdings dreieinhalb Jahre später soweit ist, erlebt vor allem der europäische Kontinent einen Krieg, wie ihn die zivilisierte beziehungsweise sich für zivilisiert haltende Welt bislang nicht gesehen hat.

Das geht vor allem auf das Konto des deutschen Vernichtungsfeldzuges, dem bis Kriegsende alleine fast sechs Millionen europäische Juden zum Opfer fallen. Je mehr sich der Krieg seinem Ende nähert, um so höher sind auch die Verluste auf deutscher Seite: Zwischen Juli 1944 und Mai 1945 kommen ebensoviele deutsche Soldaten ums Leben wie in den gesamten vorausgegangenen viereinhalb Kriegsjahren. Als schließlich am 7. Mai im französischen Reims und in der Nacht vom 8. auf den 9. Mai dann noch einmal in Berlin-Karlshorst die Gesamtkapitulation unterzeichnet wird, ist das Schicksal Deutschlands nicht nur in militärischer, sondern auch in politischer und wirtschaftlicher Hinsicht entschieden.

Schon während des Krieges, vor allem auf ihrem Treffen in Jalta während der ersten Februarhälfte 1945, haben sich die führenden Vertreter der USA, der Sowjetunion und Großbritanniens grundsätzlich darauf verständigt, den polnischen Staat bis zu den Flüssen Oder und Neiße nach Westen zu verschieben, die östlich davon gelegenen deutschen Gebiete bis zu einem Friedensschluß unter polnische beziehungsweise sowjetische Verwaltung zu stellen, und den Rest Deutschlands zu besetzen. Westlich einer Linie von Lübeck über Helmstedt und Eisenach bis Hof sollen Amerikaner, Briten, später auch Franzosen die Kontrolle ausüben, östlich davon die Sowjets.

Damit ist klar, daß Coburg nicht unter sowjetische, sondern unter westliche, unter amerikanische Herrschaft gerät, und das wiederum erklärt, warum Max Brose, soweit das unter den gegebenen Umständen möglich ist, der kommenden Entwicklung gelassen entgegensieht. Denn einmal mehr haben er und sein Partner Glück. Ihre Stadt und damit ihre Firma liegen knapp diesseits jener Grenze, die bald als Eiserner Vorhang in die Geschichte eingehen wird. Und weil sie zu keinem Zeitpunkt Teile ihrer Produktion nach Osten verlagert haben oder verlagern mußten, gibt es jetzt, anders als im Falle vieler vergleichbarer Unternehmen, auch keine hektischen Rettungsaktionen vor der anrückenden Roten Armee.

Und so produziert das Metallwerk, zuletzt mit noch knapp 150 Mitarbeitern, weiter, bis amerikanische Truppen am 11. April 1945 die Stadt einnehmen. Ein knappes Jahr zuvor haben die beiden Gesellschafter die Weichen ihres Unternehmens neu gestellt und am 27. Mai 1944, also 25 Jahre nach Gründung ihrer gemeinsamen Firma, eine Änderung ihres Vertrages vorgenommen. Danach muß beim Ausscheiden eines der beiden die Firma den auszuzahlenden Anteil und die Gewinnbeteiligung bis zur Auszahlung verzinsen – was darauf hindeutet, daß die Geschäfte gut laufen. Vor allem aber verpflichten sich beide, ihre »Tätigkeit ausschliesslich der Gesellschaft zu widmen«. Für Max Brose bedeutet das den Verzicht auf die ohnehin nicht mehr aktiv wahrgenommene Vertretung einer anderen Firma.

Dafür verzichtet Ernst Jühling – gewissermaßen im Gegenzug – auf sein Recht, durch »Beifügung seines Namens« eine Änderung der Firma zu bewirken, da dieses durch die Gründung der Chemischen Fabrik E. Jühling & Co. erledigt ist. Damit deutet sich ein Konflikt an, der gut zehn Jahre später aus anderem Anlaß offen ausbricht. Denn nunmehr ist ein für allemal dokumentiert, wer in dem gemeinsamen Unternehmen das Sagen hat. Während die Chemische Fabrik, die den Namen Jühlings trägt, nur noch auf dem Papier existiert, gehört dem Metallwerk, das auf alle Zeit den Namen Brose – und nur diesen – tragen wird, die Zukunft.

Das also ist die Lage, als amerikanische Truppen nach Coburg einrücken, die Firma auf Basis des Gesetzes Nr. 52 der Militärregierung stillegen und am 11. April 1945 unter Militärverwaltung stellen. Im beschlagnahmten Werk 2 läßt die Militärregierung später Maschinen der Firma Zeiss-Opton GmbH aufstellen, die dort bis 1951 »photographische Objektive« produziert. Am 20. September bestellt die Militärregierung Coburg Günter Skrobek zum Treuhänder und Geschäftsführer. Skrobek, 1895 in Kattowitz geboren, hat sich Mitte Mai 1945, von Bruckdorf bei Halle kommend, in Coburg angemeldet. Er soll an einer Handelshochschule und an einer Universität studiert haben und über eine mehr als fünfundzwanzigjährige »Praxis als Industriekaufmann« verfügen.

Zum 1. Oktober 1945 nimmt der Treuhänder seine Arbeit

auf. Zu diesem Zeitpunkt zählt der Betrieb noch 19 Mitarbeiter. Später gibt Skrobek zu Protokoll, »erhebliche Mißstände« beseitigt zu haben. Eine Lagerbuchführung, eine Betriebsbuchführung und eine Nachkalkulation habe es nicht gegeben, eine genaue Übersicht über den Bestand und den Verbrauch von Materialien sei deshalb nicht zu erstellen gewesen. Die Aufenthaltsräume und die sanitären Anlagen seien in einem mangelhaften Zustand gewesen.

Was davon auf das Konto des Kriegsendes und der unübersichtlichen Übergangszeit oder auch der Einschätzung des Treuhänders geht, der Erfolge vorweisen oder aber seine Mißerfolge rechtfertigen muß, bleibt dahingestellt. Daß Max Brose an Verwaltungsarbeiten gespart und zum Beispiel eine detaillierte Buchführung für unnötigen Aufwand gehalten hat, ist wohl wahr und auch in späteren Zeiten zu beobachten.

Wahr ist allerdings auch, daß die Tauglichkeitsprüfungen Skrobeks, die 1947 und 1948 im Auftrag des Bayerischen Landesamtes für Vermögensverwaltung und Wiedergutmachung durchgeführt werden, zu recht widersprüchlichen Ergebnissen kommen. So soll der Treuhänder einerseits die Belegschaft »von 80 Mann auf ca. 200 Mann erhöht«, andererseits – und ebensowenig wie sein Sohn Gerhard, den Skrobek für ein erhebliches Gehalt bei Brose einstellt und der als »Einkäufer« firmiert – nicht über ausreichende technische Kenntnisse verfügt haben. Im übrigen ist der intrigante Treuhänder wohl daran interessiert, daß im Entnazifizierungsverfahren »trotz rechtskräftigen Beschlusses … keine Ruhe gegeben wird«. So sieht das jedenfalls der Coburger Oberbürgermeister Walter Langer im November 1948.

Hauptaufgabe des Treuhänders sind die Erwirkung einer Produktionsgenehmigung, »Aufstellung und Durchführung eines den Erfordernissen der Zeit Rechnung tragenden Produktions-Programmes«, »Einstellung und Beschäftigung einer möglichst großen Zahl von Arbeitskräften« unter besonderer Berücksichtigung sozialer Belange. Verfolgt man, wie rasch das gelingt, wie schnell und solide die Produktion selbst unter den Bedingungen dieser Monate wieder Tritt faßt, dann muß das Unternehmen in technischer und wirtschaftlicher Hinsicht ordentlich und jedenfalls besser aufgestellt gewesen sein, als es sich in den Berichten des Treuhänders darstellt.

Am 15. Oktober 1945 läuft jedenfalls die Produktion wieder an, und zum 7. Januar 1946 erteilt die Militärregierung in München die endgültige Produktionsgenehmigung. Schon der Firmenkatalog Nr. 48 hat 1946 auch wieder »Atlas«-Produkte im Programm, darunter »Patent-Fensterheber für versenk- und verschiebbare Fenster«, außerdem Fenster-Kurbler in verschiedenen Ausführungen, selbstredend den 20-Liter-Einheitskanister, aber auch neue Ware, darunter Möbelbeschläge, Bügeleisen der Marke »Atlas«, zwischenzeitlich auch Bratpfannen und Blumengießkannen. Letztere werden übrigens unter anderem aus Gasmasken-Büchsen der Wehrmacht hergestellt.

Unter dem eingeführten Markennamen »Atlas« kommen seit Jahresende 1945 auch jene Küchenherde auf den Markt, die im Auftrag des Staatskommissars für das Flüchtlingswesen hergestellt werden und in dieser Zeit besonders gefragt sind. So ordert zum Beispiel die Stadt Coburg gleich 22 Stück für die Ausstattung der eigenen Flüchtlingslager. Insgesamt wird das Metallwerk mit der Herstellung von 6000 dieser sogenannten Sparherde beauftragt, und so hat dieses zeitlich begrenzte Angebot seinen Anteil daran, daß Brose bis Ende 1947 bereits wieder einen Umsatz von knapp 2,5 Millionen und einen Reingewinn von gut 220 000 Reichsmark erwirtschaftete.

Unmittelbar haben Max Brose und Ernst Jühling an diesem Neubeginn keinen Anteil, da ihnen von der amerikanischen Militärregierung die Firmenleitung entzogen worden ist. Keine Frage, Max Brose hat sein Unternehmen durch die Zeit des Dritten Reiches geführt, und zwar nicht mit Ach und Krach, sondern mit beträchtlichem wirtschaftlichem Erfolg. Das läßt verschiedene Interpretationen zu, unter anderem die, daß er im Sinne des Unternehmens und seiner Mitarbeiter verantwortlich gehandelt hat, sofern der Erhalt des Unternehmens für ihn und seine Familie sowie für die Mitarbeiter und damit für die Stadt auch ein den individuellen Bedürfnissen übergeordnetes Interesse gewesen ist: Spätestens seit dem »Führerbefehl« Hitlers »über die Stillegung unrationell arbeitender Betriebe der Rüstungsindustrie« von Ende Juni 1943 war klar, was andernfalls drohen konnte.

Möglich war der Erhalt der Firma unter anderem unter der Voraussetzung, daß Max Brose die staatlichen Vorgaben so gut und erfolgreich wie irgend möglich erfüllte. Das gilt für die Produkte, seit 1941 praktisch nur noch Wehrmachtsbedarf, und es gilt für die Stückzahlen. Um das leisten zu können, brauchte das Metallwerk eine ausreichende Zahl von Arbeitskräften, während des Krieges waren das etwa 700 bis gut 800. Den geringsten Anteil daran hatten die angestammten Mitglieder der Belegschaft, weil die meisten zum Kriegsdienst eingezogen wurden. Daß Brose immerhin etwa 200 im Betrieb halten, ihnen also den Kriegsdienst ersparen konnte, geht auf das Konto seiner kriegswichtigen Produktion; daß diese nur mit Einsatz von Fremdarbeitern, vor allem sowjetischen Kriegsgefangenen, aufrechtzuerhalten war, ist der Preis, den er dafür zu zahlen hatte.

Natürlich war Max Brose kein Mann des Widerstandes, hat solches auch nie behauptet oder auch nur angedeutet. Aber überzeugte Nationalsozialisten waren er und seine Familie gewiß auch nicht. Die beiden Töchter haben nicht nur der Partei nie angehört; sie hielten auch Distanz. Die ältere wollte als angehende Journalistin partout nicht an den Schulungskursen der Nazis teilnehmen; die jüngere hatte als Schauspielerin zu enge Verbindungen in ein tratditionell von vielen jüdischen Kollegen belebtes Milieu, als daß sie der Ideologie der Nazis etwas hätte abgewinnen können; ihr Mann Walter Stoschek schließlich, auch er nie Parteimitglied, war Linkssozialist aus Überzeugung.

Und was Max Brose angeht, so war dem freien Unternehmer die Planwirtschaft der nationalsozialistischen Bürokraten ein Graus; ihre Weltanschauung war ihm fremd, interessierte ihn nicht. Daß er hier Konzessionen gemacht, daß er beispielsweise am 13. Oktober 1944 die »Gefolgschaftsmitglieder« seines Betriebs zur Teilnahme an einer Großkundgebung zur »Erinnerung an den Einmarsch des Führers vor 22 Jahren in Coburg« aufruft, ist wohl wahr. Aber Rückschlüsse auf die Einstellung zum Nationalsozialismus lassen solche Rituale in einer total mobilisierten Gesellschaft nicht zu.

Wie auch umgekehrt die gelegentliche Verwendung für Verfolgte und Bedrohte wie zum Beispiel für die »nicht arischen« Mitinhaberinnen einer Coburger Korbfirma, die nach dem Krieg zu Protokoll gegeben wurde, keine Rückschlüsse auf eine große Distanz zu den Machthabern oder gar mehr zuläßt. Sie entsprang dem Selbstverständnis eines Bürgers und Familienunternehmers. Aufschlußreicher ist schon der Befund, daß nicht einmal zehn Prozent der Angestellten, Meister und Arbeiter des Metallwerks NSDAP-Mitglieder gewesen sind und daß die Belegschaft auf Parteiveranstaltungen allenfalls mit einigen wenigen Mann vertreten war.

Nach einer stramm auf die nationalsozialistische Ideologie getrimmten »Gefolgschaft« sieht das nicht aus. Eher danach, daß Max Brose sich so verhalten hat wie nicht wenige Unternehmer in seiner Lage: Indem er, wenn auch verspätet, in die Partei und diverse ihrer Gliederungen eingetreten ist und dort Flagge gezeigt hat, war sein Betrieb – in dieser Hinsicht und soweit das unter den gegebenen Umständen überhaupt möglich war – einigermaßen sicher. Wirklich getraut haben die Nazis ihm nicht. Als im November 1941 – anläßlich seiner Ernennung zum Abwehrbeauftragten – erneut ein Dossier erstellt wird, attestiert der Sicherheitsdienst des Reichsführers SS Max Brose zwar in fachlicher Hinsicht hervorragende Leistungen, auch an seiner »nationalen politischen Gesinnung ist nicht zu zweifeln«, aber zum Vertrauensmann eignet er sich nach wie vor nicht.

Als die Amerikaner in Coburg einrücken, wissen sie Max Brose noch nicht einzuschätzen. Eine Untersuchung soll Klarheit bringen. Einstweilen entziehen sie ihm – und Ernst Jühling – die Firmenleitung, und auch ihre Privathäuser werden beschlagnahmt. Max Broses Villa in der Marienstraße 11 ist für mehrere Jahre Sitz des amerikanischen Stadtkommandanten, er selbst bewohnt eine Dachkammer in der Alexandrinenstraße, seine Familie kommt bei Bekannten in der Ehrenburg unter. Auch die Enkel Max Broses, denn der ist inzwischen Großvater geworden.

Christa Brose, die am Theater weiterhin unter ihrem Mädchennamen auftritt, und ihr Mann Walter Stoschek leben in Dresden. Er dirigiert nach wie vor an der Staatsoper und ist seit 1944 auch Chefdirigent der Niederländischen Kammeroper in Den Haag; sie spielt gelegentlich am Komödienhaus. In der Elbmetropole erblickt dann auch am 12. April 1944 ihr erstes Kind, Tochter Christine, das Licht der Welt.

Da sich die Front zu Beginn des Jahres 1945 rasch der Stadt nähert, setzt Max Brose von Coburg aus einen LKW mit Holzvergaser in Bewegung, um seine Tochter und ihre Familie nach Coburg zu holen. Fahrer und Beifahrer sind mit ihrem Gefährt kaum dort angekommen, als die verheerenden Bombenangriffe einsetzen, die Dresden am 13. und 14. Februar dem Erdboden gleichmachen. Zum Glück wohnen die Stoscheks in Oberloschwitz, das einigermaßen glimpflich davonkommt, und so verlassen Christa Brose und Tochter Christine am 14. Februar das brennende Dresden.

Da nun aber die Amerikaner in der Villa an der Marienstraße ihr Quartier aufgeschlagen haben, kommen sie bei Christas Jugendfreundin Irmgard Schneider unter. Dort wohnen bald bis zu 13 Personen, darunter neben der inzwischen vollständigen Familie Stoschek auch Christas Schwester Gisela mit ihrem damaligen Freund und »Mutti Brose«, die seit vielen Jahren etwas vernachlässigte Ehefrau von Max Brose, mit ihrem Hund: Schon seit der Berliner Zeit haben Max und Elfriede Brose stets einen vierbeinigen Mitbewohner. Ähnlich halten es die nachfolgenden Generationen.

Die Zeit vertreibt man sich mit Musizieren und Theaterspielen. Daß sie auch in Zukunft auf diesem Feld tätig sein wollen, steht für Walter Stoschek und – soweit es die Familie zuläßt – auch für seine Frau Christa außer Frage. Und da es für den jungen Familienvater vorerst keinen Weg zurück zur Dresdner Staatsoper gibt, nimmt er eine sich unerwartet vor Ort ergebende Gelegenheit wahr. Seine damalige Frau hat die Lage an ihrem Lebensabend so erinnert: »Die Voraussetzungen waren gut: Coburg war im Großen und Ganzen heil geblieben, vor allem das Theater war heil, Kulissen waren da, der Fundus komplett. Na wunderbar, warum sollten wir nicht Theater spielen? Die Frage war nur, wer wird Intendant? Alte Nazis kamen nicht in Frage, und Coburger, die halbwegs geeignet gewesen wären, waren alle in der Partei.«

Anders Walter Stoschek, der mit den Nazis nichts zu tun hatte. Es ist Hans Schneider, Irmgards späterer Ehemann,

Ein Leben für die Musik: Von 1945 bis 1949 ist Walter Stoschek als Kapellmeister und Intendant am Coburger Landestheater tätig. Das Bild zeigt ihn an seinem favorisierten Instrument, gemeinsam mit dem Dramaturgen und Regisseur Hans Esdras Mutzenbecher (rechts) und mit Richard Strauss, dem Enkel des gleichnamigen Komponisten, der unter Walter Stoschek als Regieassistent tätig ist.

der die Verbindung herstellt. Und so kann bereits Anfang Oktober 1945 mit einem festlichen Konzert und unter der musikalischen Leitung von Walter Stoschek der Saisonauftakt gefeiert werden. Wenige Tage später nimmt das Coburger Landestheater unter Leitung von Max Broses Schwiegersohn seinen Spielbetrieb mit zwei Kurzstücken von Goethe und Molière auf, am 8. November gefolgt von der ersten Oper, Mozarts »Entführung aus dem Serail«. Zum Ensemble gehören unter anderem auch Manfred Leber, der nach der Trennung Christas von Walter Stoschek ihr zweiter Ehemann werden wird und der jetzt unter dessen Inten-

danz in Schillers »Räubern« mitspielt, sowie: Christa Brose.
Fortan treten die beiden mehrfach gemeinsam auf, so in
Zuckmayers »Des Teufels General«, in Lessings »Emilia
Galotti« und in Timmermans' »Spiel von den Heiligen Drei
Königen«.

Und auch an diese Zeit gibt es eine rückblickende Erinnerung, in diesem Falle aus der Feder Walter Stoscheks: »Als
in Coburg die Besetzung des Hai Tang im Klabundschen
Kreidekreis Schwierigkeiten machte, übernahm sie diese
Rolle, obgleich ich sonst der Meinung bin, daß man die Frau
des Intendanten an dem von ihm geleiteten Institut nicht in
einer führenden Position beschäftigen sollte. Obwohl sie viel
und in stücktragenden Rollen eingesetzt war, wurde sie niemals von ihren Kollegen missgünstig behandelt ... Sie liebte
ihren Beruf sehr, und als unser Sohn geboren wurde, stand
sie sehr exponiert im Spielplan. Sie spielte, bis es sich wirklich nicht mehr verheimlichen ließ ...«

Am 11. Dezember 1947 wird Michael Walter Stoschek in
Coburg geboren. Es sind schwere Zeiten, Hungerzeiten.
Zum Glück hat Gisela Brose, die Tante des Jungen, eine An-
stellung als Dolmetscherin am Amerikahaus und kann ab
und zu etwas Eßbares abzweigen. Für den Neuankömmling
gibt es eigene Lebensmittel- und Stillkarten, und die Mutter spielt einstweilen weiter am Theater, mögen die Gagen
auch noch so gering sein. Den Säugling nimmt sie mit, um
ihn dort zu stillen.

So sieht der Junge regelmäßig den Vater – jedenfalls solange Walter Stoschek noch am Coburger Landestheater tätig ist. Lange ist das nicht der Fall, denn der Vater hat nicht
nur die musikalische, sondern auch die administrative Leitung übernommen – eine Doppelbelastung, die bald zu
einer echten Überlastung führt. Als dann der Oberbürgermeister der Stadt Ende 1948 die mögliche Neuausschrei-

Starke Frau:
Christa Leber, die
Tochter Max Broses,
Ende der vierziger
Jahre als Jeanne d'Arc
am Coburger Landes-
theater.

bung der Intendanz auf die Tagesordnung des Theateraus-
schusses setzt, teilt Walter Stoschek dem Gremium mit, daß
er nach dem 31. August 1949 für diese Aufgabe nicht mehr
zur Verfügung stehe. Noch im selben Jahr geht er an die
Dresdner Philharmonie, um sich fortan ganz dem Dirigen-
tendasein zu widmen. Mit seiner Rückkehr in die Elbmetropole ist auch die Trennung von seiner Frau Christa offenkundig; Ende November 1952 wird ihre Ehe geschieden.

Einerseits ist niemand wirklich überrascht, hat Walter Stoschek doch nie einen Hehl aus seiner großen Liebe für die
Elbmetropole gemacht. Andererseits geht der Dirigent aber
nicht nur zurück an die Stätte seines langjährigen Wirkens,
sondern er geht auch in die Deutsche Demokratische Republik, die am 7. Oktober 1949 mit massiver sowjetischer Ge-
burtshilfe das Licht der Welt erblickt hat und sich als sozia-

listisches Gegenmodell zur Bundesrepublik Deutschland versteht. Stoscheks Rückkehr nach Dresden ist mithin auch eine politische Entscheidung, eine Option für den anderen, den sozialistischen Weg Deutschlands, den damals, vier Jahre nach der deutschen Diktatur, nicht wenige in Ost wie in West als Alternative sehen. So bleibt sich der Mann, der ein erklärter Gegner des Nazi-Regimes gewesen ist, auch jetzt treu.

Lange hält es Walter Stoschek allerdings in Dresden nicht. Bereits zwei Jahre später geht er als musikalischer Oberleiter und stellvertretender Intendant ans Theater Plauen, weil er hier auch wieder Opern dirigieren kann. Als er 1957 Generalmusikdirektor und zugleich stellvertretender Intendant wird, führt die neuerliche Doppelbelastung bald auch wieder zu einer gesundheitlichen Überforderung, die sich in nervlichen Erschöpfungszuständen und Herzanfällen äußert. Daher tritt er 1957 seine neue Stellung als Generalmusikdirektor am Städtischen Theater in Chemnitz, das damals Karl-Marx-Stadt heißt, schon mit einem nicht unbeträchtlichen Risiko an, verliert dann plötzlich sein Hör- und Sehvermögen und ist auch nach einem dreimonatigen Krankenhausaufenthalt nicht wieder vollständig hergestellt.

Die Krankheit löst eine »schwere seelische Krise« aus und verurteilt Walter Stoschek zu einer »Art Rentnerdasein«. So jedenfalls beschreibt er seinen damaligen Zustand, als er Mitte der siebziger Jahre seine »Erinnerungen eines Dirigenten« zu Papier bringt. Unter dem Arbeitstitel: »… als ob es gestern war!« abgeschlossen, ist das Manuskript für eine Veröffentlichung geschrieben, aber dann nicht mehr in Druck gegangen. Ihm ist zu entnehmen, daß Walter Stoschek mit der Verpflichtung als Musikalischer Oberleiter am Stadttheater in Plauen seit 1960 auch wieder zu seiner »alten Vitalität« zurückfindet, bis ihn eine lebensgefährliche Erkrankung Anfang der siebziger Jahre zur Aufgabe seiner

Arbeit zwingt, was auch bedeutet: Der mehrfach Ausgezeichnete kann fortan keine Gastverpflichtungen an Thea-
tern und Konzerthäusern im In- und Ausland mehr wahr-
nehmen.

Anders als sein Schwiegersohn Walter Stoschek, der sich bald
nach Kriegsende – zwar nicht am favorisierten Ort, aber doch
immerhin – wieder an die Arbeit machen kann, ist Max Brose
zunächst zur Handlungsunfähigkeit verurteilt, weil die Besatzer es so verfügt haben. Denn seit dem Juni 1945 liegt die
oberste Regierungsgewalt in Deutschland bei den alliierten
Siegermächten, die sie einerseits gemeinsam durch einen in
Berlin residierenden Kontrollrat und andererseits durch ihre
Militärregierungen jeweils in ihren eigenen Zonen ausüben.
   Besonders rigide gehen dabei die Amerikaner vor, stellen
sie doch in ihrer Direktive 1067 der Joint Chiefs of Staff vom
April 1945 klar, daß Deutschland nicht »zum Zwecke seiner
Befreiung« besetzt werde, »sondern als besiegter Feind-
staat«. Seinen Niederschlag findet diese Maxime in der sogenannten Entnazifizierung, einem Verfahren, mit dem der
Grad der Verwicklung jedes einzelnen in das nationalsozialistische System ermittelt und gegebenenfalls entsprechend
geahndet werden soll. Auf diese Weise werden zum Beispiel
in Coburg etwa 80 Prozent der städtischen Beschäftigten
entlassen.
   Mit dem »Gesetz zur Befreiung von Nationalsozialismus
und Militarismus« geht die Zuständigkeit weitgehend an
deutsche Stellen über. Sogenannte Spruchkammern, die von
der Strafjustiz getrennt arbeiten und aus einem Vorsitzenden
sowie mindestens zwei Beisitzern bestehen, führen die Verfahren durch, die mit der Befragung durch einen Meldebogen
beginnen. Die Urteile stufen die Betroffenen in fünf Katego-
rien ein – Hauptschuldige, Belastete, Minderbelastete, Mitläufer und Entlastete.

Anders als in den Fällen Gisela Broses, die Mitte März 1948 als »nicht betroffen« entlastet wird, und Ernst Jühlings, der vier Wochen später als »Mitläufer« eingestuft wird, zieht sich das Verfahren gegen Max Brose in die Länge. Es beginnt am 22. März 1948 vor der Spruchkammer Coburg-Stadt. Grundlage der Verhandlung ist unter anderem ein Gutachten, das der Öffentliche Kläger bei der Treuco, der Treuhand- und Revisionsgesellschaft mbH Coburg, in Auftrag gegeben hatte. Die kommt zu dem Ergebnis, daß der Kriegsausbruch auch im Falle des Metallwerks die Umsatz- und Gewinnentwicklung begünstigt habe. Allerdings sei Brose bei der Produktion wie auch bei der Preisgestaltung den Vorgaben der Rüstungsinspektion gefolgt. Eine Nutznießerschaft liege offensichtlich nicht vor: Das »angemessene Verhältnis zwischen Leistung und Gewinn« dürfe »gegeben« gewesen sein. Im übrigen sei auch der Erwerb des »jüdischen Anwesens« an der Ketschendorfer Straße »ordnungsgemäß« erfolgt.

Noch am gleichen Tag ergeht das Urteil – mit einer bemerkenswerten Begründung: Danach wird eine »militärische Einstellung und Nutznießerschaft« von vornherein ausgeschlossen. Max Brose sei »kein Naziaktivist« gewesen, habe vielmehr »seine schützende Hand« über politisch und rassisch Verfolgte gehalten und sei in mehreren Fällen von körperlicher Mißhandlung »russischer« Kriegsgefangener sogleich eingeschritten. Eine »gehässige Einstellung ... gegen Kriegsgefangene« gemäß Artikel 7/II 10 des besagten Gesetzes könne ihm nicht nachgewiesen werden, vielmehr habe er aus »eigenen Mitteln ohne Rücksicht auf Kosten und unter Verstoss gegen die bestehenden Bewirtschaftungsbestimmungen ... mehr getan, als seine Pflicht war«. Allerdings sei Max Brose »Betriebsführer und Mitinhaber der bedeutendsten Coburger Fabrik« gewesen und habe auch deshalb »im Coburger Wirtschaftsleben die führende Rolle gespielt«.

Daher folgt die Kammer zwar nicht dem Öffentlichen Ankläger, der auf »belastet« plädiert hatte, stuft Max Brose aber auch nicht – wie Ernst Jühling – als »Mitläufer« ein, sondern als Minderbelasteten. Kein Wunder, daß Brose und sein Anwalt auf den Widerspruch zwischen der Einstufung und der Feststellung der Kammer, Brose sei »kein Naziaktivist« gewesen, verweisen und in Berufung gehen. Eben dieses Argument macht sich dann auch die Berufungskammer Ansbach, Zweigstelle Bamberg, nach Vorlage weiterer Beweismittel zu eigen, hebt am 26. April 1948 den Spruch auf und stuft Max Brose nunmehr in die Gruppe IV, also als »Mitläufer«, ein.

Damit wiederum können sich weder der Öffentliche Kläger noch übrigens die Amerikaner anfreunden, die zum Teil schwerwiegende Vorwürfe gegen Brose erheben, so den, in seinem »Lager« sei gemordet worden. Also bringt der Öffentliche Kläger den Fall vor den Kassationshof mit Sitz im Bayerischen Staatsministerium für Sonderaufgaben in München. Der hebt sowohl den Coburger als auch den Bamberger Spruch auf und ordnet eine erneute Durchführung des Verfahrens durch die Hauptkammer Nürnberg, Zweigstelle Ansbach, an. Die stuft am 23. Juli 1949 Max Brose letztinstanzlich als »Mitläufer« ein. Der Spruch sieht die Zahlung von 2000 D-Mark in einen Wiedergutmachungsfonds vor. Die Kosten des Verfahrens, die später auf über 40 000 D-Mark beziffert werden, hat Max Brose zu tragen.

RÜCKKEHR, TRENNUNG, NACHFOLGE
Ernst Jühling und Max Brose
1948–1971

Im Herbst 1948 nimmt Max Brose wieder hinter seinem Schreibtisch Platz. Zwar ist das Spruchverfahren – wohl nicht zuletzt wegen entsprechender Machenschaften des Treuhänders – noch nicht letztinstanzlich entschieden. Aber offensichtlich ist die Produktion des Metallwerks unter dessen Regie quantitativ wie vor allem qualitativ so eingebrochen, daß die zuständigen Stellen keine Einwände gegen die Rückkehr des Firmengründers erheben.

Die Zeit, in der Max Brose endlich wieder aktiv werden kann, ist in und für Deutschland in politischer wie wirtschaftlicher Hinsicht eine Zeit des Übergangs und des Umbruchs. Nach wie vor haben die Besatzungsmächte das Sagen. Wegen der wachsenden inneren Spannungen in ihren Reihen, allen voran dem sich immer deutlicher abzeichnenden Gegensatz zwischen der Sowjetunion auf der einen, den Westmächten auf der anderen Seite, eröffnen sich allerdings für die westlichen Besatzungszonen neue Perspektiven, wenn auch die Signale einstweilen nicht widerspruchsfrei sind.

Unter dem Eindruck einer schwierigen Versorgungslage, die im Hungerwinter 1946/47 mitunter dramatische Formen annimmt, und vor dem Hintergrund der sowjetischen Politik in Griechenland und der Türkei, in Polen, der Tschechoslowakei und Finnland, aber auch in der sowjetischen Besatzungszone in Deutschland stellen Amerikaner, Briten und schließlich auch Franzosen die Weichen ihrer Deutschlandpolitik neu. Die Einrichtung einer amerikanisch-britischen »Bizone« zum 1. Januar 1947 trägt den administrativen und logistischen Schwierigkeiten der Versorgungslage Rechnung; und der Marshallplan, den der amerikanische Außenminister ein knappes halbes Jahr später der Öffentlichkeit vorstellt, bezieht auch die westlichen Besatzungszonen in Deutschland in dieses gewaltige wirtschaftliche Hilfsprogramm der USA für Europa mit ein.

Als die Westmächte im Juni 1948 während einer Nacht- und Nebel-Aktion in ihren Besatzungszonen eine Währungsreform durch- und die D-Mark als neue Währung einführen, zeichnet sich ab, daß sie keine halben Sachen im Sinn haben. Und als die USA, Großbritannien und Frankreich die daraufhin von der Sowjetunion verhängte Blockade sämtlicher Land- und Wasserwege nach Berlin ihrerseits mit dem Aufbau einer gewaltigen Luftbrücke beantworten und so für beinahe ein Jahr das Überleben der Bevölkerung West-Berlins garantieren, beginnen sich die Bewohner Westdeutschlands und West-Berlins mit den neuen Verhältnissen in ihrem Land zu arrangieren. Jedenfalls kommt es schon im Verlauf des Jahres 1949 – mit der Verabschiedung eines Grundgesetzes, freien Wahlen zu einem Bundestag und, am 15. September 1949, der Bildung einer ersten Bundesregierung unter Kanzler Konrad Adenauer – zur Gründung eines westdeutschen Teilstaates, der sich »Bundesrepublik Deutschland« nennt. Das ist die eine Seite.

Aber es gibt eine andere. Denn den besagten Aufbaumaßnahmen zum Trotz scheinen die Westmächte vorerst konsequent an ihrer Besatzungs-, Entnazifizierungs- und eben auch Demontagepolitik festzuhalten. Auf den Listen, die im Oktober beziehungsweise November 1947 für die drei westlichen Besatzungszonen veröffentlicht werden, stehen immerhin noch fast 700 Industriebetriebe. Erst im April 1951, als die Bundesrepublik und fünf ihrer Nachbarn, darunter vor allem Frankreich, die »Europäische Gemeinschaft für Kohle und Stahl« ins Leben rufen und damit einen ersten Schritt auf dem Weg zur Integration Europas tun, werden die Demontagen endgültig eingestellt.

Offenbar kommt das Metallwerk in dieser Hinsicht glimpflich davon. Das liegt wohl weniger an einer gleichwohl bezeichnenden Aktion der Belegschaft, die mit einem Sitzstreik die Demontage von Firmeneigentum zu verhindern sucht, als am Produktionsprogramm des Unternehmens. Denn das trägt der schwierigen Versorgungslage dieser frühen Jahre Rechnung: Bügeleisen, Bratpfannen oder vor allem auch die Sparherde, die jetzt im Metallwerk hergestellt werden, sind in dieser Zeit eben sehr gefragt; und Kurbelapparate für Autofenster oder Bezinkanister sind auch für die amerikanischen Streitkräfte interessant. Insgesamt aber und verglichen mit den Kriegsjahren wird jetzt an der Ketschendorfer Straße eher auf kleiner Flamme gekocht.

Kaum ist Max Brose in sein Unternehmen zurückgekehrt, faßt die Produktion wieder Tritt – und erfährt eine bemerkenswerte Ergänzung: Für einige Jahre versuchen sich die Automobilisten als Hersteller einer Schreibmaschine, der legendären »Brosette«. Am 2. November 1948 läßt sich das Metallwerk Max Brose & Co., Coburg, für das Gebiet der in Gründung befindlichen Bundesrepublik Deutschland eine »Reiseschreibmaschine«, eine »Zeilenstellvorrichtung für Schreibmaschinen« und einen »Kolbenverdichter« patentieren. Es sind wohl die ersten Nachkriegspatente des Unternehmens. Die Entwicklungsleitung des Geräts liegt bei Fritz Kunze, benannt ist es nach Charlotte Jühling, einer der Töchter des Gesellschafters aus erster Ehe.

Nachdem die Patente zwischen Dezember 1950 und April
1953 ausgegeben worden und die Entwicklungsarbeiten an
der Schreibmaschine unter Konstrukteur Kunze abgeschlossen sind, beginnt 1953 die Fertigung in Werk 2 an der
Ufer-/Deyssingstraße. Bis 1958 werden insgesamt mehr als
40 000 Stück der Modellvarianten »Brosette«, »Brosette Spe-
zial«, »Brosette Luxus« und »Brosette Export« hergestellt.
So gesehen ist das Produkt anfänglich ein Erfolg. Es wird
übrigens vorwiegend über den Versandhandel vertrieben,
und weil sich die Käufer häufig für die Ratenzahlung entscheiden, richtet Brose jetzt eine Abteilung »Mahnwesen«
ein.

Allerdings kann sich die Schreibmaschine des Automobilzulieferers auf Dauer nicht behaupten, weil ihre Produktion
außergewöhnlich lohnintensiv ist, weil der Trend zur elektrischen Schreibmaschine geht, und weil diese wiederum
neue Konkurrenten ins Geschäft bringt. Als Hertha Jühling,
die Stiefmutter der Namengeberin Charlotte, im April 1957
mit ihrem Anwalt – ausgerechnet im Zusammenhang der
Trennung Ernst Jühlings und Max Broses – korrespondiert,
merkt sie an: »Entschuldige die vielen Tippfehler – die blöde
›Brosette‹ tippt neuerdings so oft 2 Buchstaben überein-
ander. Ein Manko dasx [!] schon von Anfang an moniert
wurde.«

Unter dem Druck der aufziehenden Konkurrenz stellt
Max Brose 1959 den Geschäftszweig rechtzeitig ein und verkauft nicht nur die Lizenz, sondern auch die gesamte Produktion nach Indien – letztere im übrigen per Gewicht, also
kiloweise. Heute gilt die »Brosette«, eine »äußerst einfache
und kleine Maschine«, unter Kennern als Rarität. In der Firmengeschichte kommt ihr eine grundsätzliche Bedeutung
zu. Denn nach der Produktion von Zahnplomben durch die
Chemische Fabrik E. Jühling & Co., Coburg, während der
zwanziger Jahre ist der Einstieg in die Herstellung von

Das zweite Bein: In den fünfziger Jahren versucht Max Brose, mit der Produktion der Reiseschreibmaschine »Brosette« ein zweites Standbein außerhalb der Automobilindustrie zu entwickeln.

Schreibmaschinen – von der Rüstungsproduktion der Kriegszeit abgesehen – der zweite und zugleich letzte großangelegte Versuch, ein zweites Standbein außerhalb der Automobilindustrie zu entwickeln. Daß beiden kein dauerhafter

Erfolg beschieden war, ist bezeichnend. Fortan setzt Max Brose ganz auf seine Fähigkeiten und Kenntnisse als Automobilzulieferer, die er – Zahnplomben hin, Schreibmaschinen her – zu keinem Zeitpunkt aus den Augen verloren hat.

So nimmt die Produktion des Metallwerks zu Beginn der fünfziger Jahre rasant an Fahrt auf. Natürlich kommen Max Brose dabei die allgemeinen wirtschaftlichen Rahmenbedingungen zugute: Nachdem der Winter 1949/50 zwei Millionen Arbeitslose gesehen hat, erhält die Wirtschaft der jungen Bonner Republik einen Wachstumsschub von unerwarteter Seite. Als das kommunistische Nord-Korea am 25. Juni 1950 den Süden des Landes überfällt und sich der Westen, geführt von den USA und legitimiert durch die Vereinten Nationen, zu einer militärischen Intervention entschließt, löst der folgende dreijährige Korea-Krieg in der Bundesrepublik einen Boom aus, der schließlich als »Wirtschaftswunder« eine weltweit beachtete Karriere macht.

Unter der insgesamt umsichtigen Regie Ludwig Erhards, der fast 15 Jahre lang als Wirtschaftsminister die Verantwortung für den Aufschwung trägt, verdreifacht sich bis 1960 das Bruttosozialprodukt. Zu den besonders rasch wachsenden Industriezweigen zählt die Automobilindustrie. Das eigene Auto wird zum Inbegriff des Wirtschaftswunders, und der »Volkswagen«, vor allem der sogenannte Käfer, wird zum Inbegriff des Autos – im Inland, aber bald auch im Ausland. Und davon profitiert nicht zuletzt der Zulieferer Brose.

Als das *Coburger Tageblatt* Anfang Juli 1950 in einer Sonderbeilage unter dem Titel »Wo die Räder kreisen und der Hammer dröhnt« die metallverarbeitende Industrie der Region vorstellt, nimmt das Metallwerk mit 550 Mitarbeitern die Spitzenstellung ein. Von der Entwicklung der »Brosette« abgesehen wieder ganz auf die Zulieferung von Automobilteilen konzentriert, verfügt die Firma unter anderem über eine Blechbearbeitungsanlage, eine Galvanisieranstalt, eine Schleif-, Polier- und Zinkgußabteilung sowie über eine eigene Werkzeugmacherei. Anfang Dezember 1950 wird die Erweiterung der an der Von-Schultes-Straße gelegenen Werkhalle genehmigt.

Daß die Firma wenig später eine Zweigniederlassung in Wuppertal-Elberfeld eröffnet, daß Max Brose sozusagen zu den Anfängen zurückkehrt, hat allerdings nichts mit frühen Expansionsplänen zu tun. Soweit ist man noch nicht. Mit der Gründung der »Metallwerk Max Brose & Co., Zweigniederlassung Wuppertal-Elberfeld«, für die Heinz Schumann Mitte Juni 1951 Einzelprokura erhält, kommt Max Brose vielmehr einem ausdrücklichen Wunsch der britischen Besatzungsbehörden in dem von ihnen gegründeten Nordrhein-Westfalen nach. Brose hat eben längst einen über den Coburger Raum hinausgehenden guten Ruf.

Daß die Geschäfte gut gehen, zeigt die Entscheidung vom April 1950: Erstmals seit dem Krieg wird wieder Einzelprokura erteilt, und zwar dem Kaufmann Werner Lotz. Als er gut zehn Jahre später aus gesundheitlichen Gründen ausscheidet, bezeichnet ihn Max Brose als seinen »Stellvertreter«. Im übrigen folgt der Unternehmer auch bei der Personalpolitik weiterhin seinen bewährten Prinzipien, und das heißt im Bereich der Verwaltung: nicht mehr Mitarbeiter als nötig. Und die bleiben in der Regel ein Arbeitsleben lang. Noch Mitte der sechziger Jahre erfolgt die Auszahlung sowohl der Gehälter als auch der Löhne in bar; die Arbeiter erhalten jeweils zum 15. des Monats einen Abschlag. Für den Notfall hat der Buchhalter eine Schreckschußpistole griffbereit auf dem Schreibtisch liegen.

Auch bei den Produkten hält Max Brose an bewährten Prinzipien fest. Sieht man vom Ausflug in die Schreibmaschinenproduktion ab, die immerhin Werk 2 belegt, wird das

Angebot im Bereich der Automobilzulieferungen konsequent ausgebaut, und das heißt: Bewährte Produkte werden den sich wandelnden Bedürfnissen und Anforderungen angepaßt, also modernisiert, und um neue ergänzt. Der Firmenkatalog Nr. 55 präsentiert im September 1955 unter dem Markennamen »Atlas« unter anderem den 20-Liter-Einheitskanister und den Mercedes-Zierstern, vor allem aber Fenster- und Belüftungsvorrichtungen in allen Varianten.

Diese wiederum werden durchweg auf der Grundlage ausländischer, namentlich amerikanischer Lizenzen hergestellt. Wichtigster Lizenzgeber ist nach wie vor die General Motors Corporation, Detroit. Insgesamt sieben Patente erlauben Brose die Fertigung von Schwenkfenstern für Kraftwagen aller Art zur Be- und Entlüftung. Als Hauptpatent gilt immer noch Patent 619 488, das sogenannte Ternstedt-Patent. Der Lizenzvertrag vom 2. Mai 1952 ersetzt zum einen alle entsprechenden Vereinbarungen aus den späten dreißiger Jahren und gestattet Brose zum anderen rückwirkend ab dem 31. Juli 1951 auf Basis dieser Patente die Produktion moderner Belüftungsvorrichtungen.

Bedenkt man, daß Brose zwischen 1952 und 1955 dafür Lizenzgebühren zwischen mindestens knapp 70 000 und höchstens gut 260 000 D-Mark jährlich bezahlt, handelt es sich zweifellos um ein gutes Geschäft. Das gilt auch für die Lizenzverträge mit John H. Roethel, Detroit, für die Herstellung von Parallelarm- und Schwingarm-Fensterhebern, und mit der schottischen Firma Young Windows Ltd., Wishaw, für die Produktion von kurbelgrifflosen Fensterhebern, für die 1954 Lizenzgebühren von nur rund fünf D-Mark anfallen.

Für viele deutsche Unternehmen, auch und gerade in der Automobilindustrie, werden die frühen fünfziger Jahre zu einer Schlüsselzeit. Für das Coburger Metallwerk gilt das in

besonderem Maße – weil es sich um Jahre stürmischen
Wachstums handelt und weil sich die Wege Ernst Jühlings
und Max Broses zu trennen beginnen, wenn das auch heute
klarer zu erkennen ist als 1951 oder 1952. Damals zeigen
sich erste Irritationen. Nur sieben Jahre nach der ersten tritt
am 7. August 1951 eine weitere, die zweite Änderung des
Gesellschaftervertrages vom 14. Juni 1919 in Kraft. Sie be-
sagt, daß beim Ableben eines Gesellschafters der andere den
Erben ihren Gesellschaftsanteil nicht, wie bislang, frühestens drei, sondern »frühestens 10 Jahre nach Ableben des
verstorbenen Gesellschafters mit halbjähriger vorheriger
Kündigung« kündigen darf, »wobei das Todesjahr nicht ein-
gerechnet wird«.

Realistischerweise davon ausgehend, daß seine Lebenser-
wartung begrenzt ist, sichert der inzwischen fünfundsieb-
zigjährige Ernst Jühling seiner Familie so für ein Jahrzehnt
die Teilhabe am Gewinn eines Unternehmens, dem offenkundig eine sehr gedeihliche Entwicklung bevorsteht. Was
sich von dem Unternehmen, das seinen Namen trägt, nie
hat sagen lassen: Am 9. Dezember 1952 wird der Handelsregistereintrag der »Chemischen Fabrik E. Jühling & Co.,
Coburg«, die lediglich noch auf dem Papier existiert, gelöscht.

So sehr die neue Fassung von Paragraph 9, Absatz 4, des
Gesellschaftervertrages den Interessen Ernst Jühlings ent-
gegenkommt, so wenig entspricht sie seinen ursprünglichen
Wünschen. Eigentlich geht es ihm nämlich darum, seinen
Sohn Peter, der Anfang 1951 das Studium abgeschlossen
hat, als Nachfolger zu installieren. Dem steht allerdings die
Bestimmung des besagten Paragraphen 9 entgegen, wonach
im Falle des Ablebens eines Gesellschafters der andere al-
leiniger Inhaber des Unternehmens wird, während die Erben des Verstorbenen lediglich als stille Gesellschafter zu
beteiligen sind.

Daher hat Ernst Jühling am 24. Mai 1951 an Max Brose geschrieben: »Unser, nunmehr 32 Jahre bestehendes Gesellschaftsverhältnis ist von Anfang an auf völliger Gleichberechtigung der beiden Partner aufgebaut. Wir haben diese Gleichberechtigung 32 Jahre hindurch bewahrt. Es ist nicht einzusehen, weshalb es durch die unglückliche Fassung jenes Paragraphen 9 unseres Vertrages bei Ableben eines Gesellschafters vernichtet und beseitigt werden soll. Ich will nichts anderes, als eine gerechte Lösung dieses Problems, und zwar eine Lösung, die beiden Gesellschaftern wiederum gleiche Chancen einräumt. Sie werden es verständlich finden, dass ich ebenso wie Sie auch für meinen Teil mein Werk meinen Nachkommen erhalten möchte, zumal ich in meinem Sohn Peter einen männlichen Nachkommen besitze, den ich persönlich und fachlich für geeignet halte, das Werk später im Interesse und zum Wohle beider Gesellschafterstämme mitzuführen.«

Das sieht Max Brose anders – weil er Peter Jühling, der gerade einmal fünfundzwanzig ist, nicht so einschätzt wie dessen Vater; weil er zurecht der Auffassung ist, daß er, Max Brose, die Firma dahin gebracht hat, wo sie jetzt steht; und weil er, das Altersargument Jühlings aufgreifend und für sich nutzend, davon ausgehen kann, daß er dereinst als verbliebener Gesellschafter die Weichen für die Zukunft stellen kann. Wie er sie stellen wird, wird ein Jahr später deutlich: Am 28. Mai 1952 wird der »kaufmännischen Angestellten« Gisela Brose Gesamtprokura erteilt. Gemeinsam mit einem zweiten Prokuristen ist sie fortan für die Hauptniederlassung zeichnungsberechtigt. Max Brose hat damit den Weg zur Regelung der Nachfolge im Sinne der Fortsetzung des Familienunternehmens eingeschlagen; Ernst Jühling ist dieser Weg versperrt, sofern er nicht seinen acht Jahre jüngeren Partner überlebt.

Die Installierung Gisela Broses in der Firma gehört wohl

zu jenen Maßnahmen, die Ernst Jühling meint, als er Ende Juli 1953 Max Brose heftig attackiert und damit die unerfreuliche Phase ihrer »Ehe«, so Jühling, einläutet. Hinzu kommen Meinungsverschiedenheiten über die Einstellung eines geeigneten Betriebsleiters und die Besetzung wichtiger Positionen in der Firma, außerdem Jühlings Unbehagen an der Art und Weise, wie sein Partner die Geschäfte führt. Offenkundig bildet die »Brosette« den Tropfen, der das randvolle Faß zum Überlaufen bringt. Einmal mehr entscheidet Max Brose im Alleingang über die Erweiterung der Produktpalette, und als Ernst Jühling aus diesem Anlaß eine Betriebsbuchhaltung fordert, die sein Geschäftspartner ablehnt, ist der Eklat da.

»Als besonders unerquicklich«, schreibt Ernst Jühling im Sommer 1953 an Max Brose, »musste seit langem von mir empfunden werden, dass Sie als mein einziger Teilhaber mehr und mehr die Führung der Geschäfte an sich rissen und wie ein Alleininhaber des Betriebes betriebliche Entscheidungen und Massnahmen trafen, ohne meine Einwendungen zu berücksichtigen und ihnen … nachzugeben. Nur meiner Mässigung, meiner Zurückhaltung und meiner Rücksichtsnahme [sic] auf das Wohl des Betriebes ist es … zu verdanken, dass der Riss zwischen uns nicht eher entstand.«

Nun also ist er da, dieser Riß, und keiner der beiden inzwischen doch sehr alten Herren – Brose geht auf die Siebzig zu, Jühling auf die Achtzig – ist willens, die Ursache bei sich zu suchen. Selbstverständlich auch Max Brose nicht, der seinen Partner Anfang August 1953 brieflich nicht nur daran erinnert, daß »ich Sie durch meine Kenntnisse, Erfahrungen und meine Arbeit zu einem sehr wohlhabenden Mann gemacht« habe, sondern auch zu bedenken gibt, daß »Sie mir die geschäftlichen Entscheidungen und alle Arbeit gerne überlassen und, nach den häufigen früheren Feststellungen Ihres verstorbenen Freundes ... das Ressort ›Jagd, Fischerei und Vergnügen‹ übernommen, mir das Ressort ›Führung der Firma‹ überlassen« haben. Wie empört Brose über die Vorhaltungen seines Partners ist, zeigt der äußere Umstand, daß das Ausrufezeichen das dominante Satzzeichen seines Briefes ist. Eine weitere »mündliche Verhandlung« lehnt er nach der letzten Aussprache, in der es zu einer Entgleisung Jühlings gekommen ist, ausdrücklich ab.

Besonders befremdlich wirkt die »aufgetretene Differenz« auf den, der im Frühjahr 1951 – ohne es zu wissen oder gar zu wollen – Auslöser des nunmehr offen ausbrechenden Konflikts gewesen ist. Vergeblich versucht Peter Jühling, der sich »in einer sowohl wirtschaftlich wie auch seelisch unabhängigen Position zu befinden« glaubt, zwei Jahre später in einem gleichlautenden Schreiben an die beiden zu vermitteln. Das wirkt souverän, zumal für einen Endzwanziger. Kein Wunder, daß Peter Jühling, als er in hohem Alter auf den Vorgang zurückblickt, abgeklärt feststellen kann, daß Max Brose »im Sinne der Firma natürlich völlig recht« hatte, als er sich gegen den Vorschlag des Vaters sperrte, ihn, den Sohn, in die Firma zu nehmen.

Nach dem brieflichen Schlagabtausch des Sommers 1953 kehrt im Verhältnis Ernst Jühlings zu Max Brose erst einmal Ruhe ein, weil sich die Kombattanten aus dem Weg gehen. Drei Jahre später trägt der Ältere der gegebenen Lage Rechnung und zieht sich aus der Geschäftsführung zurück. In einer vertraglichen Vereinbarung vom 17. April 1956, der dritten Änderung ihres Vertrages aus dem Jahre 1919, erklärt Ernst Jühling, in Anbetracht seines Alters und rückwirkend zum 1. Januar des Jahres »auf die tätige Geschäftsführung innerhalb der Gesellschaft und auf seine Vertretungsmacht« zu verzichten. In einer öffentlichen Bekanntmachung unterrichtet er auch alle Betriebsangehörigen von seinem

Der dritte Mann: Weil Ernst Jühling seinen Sohn Peter als Nachfolger im Unternehmen durchsetzen will, kommt es schließlich zum Zerwürfnis zwischen ihm und seinem Partner Max Brose. Das Bild zeigt Ernst und Peter Jühling Ende der vierziger Jahre.

Rückzug. Ein anerkennendes Wort über die mehr als fünfunddreißigjährige gemeinsame Wegstrecke mit Max Brose findet sich darin nicht, nicht einmal ein Hinweis.

Damit hätte es eigentlich sein Bewenden haben können, wäre nunmehr nicht Hertha Jühling, die deutlich jüngere Ehefrau des ausgeschiedenen Gesellschafters und Mutter Peter Jühlings, zur Tat geschritten. Wie man aus der Distanz eines halben Jahrhunderts überhaupt den Eindruck gewinnt, daß Hertha Jühling – in der ganzen Angelegenheit und von Anfang an – die eigentlich treibende Kraft hinter ihrem inzwischen achtzigjährigen Gatten gewesen ist. Etwa gleichzeitig mit dem Rückzug Ernst Jühlings aus der Geschäftsführung bringt sie im April 1956 bei der Erbengemeinschaft in der »Br.-Affaire« eine »Kompromisspatentlösung« ins Gespräch.

Ihr Vorschlag sieht folgendes vor: Ernst Jühling scheidet zum Jahresende 1956 aus der Gesellschaft aus; sein Ausscheidungsguthaben wird vertragsgemäß festgestellt; von diesem werden 50 Prozent in drei Jahresraten nach Maßgabe der Verträge ausbezahlt; die übrigen 50 Prozent bringt Ernst Jühling als stiller Gesellschafter wieder in die Firma ein. Der Vertrag wird auf unbestimmte Zeit geschlossen. Mit seiner Einlage ist Ernst Jühling verhältnismäßig an Gewinn und Verlust des Unternehmens beteiligt. Die »Kompromisspatentlösung« ist als Alternative zu einer Kündigung des Gesellschaftervertrages gedacht. Sie soll Ernst Jühling beziehungsweise seinen Erben ein solides finanzielles Fundament verschaffen, gleichzeitig das Risiko im – ja grundsätzlich nicht auszuschließenden – Verlustfall vermindern, ohne den Zugang zum sprudelnden Gewinn zu verbauen.

Für diese Initiative hat Hertha Jühling ihre Gründe: »Zur Zeit geht die Fabrik im Zubehör recht flott«. Recht hat sie. In der Bundesrepublik Deutschland sind 1953 1,2 Millionen Pkw zugelassen; im August des folgenden Jahres läuft der millionste VW-Käfer vom Band. Kein Wunder also, daß auch der Coburger Zulieferer davon profitiert und der Gesamtumsatz des Metallwerks im Geschäftsjahr 1953 bei über 14 Millionen, der Reingewinn bei knapp zwei Millionen D-Mark liegen; in den kommenden Jahren fallen beide dann allerdings nicht ganz so üppig aus.

Hertha Jühling ist überzeugt, daß Max Brose »lieber das kleinere Übel nehmen« wird. »Ich werde es ihm schon unter die Nase reiben, wie teuer ihm nun die brüske Ablehnung meines gutgemeinten ersten Nachfolge-Vorschlages kommt.« Aufs Ganze gehen will sie allerdings nicht. Keinesfalls soll ihr Vorschlag die gutgehenden Geschäfte gefährden. Es habe

»keinen Zweck, die Kuh zu schlachten oder notschlachtungsreif zu machen«.

Tatsächlich scheint sich Max Brose zunächst auf die durch Hertha Jühling mündlich vorgetragene »Kompromisspatentlösung« einlassen zu wollen. Als ihm dann aber der Vertragsentwurf unter die Augen kommt, lehnt er das Paket am 11. Mai 1956 rundweg ab: Der Entwurf, so läßt Max Brose die Gattin seines Partners wissen, ändere »ganz erheblich« die mündlichen Vorschläge und bringe für ihn »wesentliche Verschlechterungen, dagegen für Herrn Jühling eine wesentliche Besserstellung«. Und dann brechen auch die alten Wunden wieder auf: »Hinzu kommt, daß mir doch all die letzten 6 bis 7 Jahre gezeigt haben, daß das Verhältnis zwischen Herrn Jühling und mir sich so völlig geändert hat und für mich unerträglich geworden ist.«

Also geht der Konflikt in eine letzte Runde. Am 18. Juni 1956 schreibt Ernst Jühling per Einschreiben an Max Brose: »Schweren Herzens, jedoch nach reiflicher Überlegung, kündige ich Ihnen hiermit unser langjähriges Gesellschaftsverhältnis zum 31. 12. 1956.« Zur Begründung führt er einmal mehr die seit Jahren strittigen Punkte ins Feld, darunter die Weigerung Broses, mit seinem Sohn auch nur zusammenzuarbeiten und sich um die Nachfolgefrage des Unternehmens zu kümmern, sowie die unterschiedliche Bewertung in Sachen Schreibmaschinenproduktion und Betriebsbuchhaltung.

Am 28. Juni antwortet Max Brose, gleichfalls eingeschrieben und ins Detail gehend. Als »wirkliche[n] Grund« für die Kündigung identifiziert er einmal mehr seine Weigerung, Ernst Jühlings Sohn Peter »als Mitinhaber in die Firma« aufzunehmen, und schließt seinen langen Brief mit einem Resümee, das erkennen läßt, wie tief der Mann getroffen ist: »Ich möchte hier aber doch ganz eindeutig feststellen, dass

ich, nachdem ich wusste, dass in Ihrem hohen Alter geschäftliche Dinge Ihrer Gesundheit abträglich waren, ich
[sic] mich bemüht habe, [von] Ihnen Aufregungen und
Schwierigkeiten im Geschäft fernzuhalten[,] und setzte
dabei voraus, dass Sie mich doch im Laufe unseres langen
Zusammenarbeitens (man könnte sagen: im Laufe eines
Lebens!) von der richtigen Seite kennengelernt hätten. Dass
dies doch nicht der Fall ist, bedeutet für mich eine ganz
bittere Enttäuschung! Besonders, da ich Sie doch durch
meine Arbeit und meine Fachkenntnisse auf dem Arbeits-
gebiet unserer Firma zu einem sehr wohlhabenden Mann
gemacht habe! Um so enttäuschender war es für mich, in
den letzten Jahren nur Ablehnung und Misstrauen zu ern-
ten.«

Und dann bekommt die Angelegenheit eine zu diesem Zeitpunkt nicht erwartete Wendung: Am 3. September 1956
stirbt Ernst Jühling, kurz vor Vollendung seines einundacht-
zigsten Lebensjahres, an Herzversagen. Angesichts dieses
Ereignisses treten für Max Brose die Zerwürfnisse der vergangenen Jahre in den Hintergrund. In einem Nachruf
schreibt er: »Herrn Dipl.Ing. Ernst Jühling, gest. am 3. Sept.
56, dem Mitbegründer unserer Firma, dem Mitarbeiter
durch viele glückliche und schwere Jahre gilt meine aufrich-
tige Trauer. Mit Rücksicht auf sein hohes Alter wünschte er
Ende dieses Jahres aus der Firma auszuscheiden, um noch
viele schöne Jahre in Ruhe zu verleben. Ich hätte sie ihm von
ganzem Herzen gegönnt. Leider hat der Tod diese unsere
Wünsche allzufrüh zunichte gemacht. Tief bewegt nehme
ich von dem Heimgegangenen Abschied. Max Brose.«
  Zehn Tage später entschuldigt er in einem einfühlsamen
Brief an Charlotte Jühling, eine der Töchter seines langjährigen Partners aus erster Ehe, sein Fernbleiben von der Beisetzung und gibt seinem Bedauern Ausdruck, daß es nicht

mehr zu einer Aussöhnung gekommen ist: »Ich habe in der Stunde der Beisetzung still an all die früheren, gemeinsam verlebten, schönen Jahre, beginnend mit unserem Kennenlernen in Elbing, dann das Zusammenfinden in Coburg und die vielen Jahre des schönen und doch oft so frohen Zusammenseins gedacht.«

Mit dem Tod Ernst Jühlings stellt sich nun eine Reihe von Fragen, unter anderem die, ob die Aufkündigung des Gesellschaftsverhältnisses gegenstandslos geworden ist oder nicht. Jühling verstarb ja während der Kündigungsfrist. Grundsätzlich stimmen die Erbengemeinschaft und Max Brose darin überein, daß die von Ernst Jühling ins Auge gefaßte Lösung, also das Ausscheiden der Erbengemeinschaft aus dem Metallwerk, die für alle Beteiligten beste Lösung ist.

Max Brose läßt von Anfang an erkennen, daß er die Familie seines verstorbenen Partners großzügig abzufinden gedenkt. Als er sich Ende Januar 1957 einmal mehr mit dem Anwalt der Erbengemeinschaft, Gottfried Schmitt, trifft, zieht er, so Schmitt, »aus seiner Brieftasche einen kleinen Zettel von höchstens einer achtel Seite, der mit Schreibmaschinenzahlen beschrieben« ist, und macht seine Rechnung auf. Danach haben die Erben Jühlings Anspruch auf ein Ausscheidungsguthaben in Höhe von zwei Millionen D-Mark. Am 5. März kann Max Brose der Erbengemeinschaft auf Basis der Buch- und Betriebsprüfung die verbindliche Summe nennen, die seine Schätzung bestätigt: Den Erben Ernst Jühlings steht zum Jahresende 1956 ein Ausscheidungsguthaben in Höhe von 2 075 020 D-Mark zu.

Obgleich oder gerade weil der Betrag deutlich über der von der Erbengemeinschaft intern ermittelten Summe liegt, will man sich mit diesem großzügigen Angebot nicht zufriedengeben, vielmehr Max Brose »in eine gewisse moralische Schuld hineindrücken« und so bis zu drei Millionen

Mark herausholen. Allerdings steht für die Erbengemeinschaft auch jetzt fest, daß ihre Forderungen die Firma nicht in eine wirtschaftliche Schieflage bringen dürfen.

Max Brose bleibt bei seinem Prinzip der großzügigen Abfindung, will sich aber natürlich auch nicht über den Tisch ziehen lassen, und erhöht den Betrag auf 2,2 Millionen D-Mark. Auf diese Weise wird man sich einig, und Anwalt Schmitt läßt keinen Zweifel, daß die »offene Verhandlungsweise« Max Broses »zur Einigung der Parteien entscheidend beigetragen hat«. So scheidet die Erbengemeinschaft am Montag, dem 6. Mai 1957, um 17.30 Uhr mit Wirkung vom 31.12.1956 aus der Firma Metallwerk Max Brose & Co., Coburg, aus.

Schon während der Vertragsabwicklung wird deutlich, daß sich Max Brose äußerst korrekt verhält, und einmal mehr ist es der Anwalt von Jühlings Erben, der Max Brose schriftlich versichert: »Ich darf Ihnen meine Bewunderung und Anerkennung zum Ausdruck bringen angesichts einer derart großzügigen und raschen Vertragserfüllung.« Am 1. Mai 1959 quittiert die Erbengemeinschaft dann auch den termingerechten Abschluß der Zahlungen und damit die Erfüllung des Vertrages.

Bereits zum 19. Dezember 1956, also etwa dreieinhalb Monate nach dem Tod Ernst Jühlings, ist der Handelsregistereintrag entsprechend geändert worden: »Der verbleibende Mitgesellschafter[,] Fabrikbesitzer Max Brose in Coburg, führt das Handelsgeschäft mit Wirkung vom 3. Septbr. 1956 unter der bisherigen Firma als Einzelfirma fort.« Dem Eintrag ist ferner zu entnehmen, daß dem Kaufmann Werner Lotz und dem Kaufmann Rolf Schüppler Einzelprokura erteilt wurde – außerdem: der kaufmännischen Angestellten Gisela Brose. Daß zwei Wochen später die Berliner Zweigniederlassung aufgehoben wird und damit eine fast fünfzigjährige Präsenz in der ehemaligen Reichshauptstadt endet, ist kein Zufall. Das von Max Brose gegründete Unternehmen ist jetzt ganz in Coburg angekommen.

Zwischen August 1959 und Oktober 1960 erwirbt das Metallwerk mehrere Anwesen an der Ketschendorfer Straße 21/36, 22/38 und 24/40. Dahinter stecken längerfristige Pläne. Weil sich die letzten Eigentümer ein Wohnrecht auf Lebenszeit gesichert haben oder weil sich die Genehmigungsverfahren mitunter über längere Zeit hinziehen, werden die übernommenen Häuser, Garagen oder auch Werkhallen erst während der siebziger Jahre abgerissen und durch moderne Zweckbauten ersetzt. Lediglich im Falle der Ketschendorfer Straße 22/38 geht das Ganze rascher über die Bühne, weil Max Brose die Stadtverwaltung zu Jahresbeginn 1960 davon unterrichtet, daß hier die »seit langem verlangte Entgiftungs- und Neutralisationsanlage für unsere galvanischen Abwässer« untergebracht werden soll.

Damit beginnt im übrigen bei Brose der Umweltschutz im engeren Sinne des Wortes. Teils weil die amtlichen Vorschriften es verlangen, teils weil man auch hier Vorreiter sein will, wird vor allem seit den achtziger Jahren in diesem Bereich massiv investiert – alleine von 1982 bis 1985 7,5 Millionen D-Mark. Das besondere Augenmerk gilt dabei immer noch der Abwasseraufbereitung. Seit 1990 ist eine Teile-Waschanlage, seit 1993 eine Vakuum-Destillationsanlage in Betrieb.

Spätestens Mitte der sechziger Jahre geraten die bestehenden Herstellungskapazitäten endgültig an ihre Grenzen, obgleich nach Einstellung der »Brosette«-Produktion auch Werk 2 für die Automobilzulieferung zur Verfügung steht. Das Ende Oktober 1967 durch den Oberbürgermeister genehmigte zusätzliche Fabrikationsgebäude an der Bamberger Straße soll die Produktionskapazitäten von Werk 2 erhöhen.

Handarbeit:
In den sechziger Jahren
werden zahlreiche Brose-
Produkte noch manuell
geschweißt beziehungs-
weise – wie die Rahmen
von Ausstellfenstern –
geschliffen und poliert.

Seit Ende der fünfziger Jahre steigt Brose nämlich Schritt für Schritt in die Fertigung elektrischer Fensterheber ein. 1959 präsentiert das Unternehmen erstmals »Atlas-Fensterheber« beziehungsweise »Atlas-Seilapparate mit elektrischem Antrieb« als Nachrüstausstattung – optional bereits mit einem Einklemmschutz für Kopf und Hand, also jener Vorrichtung, mit der Brose in den achtziger Jahren die Marktführerschaft übernehmen wird. 1963 steigt das Metallwerk dann in die Serienproduktion elektrischer Fensterheber ein, und wie so häufig kommen die entwicklungs- und kostenintensiven Produkte zunächst bei Autos der Oberklasse zum Einsatz. In diesem Falle übernimmt die italienische Firma Bertone den Einbau der von Brose gelieferten elektrischen Fensterheber in das BMW Coupé 3200 CS.

Zu den schon seit den zwanziger Jahren von Max Brose angewandten, von seinem Enkel Michael Stoschek erklärtermaßen übernommenen Prinzipien gehört, sich immer nur an den Besten zu messen und das Rad niemals neu erfinden zu wollen. Das erklärt, warum sich Max Brose schon sehr früh an dem Markt orientiert hat, auf dem die Musik spielt: Amerika ist auch in den sechziger Jahren noch der Pionier im Automobilbau. Ein amerikanisches Auto zu fahren, gehört in Europa damals noch zu den bevorzugten Männerträumen. Das liegt an den Dimensionen dieser Automobile, es liegt aber auch an ihrer komfortablen Ausstattung.

Und so wie er den Einstieg in die Fensterheber vor allem mit amerikanischen Patenten bewerkstelligt hat, betritt Brose das Feld der elektrischen Sitzverstellungen mit Hilfe eines amerikanischen Partners. Bemerkenswert an dem Kooperationsvertrag, der 1968 mit der Ferro-Manufacturing Corporation in Detroit geschlossen wird, ist das Prinzip der Gegenseitigkeit: Die Amerikaner profitieren von Broses Fensterhebern und die Coburger wiederum von den elektrischen Sitzverstellungen ihrer transatlantischen Partner.

Die Nase vorn: Das BMW Coupé 3200 CS ist 1963 das erste deutsche Automobil, bei dem ein elektrischer Fensterheber von Brose zum Einsatz kommt.

Bis die allerdings in einem deutschen Automobil zum Einsatz kommen, geht noch fast ein Jahrzehnt ins Land. 1968 nimmt Brose zunächst einmal die Produktion manueller Sitzbeschläge für das Verstellen der Rückenlehne auf. Erster Kunde ist BMW. Innerhalb weniger Jahre entwickelt sich die Sparte Sitzverstellungen zum zweiten Standbein des Unternehmens.

Die Erschließung des neuen Geschäftsfeldes signalisiert Optimismus – wie auch die Investitionen dieser Jahre, die sich zum Beispiel 1967 auf deutlich über 700 000 D-Mark belaufen und damit um 70 Prozent über denen des Vorjahres liegen. Selbstverständlich ist das nicht, denn die Bundesrepublik befindet sich gerade mitten in der ersten Rezession ihrer jungen Geschichte. Dabei handelt es sich vor allem um ein psychologisches Phänomen. Von einem schweren Einbruch der Konjunktur kann kaum die Rede sein. Das Bruttosozialprodukt steigt auch in dieser Zeit nominell weiter an – von 487 Milliarden D-Mark 1966 über 493 im folgenden Jahr auf fast 534 im Jahr 1968; 1966 stehen gut 161 000 Arbeitslosen knapp 540 000 offene Stellen gegenüber; im gleichen Jahr sind in der Bundesrepublik fast 1,3 Millionen sogenannte Gastarbeiter tätig.

Aber die Deutschen sind gebrannte Kinder. Zu tief stecken ihnen die Erfahrungen der Weltwirtschaftskrise des Jahres 1929 und der Nachkriegszeit in den Knochen. Also halten sie sich einstweilen bei den Ausgaben bedeckt. Das spüren auch die Autobauer und mit ihnen die Zulieferer. 1967 geht der Umsatz bei Brose um mehr als 20 Prozent zurück, die Zahl der Mitarbeiter verringert sich um knapp 13 Prozent. Damit ist aber auch das insgesamt recht kurze Tal der Tränen passiert, und schon 1968 geht es jedenfalls beim Metallwerk wieder deutlich bergauf.

Dort hält Max Brose nach wie vor das Heft des Handelns in der Hand. Bis zuletzt kümmert er sich um die Belange seines Betriebs und seiner Mitarbeiter. Schon 1938 hatte er eine sogenannte Unterstützungskasse für »Gefolgschaftsmitglieder« eingerichtet; seit den fünfziger Jahren gewährt das Metallwerk seinen Mitarbeitern günstige Darlehen, um ihnen den privaten Hausbau zu ermöglichen; und 1961 wird die sogenannte Weihnachtsspende eingeführt, mit der Max Brose bedürftigen Bürgern Coburgs unter die Arme greift. Kein Wunder, daß die Stadt weiß, was sie an ihrem Unternehmer hat und ihn zum Beispiel zum Jahresende 1962 mit der Medaille »Die Stadt dankt« auszeichnet.

Am 11. April 1968 stirbt Max Brose nach kurzer Krankheit. Er wird 84 Jahre alt. Will man ermessen, was der Mann geleistet hat, muß man bedenken, daß er sein Unternehmen durch vier Epochen der deutschen Geschichte – das Kaiserreich, die Weimarer Republik, das Dritte Reich und die junge Bundesrepublik – geführt und damit unter anderem auch durch zwei Weltkriege und zwei Nachkriegszeiten gebracht hat. Das setzte unter anderem die Fähigkeit und den Willen voraus, sich an die jeweils gegebenen wirtschaftlichen und politischen Verhältnisse anzupassen, und das wiederum ist heute leichter gesagt, als es damals getan war. Denn zu ihrer Zeit vermochte niemand zu sagen, wie lange die eine oder die andere Epoche dauern würde, ob es sich um eine Zeit des Übergangs oder im extremen Fall um den Beginn eines neuen Zeitalters handeln würde.

Unter solchen äußeren Umständen unternehmerische Entscheidungen zu treffen, war und ist nicht ohne Risiko. Max Brose hatte deshalb Erfolg und Fortune, weil er zu einem sehr frühen Zeitpunkt eine grundsätzliche Entscheidung getroffen und fortan unbeirrt an ihr festgehalten hat: Ausgehend von der Erkenntnis, daß dem Automobil in der industrialisierten Gesellschaft die Zukunft gehören müsse, setzte er, der aus einer Wagenbauerfamilie kam, auf dieses Pferd. Daß er sich von Anfang an als Zulieferer aufstellte, hatte auch mit der realistischen Erkenntnis zu tun, daß die kapital- und arbeitskraftintensive Herstellung kompletter oder fast kompletter Autos seine Möglichkeiten überstieg.

Max Brose war durch und durch ein Mann der Praxis, und wie viele seines Schlages ließ er sich vor allem von seinem Instinkt und seinem gesunden Menschenverstand leiten. Daß er damit manche seiner Mitarbeiter und vor allem seinen langjährigen Partner Ernst Jühling nicht selten zur Verzweiflung trieb, kann man sich vorstellen. Dessen Sohn Peter, der sich trotz der späten Verwerfungen zwischen den beiden stets ein unabhängiges Urteil bewahren konnte, hat in hohem Alter anschaulich beschrieben, wie es zu Beginn der fünfziger Jahre bei Brose zuging.

»Wenn zum Beispiel DKW einen neuen Typ heraus- brachte, dann wurde der Vertreter für DKW dorthin ge- schickt: ›Besorgen Sie mal eine Schnittzeichnung von der Tür!‹ Dann kam die Schnittzeichnung, eine Blaupause. Die wurde oben beim Herrn Lenz auf das Reißbrett geklemmt. Draußen in der Veranda hingen sämtliche bereits vorhan- dene Typen von Kurbelapparaten. Und dann hat man den Entwurf solange da drauf gehalten, bis der paßte. Später sagte man zum Schlosser Mönch: ›Machen Sie mal ein Mo- dell‹, weil der Brose keine Zeichnung lesen konnte. Dann haben sie ein Modell gemacht, solange bis das gepaßt hat. Jetzt wurde der Herr Wank geholt: ›So, nun kalkulieren Sie mal Material und Lohn, was das so ungefähr kostet.‹ Das ha- ben sie dann mit den Meistern zusammengedoktert und einen Rohpreis gemacht. Sagen wir mal 17,35 Mark. Und dann ging Herr Wank zähneklappernd vor Angst zu dem großen Max und sagte: ›Wir müssen mal den neuen Kurbel- apparat vorführen‹. Der Brose hat dann gefragt ›Was soll das kosten?‹ ›17, 35 Mark.‹ Dann hat der zum Fenster rausge- guckt und gesagt: ›22 Mark.‹ Das war dann der Preis. Schluß, aus.«

Max Brose hinterläßt seiner Familie, also den beiden Töch- tern und den beiden Enkeln, ein gut bestelltes Haus. Der Unternehmer war ein bescheidener und sparsamer Mann, für ihn galt: Gediegener Wohlstand ist eine Sache, der dem Neureichtum eigene, protzige Auftritt ist eine andere. Das ging soweit, daß es Brose peinlich war, sich in seinem Mer- cedes 300 SE durch Coburg chauffieren zu lassen. Den Wa- gen hatte er sich zugelegt, weil er sich davon eine Schonung seines notorisch schmerzenden Rückens versprach: Die schwäbische Limousine war die erste, die über eine Luft- federung verfügte.

Als Max Brose stirbt, beschäftigt die Firma knapp 1000 Mitarbeiter, macht einen Umsatz von fast 35 Millionen D-Mark und ist schuldenfrei. Daß sie in Familienbesitz bleiben muß, hat für den Firmengründer nie in Frage gestanden. Wie für einen Patriarchen seiner Generation nicht ungewöhnlich, hätte er sich eine direkte männliche Nachfolge gewünscht. Gewiß, er liebt seine beiden Töchter; aber daß die ältere nur einmal verlobt, aber nie verheiratet gewesen ist, und die jüngere erst einen Kapellmeister und dann einen Schauspieler ehelicht, erfüllt ihn nicht gerade mit Freude. Das ist sicher auch ein Grund unter anderen, warum Max Brose auf den Versuch Ernst Jühlings, seinen Sohn in dem gemeinsamen Unternehmen zu installieren, so sensibel reagiert.

Zum Glück gibt es den Enkel, und auf diesem ruht folglich die Hoffnung des Großvaters. Zwar ist Michael Stoschek noch nicht soweit, doch bittet Max Brose ihn kurz vor seinem Tod, die Führung des Unternehmens so bald wie möglich anzutreten. Bis dahin steht die ältere der beiden Töchter, Gisela Brose, an der Spitze. Das ist naheliegend, kennt sie das Metallwerk doch von innen, seit der Vater sie 1939 erstmals eingestellt hat. Allerdings erklärt sie gleich: »Ich mach's bis zum Sechzigsten.«

Seit dem 1. Januar 1969 firmiert das Metallwerk als Kommanditgesellschaft. Gisela Brose nimmt als Komplementärin alleine die Geschäftsführung wahr, und zwar, so die Vereinbarung, bis zum 30. September 1971. Ihre Schwester Christa, »Hausfrau in Coburg«, wie der Handelsregistereintrag vermerkt, ist »Kommanditist ... ihre Einlage beträgt 5 250 000 DM. Die Firma bleibt unverändert.«

Das gilt auch im übertragenen Sinne, also bezogen auf die geschäftliche Entwicklung und die grundlegenden Entscheidungen. Mit der ersten geht es weiter bergauf; 1970 überschreitet der Umsatz erstmals die Fünfzig-Millionen-Marke, ein Jahr später stehen bereits fast 55 Millionen

Weitsicht:
Max Brose hinterläßt sei-
nen Nachfolgern ein wirt-
schaftlich stabiles und
technisch zukunftsfähiges
Unternehmen.

in den Büchern. Mit grundlegenden unternehmerischen
Entscheidungen hält sich die Geschäftsführerin hingegen zurück, jedenfalls was die technische Ausrichtung der
Firma angeht. Zwar fällt der Einstieg in das Geschäft mit
den Sitzverstellungen in ihre Zeit; doch ist die Weichenstellung noch vor dem Tod Max Broses vorgenommen worden.

Etwas anders sieht es im Bereich der Personalpolitik aus.
Wenn die kurze Ära Gisela Brose Spuren hinterlassen hat,
dann hier. So wird 1971, also in jedem Falle noch von Gisela
Brose vorbereitet, im Metallwerk die betriebliche Alters-
vorsorge eingeführt und die Lehrlingsausbildung auf eine

neue, breitere Grundlage gestellt: 1971 bietet Brose insgesamt 30 Ausbildungsplätze an – 19 gewerbliche, sechs kaufmännische und fünf technische. Die Zahl ist aufschlußreich, weil sie bezogen auf die Gesamtzahl von 1016 Mitarbeitern einschließlich der Auszubildenden beachtlich ist, und weil sie zeigt, in welchen Bereichen es nach der Ära Brose in dieser Hinsicht den größten Nachholbedarf gibt.

Dann sind Gisela Broses Jahre auch schon vorüber. Seit dem 1. Oktober 1971 hat das Metallwerk einen neuen Geschäftsführer, den dreiundzwanzigjährigen Enkel des Firmengründers Max Brose und Neffen seiner Tochter Gisela, Michael Stoschek. Noch im Monat seiner Amtsübernahme setzt er erste Zeichen. So wird die Unternehmensführung, dem Beispiel von Siemens folgend, in vier Bereiche aufgeteilt – Kaufmännischer Bereich, Technik, Fertigung und Vertrieb; 1976 kommt der Bereich Personal- und Sozialwesen als fünfter hinzu.

Was die engsten Mitarbeiter angeht, greift der junge Unternehmer zum einen auf bewährte Stammkräfte zurück und ergänzt den Kreis zugleich um einige neue Gesichter. Der Chefsekretärin Marie-Luise Schrimpf, die ihre Karriere im Metallwerk 1937 als kaufmännischer Lehrling begonnen hat, wurde schon von Max Brose »absolute Zuverlässigkeit, Tüchtigkeit und ... unermüdliche[r] Fleiß – ohne Rücksichten auf Arbeitszeiten und Feiertage« attestiert; sie bleibt, bis sie der Enkel des Firmengründers Anfang 1983 in den wohlverdienten Ruhestand verabschiedet.

Der Rheinländer Jakob Faßbender, der mit 37 Jahren schon eine Karriere bei der AEG hinter sich hat, wird zwar noch von Gisela Brose in die Firma geholt, doch ist dies zugleich die erste Personalentscheidung bei Brose, an der Michael Stoschek beteiligt ist. Der designierte neue geschäftsführende Gesellschafter ist nämlich der Auffassung, daß es an der Zeit sei, einen Diplomkaufmann im Unternehmen zu plazieren, der von außen in die Firma kommt und entsprechende Erfahrungen mitbringt. Mit Faßbender, der zum 1. April 1971 als kaufmännischer Leiter beginnt, am 1. Oktober 1977 zum ersten familienfremden Geschäftsführer bestellt wird und bald als sein Stellvertreter agiert, setzt Stoschek auf einen Mann, auf den bei der schwierigen Neuausrichtung des Unternehmens Verlaß ist. Die Ära Stoschek hat begonnen.

DAS »KRAFTWERK«
Michael Stoschek tritt an
1971–1988

»Es ist der Wunsch meines 1968 verstorbenen Vaters gewesen, daß ich die von ihm gegründete Firma weiterführe, bis sein einziger männlicher Nachfolger, sein Enkel HERR MICHAEL STOSCHEK, nach entsprechender Ausbildung in den Betrieb zurückkehren und dessen Leitung übernehmen kann ... Den Schwerpunkt seiner Aufgabe sieht er im Ausbau unserer Marktposition. Dieses Ziel soll durch besondere Aktivität in den Bereichen Entwicklung und Konstruktion verwirklicht werden.« Dies ist einem Schreiben zu entnehmen, mit dem Gisela Brose am 30. September 1971, einen Tag vor der Übergabe der Geschäftsführung an ihren Neffen, die »Freunde unseres Hauses« über den bevorstehenden Führungswechsel ins Bild setzt.

Der neue Mann an der Spitze des Unternehmens steht damals kurz vor der Vollendung seines dreiundzwanzigsten Lebensjahres. Als Max Brose stirbt, ist er zwanzig. Wenn der Enkel das Unternehmen im Laufe von dreieinhalb Jahrzehnten auch zu neuen Horizonten führt, bleibt Max Brose doch sein bewundertes Vorbild. Der Respekt des Jungen und des Jugendlichen vor der imposanten Erscheinung des Großvaters ist enorm. Dazu trägt gewiß auch das insgesamt distanzierte Verhältnis der Familienmitglieder zueinander bei. Nie wird Michael Stoschek die Besuche im Haus des

Großvaters vergessen, als er, selbstverständlich nach Voranmeldung, mit klopfendem Herzen vor dem eisernen Gartentor stand. Nicht weniger förmlich gestalteten sich übrigens die Besuche bei Tante Gisela: nach Voranmeldung, Sonntag nachmittag, zu Kaffee und – einem Stück – Kuchen.

Der Großvater ist die eigentliche männliche Bezugsperson des Jungen, seit sich die Eltern getrennt haben und sein Vater Walter Stoschek als Erster Kapellmeister an die Dresdener Philharmonie gegangen ist. Mit Manfred Leber, dem zweiten Mann seiner Mutter, versteht sich Michael Stoschek gut, aber den Vater kann dieser nicht ersetzen. Christa Stoschek kennt Manfred Leber aus der gemeinsamen Zeit am Coburger Theater, wo der eingefleischte Junggeselle ein Engagement als Schauspieler hat. Leber ist deutlich älter als seine Frau, gehört fast derselben Generation wie Max Brose an. Schon deshalb, aber auch weil der Schwiegervater froh ist, daß seine Tochter ihre unglückliche erste Ehe hinter sich hat, kommen die beiden gut miteinander zurecht.

Als Manfred Leber wenige Jahre nach der Hochzeit unerwartet stirbt, verliert Christa Leber nicht nur innerhalb kürzester Zeit zum zweiten Mal einen Mann, sie ist auch mit Mitte Dreißig Witwe und hat fortan allein für zwei heranwachsende Kinder zu sorgen. Das ist schon deshalb eine enorme Herausforderung, weil Sohn Michael bereits als Kind alle Merkmale jenes »Kraftwerks« zeigt, als das er auf dem Höhepunkt seiner Karriere als Unternehmer einmal von einem Wirtschaftsmagazin charakterisiert wird.

Und dann besteht die junge Mutter auf ihrer Unabhängigkeit: »Ich hatte sehr wenig Geld, habe ja nichts mehr verdient, war ohne Beruf und Einkommen und mußte sehr darauf achten, über die Runden zu kommen. Ich hätte aber nie zu meinem Vater gesagt, daß ich zu wenig Geld habe, da hatte

Aus eigener Kraft: Max Broses Tochter Christa Leber zieht ihre Kinder Christine und Michael Stoschek alleine groß. Mit von der Partie ist der Hund, hier in der ziehbaren Holzvariante.

ich meinen Stolz ...« Bis der junge Stoschek Abitur macht, gibt es zu Hause keinen Fernseher, und über einen eigenen PKW verfügt die Tochter des Herstellers von Automobilzubehör auch nicht.

Michael Stoschek besucht 1954 zunächst die Luther-, seit 1955 die Pestalozzischule, wo er den Eindruck eines »braven« und »fleißigen« Schülers hinterläßt, geht 1957 auf das Coburger Casimirianum und erhält dort die klassische Ausbildung, unter anderem in Latein und Griechisch. Zu den Hobbies des Jungen gehören das Autofahren und das Reiten. Autos faszinieren ihn. Schon als Kind hat er sich für sie interessiert und seit seinem zwölften Lebensjahr gespart, um für sechs D-Mark die Stunde mit einem Fahrlehrer durch die Gegend fahren zu dürfen.

Und was die Reiterei angeht, so gibt es ja in der Familie

eine gewisse Tradition. Urgroßvater, Großvater und Vater Max Broses hatten während ihrer Militärzeit oder im Rahmen ihrer beruflichen Tätigkeit als Wagenbauer viel mit Pferden zu tun. So gesehen überrascht es nicht, daß schon seine Tochter Christa, dann auch seine Enkel Christine und Michael eine Neigung zu den Tieren entwickeln. Christa Leber sucht ihr Leben lang die Nähe zu den Pferden, ist dabei, wenn ihr Sohn mit zunehmendem Erfolg Turniere reitet, und besucht bis ins hohe Alter hinein die Wettbewerbe in der Gegend.

Allerdings schaffen sowohl sie als auch ihre Kinder erst im zweiten Anlauf den Schwung in den Sattel. Das liegt an einem tragischen Reitunfall in der Verwandtschaft: Eine entfernte Cousine Christas ist bei einem Ausritt im Wald zu Tode gekommen, weil ihr Pferd nach einem Bienenstich durchging und die abgeworfene Reiterin, die sich im Steigbügel verfangen hatte, durch das Gehölz schleifte. Kein Wunder, daß sich Max Brose nur zögernd auf den Wunsch seiner Tochter nach Reitunterricht eingelassen hat.

Ähnlich hält er es mit seinen Enkeln. Außerdem sollen Christine und Michael Stoschek erst einmal das Klavierspiel lernen, weil das damals so üblich ist, weil mit dem leiblichen Vater das Klavier Einzug in die Familie gehalten hat, und weil der Unterricht – bei einer älteren Dame und auf einem geliehenen Klavier – vermeintlich nicht so kostspielig ist wie der Reitunterricht. Aber dann gelingt es Tochter Christine doch, zunächst die pferdebegeisterte Mutter für den Reitunterricht und dann den Großvater dafür zu gewinnen, seinen beiden Enkeln ein eigenes Pferd zu schenken. Allerdings kommt das Mädchen mit diesem nicht zurecht. »Walzer« wirft sie ab, und darin wiederum sieht Bruder Michael eine Herausforderung. Überzeugt, daß sich der fünfjährige Wallach bezwingen lassen müsse, nimmt er sich des Pferdes an. Die Schwester beschränkt sich bald aufs Zuschauen, Michael

Offen für die Welt:
Michael Stoschek vor der
Einschulung 1954.

Stoschek entdeckt seine Leidenschaft für den Turniersport, und die Schule hat gelegentlich das Nachsehen.

Auch zu dieser Zeit gibt es eine späte Erinnerung der Mutter: »Michael hat ... sehr wenig gemacht, ein bißchen schon, wenigstens so viel, dass er nie gefährdet war. Ich hatte dabei ein Druckmittel, nämlich seine Liebe zum Reiten ... Ich machte Michael klar: ›Du darfst nur zum Turnier, wenn die Versetzung nicht gefährdet ist!‹« Selbst wenn er nur noch Vieren, Fünfen oder gar Sechsen geschrieben hätte, wäre ihr das egal gewesen, »wenn nur die Versetzung gesichert war. Ich war so geizig mit der Zeit, weil ich immer die Firma Brose im Hinterkopf hatte, daß er um Gotteswillen bloß kein Jahr aus Faulheit in der Schule verschenkt.«

Das tut der dann auch nicht. Zwar konnte sich der »etwas eigenwillige Schüler ... nicht immer zu intensivem Arbeiten aufraffen«, wie es im Abschlußzeugnis heißt; auch »schöpfte er seine Leistungskraft nicht voll aus«. Doch macht Michael Stoschek im Sommer 1967 sein Abitur, und da er erst im

Herbst seiner Wehrpflicht nachkommen muß, beginnt er im großväterlichen Betrieb eine Lehre. So will es Max Brose. Wäre es nach ihm gegangen, hätte die Bundeswehr ein Einsehen haben und den Enkel für die Übernahme der Geschäfte freistellen müssen. Indessen führt selbst Max Broses Intervention beim Kreiswehrersatzamt nicht zum Erfolg. Also dient Michael Stoschek zunächst bei den Panzergrenadieren und wendet sich dann seiner beruflichen Zukunft zu.

Da ein Hochschulstudium, aber auch der geplante längere Auslandsaufenthalt wegen der für 1971 ins Auge gefaßten Übernahme der Firmenleitung nicht in Frage kommen, entscheidet sich der junge Stoschek für eine Stammhauslehre bei Siemens. Der künftige Unternehmer stürzt sich mit ganzer Kraft und Energie in die Aufgabe, weiß er doch, daß ihm einstweilen jedwede praktische Erfahrung fehlt, um einen Betrieb mit 1000 Mitarbeitern zu führen. So durchläuft er in zwei Jahren fünf Standorte des Konzerns, lernt diesen von allen Seiten und aus unterschiedlichen Perspektiven kennen und schließt die Ausbildung als Bester von mehr als 200 Absolventen ab. Und weil ihm bis zur Übernahme des von der Tante geführten Betriebs noch ein halbes Jahr bleibt, geht Stoschek als Assistent des Werkleiters nach Neustadt bei Coburg. Das dortige Siemens-Werk wird damals von Peter Jühling geleitet. Gut zehn Jahre, nachdem sich die Wege Max Broses und seines Partners Ernst Jühling getrennt haben, kreuzen sich so diejenigen von Broses Enkel und Jühlings Sohn.

Als Michael Stoschek zu Siemens kommt, beendet Dietmar Volkmann dort gerade seine Stammhauslehre. Und weil die beiden sich damals gut verstehen und auch die Leidenschaft für die Reiterei teilen, bringt der Brose-Enkel den Sohn eines Physikprofessors mit seiner Schwester Christine zusammen. So lernen sich Christine Stoschek und der fast gleichaltrige Dietmar Volkmann kennen. Volkmann studiert damals noch Betriebswirtschaftslehre, ergreift dann den Beruf des Steuerberaters und macht sich selbständig.

Christine ist ihrem Bruder wie ihrem Mann beruflich einige Schritte voraus. Sie hat in Coburg das Alexandrinum besucht, dort auch 1963 das Abitur abgelegt, und ist dann zum Studium an die Pädagogische Hochschule in München-Pasing gegangen. Eigentlich hatte sie medizinischtechnische Assistentin werden wollen. Weil sie aber nun schon einmal das Abitur in der Tasche hat, drängt die Mutter sie zum Studium. Also wird sie Lehrerin, übt den Beruf auch einige Jahre aus, bis die erste Tochter zur Welt kommt. An eine Laufbahn in der Firma hat sie, von der Rolle der Gesellschafterin abgesehen, nie gedacht. Und gedrängt wurde sie schon deshalb nicht, weil mit dem jüngeren Bruder der Nachfolger von Max und Gisela Brose feststand.

Also übernimmt Max Broses Enkel Michael Stoschek das Ruder des Metallwerks – und mit ihm eine enorme Verantwortung. Aus dem Schatten des Großvaters und Namengebers herauszutreten, ist nicht einfach. Max Brose hat nicht nur über Jahrzehnte hinweg an der Spitze seines Unternehmens gestanden, sondern er war in dieser Zeit auch ein hochangesehener Bürger der Stadt Coburg, außerdem geschätztes Mitglied der Industrie- und Handelskammer, über viele Jahre hinweg als ihr Präsident, seit 1955 als ihr Ehrenpräsident und seit 1964 auch als Träger ihrer Ehrenmedaille.

Die Spuren, die er im wirtschaftlichen, gesellschaftlichen und politischen Leben der Stadt hinterläßt, sind groß – zu groß für den Nachfolger, finden die Unternehmer der Stadt und des Umlandes und rümpfen angesichts des zeittypisch langhaarigen, nicht einmal vierundzwanzigjährigen neuen Firmenchefs die fränkischen Nasen. Auf einen Typen wie Stoschek wirkt solches Verhalten allerdings nicht entmuti-

gend, sondern im Gegenteil gerade motivierend. Weil er für
die anderen ein Newcomer, ein Aufsteiger ist und weil er
gleich zu Beginn seiner unternehmerischen Laufbahn in be-
sagtes kaltes Wasser springen muß, gibt es für ihn nur den
Erfolg. Sein Leben lang kennt er keine andere Situation.

Michael Stoschek ist ein couragierter, zupackender Mann,
aber er ist kein Hasardeur. »Ich bin ein sehr vorsichtiger
Mann«, sagt er auf dem Höhepunkt seiner Karriere: »Ich
springe nicht aus dem Fenster und schaue, ob der Schirm
aufgeht.« Es bedarf wohl einer solchen Einstellung, um in
vergleichsweise jungen Jahren einer Aufgabe wie dieser gewachsen zu sein. Denn der neue Geschäftsführer des Coburger Metallwerks muß zum einen darauf achten, daß die
von seinem Großvater begründete Tradition fortgeschrie-
ben wird. Familienunternehmen vertragen keine radikalen
Kurswechsel. Zum anderen hat Stoschek den sich schnell
ändernden technischen, wirtschaftlichen, aber auch politischen Rahmenbedingungen Rechnung zu tragen.

Am 1. Oktober 1971 übernimmt Michael Stoschek die Geschäftsführung von seiner Tante Gisela Brose. Das ist eine
interessante Situation und eine für Familienunternehmen
ungewöhnliche Konstellation. Denn genaugenommen über-
springen die Broses eine, nämlich die zweite Generation. Alle
Beteiligten – der Firmengründer, seine Tochter und ihr
Neffe – sind sich von Anfang an einig, daß die Geschäftsführung Gisela Broses eine kurze Zeit, eine Phase des Übergangs
und des Verwaltens sein soll. Die Übergabe der Firmenge-
schäfte beschränkt sich dann auch auf eine fünfminütige
Schlüsselübergabe. Gisela Brose, die das Unternehmen weniger aus Neigung und Leidenschaft als vielmehr aus Pflicht-
erfüllung geführt hat, ist damit die Verantwortung los, und
ihr Neffe kämpft mit dem kalten Wasser.

Genaugenommen ist er Geschäftsführer der Brose Ver-

1. Oktober 1971: Mit dem Schlüssel übernimmt Michael Stoschek,
23 Jahre alt, von seiner Tante Gisela Brose die Geschäftsführung und die
Verantwortung für das Unternehmen.

waltungsgesellschaft mbH. Diese ist zum 1. Oktober 1971,
dem Tag der Schlüsselübergabe, als voll haftende Gesellschafterin der Firma Metallwerk Max Brose & Co. an die
Stelle von Gisela Brose getreten, die seither – wie schon ihre
Schwester Christa Leber – mit einer Einlage von drei Millionen D-Mark als Kommanditistin fungiert. Wenige Wochen später tun die beiden Töchter Max Broses den entscheidenden zweiten Schritt: Am 22. Dezember 1971 übertragen
sie ihre Geschäftsanteile auf Michael Stoschek und seine
Schwester Christine, und am 18. Februar 1972 scheiden sie
als Kommanditisten aus der Firma aus.

Damit haben sich die beiden Schwestern, namentlich die
ältere, nicht nur endgültig aus der operativen Verantwortung
für das Unternehmen zurückgezogen; sie haben es auch ohne
Wenn und Aber der nächsten, der dritten Generation über-

tragen. Das ist nicht nur dann ein beispielloser Vorgang, wenn man bedenkt, wie zäh sich dieser Prozeß in aller Regel gestaltet. Natürlich hat dabei auch die Überlegung eine Rolle gespielt, frühzeitig das Problem hoher Erbschaftssteuerzahlungen zu umgehen. Aber sie alleine erklärt die Entscheidung der beiden Damen nicht. Wer ohne Not und Zeitdruck sowohl die Führung des Geschäfts als auch dieses selbst in die Hände eines nicht einmal Vierundzwanzigjährigen legt, muß diesem vertrauen, und der wiederum muß sich die Führung eines solchen Unternehmens nicht nur zutrauen. Er muß sie auch wollen.

Michael Stoschek tut das eine und will das andere. Und so wird im Herbst des Jahres 1971 ein neues Kapitel aufgeschlagen, in der Geschichte des Metallwerks Max Brose & Co. wie im Leben des neuen geschäftsführenden Gesellschafters. Wie grundlegend der Neuanfang gewesen ist, zeigt sich aus der Distanz einiger Jahrzehnte natürlich deutlicher, als es den Zeitgenossen und wohl auch dem neuen Mann an der Spitze des Unternehmens bewußt gewesen sein muß.

Das gilt auch für das Privatleben Michael Stoscheks. Denn kaum daß er die Geschäftsführung übernommen hat, heiratet er Gabriele Kowatzek. Da sich ihre Mütter kennen, seit sie in derselben Klasse die Schulbank gedrückt haben, wissen die beiden schon seit Kindesbeinen voneinander. Wirklich kennen lernen sie sich allerdings erst zum Ende ihrer Schulzeit. Nachdem Michael Stoschek seine Verlobte auch dem in Freiberg lebenden Vater vorgestellt hat, geht der Vierundzwanzigjährige am 25. März 1972 in Coburg den Bund fürs Leben ein. Anders als die Ehe seiner Eltern wird seine eigene zum tragenden Pfeiler seines Lebens.

Gabriele Stoschek, am 18. Juli 1948 in Coburg geboren, wächst wohlbehütet, wenn auch – wie ihr späterer Ehemann –

An seiner Seite: Gabriele Stoschek – hier mit ihrem Mann 1981 auf dem Ball der Automobilindustrie in Frankfurt am Main – unterstützt tatkräftig die Aktivitäten des Coburger Unternehmers.

eigentlich ohne Vater auf. Der leibliche, der aus Oberschlesien stammt, erliegt wenige Jahre nach der Geburt der einzigen Tochter den Folgen einer schweren Kriegsverletzung, und auch der Stiefvater stirbt in frühen Jahren. Die junge Frau schließt ihre Schulausbildung in Coburg ab, erlernt den Beruf der Auslandskorrespondentin und arbeitet dann bei der Coburger Firma Somso, die anatomische, zoologische und botanische Modelle herstellt und in alle Welt exportiert.

Mit der Geburt der Kinder konzentriert sie sich auf die Familie und hält ihrem Mann nicht nur in dieser Hinsicht den Rücken frei. Wenn jemand den Weg des Unternehmers Michael Stoschek aus engster Nähe verfolgt hat, dann ist es seine Frau Gabriele. Von Anfang an nimmt sie diskret, aber wirkungsvoll an der Entwicklung der Firma teil. Später, als die Kinder aus dem Haus sind, macht sie sich einige Jahre lang an der Coburger Fachhochschule mit den Herausforderungen der Innenarchitektur vertraut. Die Firmengebäude der jüngsten Generation und die Außenanlagen in Coburg, aber auch das Corporate Design des inzwischen weltweit tätigen Unternehmens tragen ihre Handschrift.

Und dann hat Gabriele Stoschek einen nicht geringen Anteil daran, daß die Geschichte der Firma und der Familie aufgeschrieben und aufgehoben wird. Früh schon entwikkelt sie eine enge Beziehung zu ihrer Schwiegermutter, die bis zum Lebensende Christa Lebers trägt. Das Fundament bildet eine Weltreise, welche Schwiegermutter und Schwiegertochter wenige Monate nach deren Hochzeit unternehmen. Eigentlich hatte Christa Leber mit ihrer Schwester reisen wollen, weil Gisela Brose aber die vorbereitenden Impfungen nicht verträgt, übernimmt Gabriele Stoschek den Part der Reisebegleiterin.

Später drängt sie die Schwiegermutter, ihr ereignisreiches Leben für ihre Kinder und Enkel festzuhalten, ergreift im Frühjahr 2003 schließlich die Initiative, zeichnet ein langes Gespräch mit Christa Leber auf, ergänzt es um weitere Interviews, unter anderem mit Irmgard Schneider, der engsten Vertrauten und Freundin ihrer Schwiegermutter, außerdem um Passagen aus den unveröffentlichten Memoiren Walter Stoscheks, und sichert so ein wichtiges Stück Erinnerung an ein frühes Kapitel in der Geschichte der Unternehmerfamilie Brose.

Wo aber verläuft in einem familiengeführten Unternehmen die trennende Linie zwischen der einen und dem anderen, zwischen der Familie und dem Betrieb? Gibt es sie überhaupt? Welche Auswirkungen die Bindung an das Unternehmen auf das Privatleben haben kann, zeigt der Austritt

Michael Stoscheks aus der evangelischen Kirche. Denn daß er ihr im April 1974 den Rücken kehrt, läßt keine Rückschlüsse auf seine kirchliche oder religiöse Einstellung zu, sondern ist seine Konsequenz aus der steuerlichen Situation. Weil das Unternehmen eine Personengesellschaft ist, erhebt die Kirche ihren Steueranspruch nicht nur auf die ausgeschütteten, sondern auch auf die thesaurierten Gewinne.

Das mag der geschäftsführende Gesellschafter nicht einsehen, ist doch der nicht ausgeschüttete Löwenanteil des Gewinns für Investitionen in den Betrieb vorgesehen. Also erklärt Michael Stoschek auf Anraten des Dekans seinen Austritt aus der Kirche – und führt die fortan nicht mehr zu zahlende Kirchensteuer gemeinnützigen Zwecken zu. Und weil es sich dabei nicht um ein einmaliges, sondern um ein dauerhaftes Engagement handelt, kann der »Förderkreis Ahorn«, den Stoschek und seine Frau damals ins Leben rufen, in ihrer Heimatgemeinde heute unter anderem drei Bürger- beziehungsweise Jugendhäuser mit fest angestelltem Personal unterhalten.

So knapp die Zeit auch bemessen war, die Michael Stoschek zur Verfügung stand, um sich auf die neue Verantwortung vorzubereiten, so konsequent hat er sie doch genutzt und sich mit den Problemen familiengeführter Unternehmen vertraut gemacht, namentlich solcher in der dritten Generation. Kaum daß die Geschäftsführung in seinen Händen liegt, setzt er an der Nahtstelle von Unternehmen und Familie an und sorgt für klare Verhältnisse. Das Ergebnis ist eine vertragliche Absprache mit seiner Schwester, ein Gesellschaftsvertrag, der zum 1. Januar 1974 in Kraft tritt und sich an Stoscheks oberster Maxime orientiert, »das Unternehmen vor seinen Gesellschaftern zu schützen«.

Als diese Maxime zum ersten und einzigen Mal wegen einer Differenz zwischen den Geschwistern vor einer Anwendung steht, schreibt der geschäftsführende Gesellschaf-

ter an Christine Volkmann und bringt das Prinzip Mitte Juni
1975 auf den Punkt: »Unter der Voraussetzung, daß keine
Bereitschaft besteht, a) persönliche Interessen denen des
Unternehmens im *Zweifelsfall* unterzuordnen, b) die Meinung des Unternehmens, also der Geschäftsführung, der
leitenden Mitarbeiter und freier Berater, c) die Meinung
aller übrigen Mitglieder der Gesellschafterversammlung zu
respektieren, halte ich es für besser, daß die Seite, die sich
den Notwendigkeiten a-c nicht bereit ist anzupassen, aus
der ›gemeinsamen‹ Gesellschaft ausscheidet, als den Bestand der Firma durch dauernde Unstimmigkeiten der Ka-
pitaleigner zu gefährden.«

Dahinter steckt nicht etwa der Versuch Michael Stoscheks, die Schwester aus dem Kreis der Gesellschafter zu
drängen, sondern ganz im Gegenteil die Absicht, Christine
Volkmann durch ein nicht akzeptables Abfindungsangebot
im Unternehmen zu halten. Der geschäftsführende Gesellschafter hängt an seiner älteren Schwester, will sie in der
Firma an seiner Seite wissen. Er ist nun einmal, wie diese im
Rückblick auf das Ereignis sagt, ein »Familienmensch«.
Aber er läßt eben auch von Anfang an keinen Zweifel aufkommen, wer im Metallwerk Max Brose & Co., Coburg,
seit Beginn der siebziger Jahre die Regie führt.

Natürlich gilt die Maxime Stoscheks, »das Unternehmen
vor seinen Gesellschaftern zu schützen«, auch für ihn selbst.
So werden, dem Rat Jakob Faßbenders folgend, die Bilanzen seit 1973 von einem Wirtschaftsprüfer testiert. Und weil
der junge Geschäftsführer der Brose Verwaltungsgesell-
schaft nicht nur den übrigen Gesellschaftern Rede und Antwort stehen, sondern sich und seine unternehmerische Strategie außerdem durch einen unabhängigen Sachverstand
prüfen und beurteilen lassen will, ruft er einen Beirat ins
Leben. Ende Januar 1976 wird das Gremium durch eine
Änderung des Gesellschaftsvertrages und mit einer eige-

nen Geschäftsordnung auf ein definiertes Fundament gestellt.

Der dreiköpfige Beirat, dessen Mitglieder »möglichst eine unterschiedliche Vorbildung (kaufmännisch, technisch) haben« sollen, ist hochkarätig besetzt. Rolf Liertz, der seit Mai 1977 den Vorsitz führt, hat sich im Laufe der Jahre nicht nur einen Namen als Vorstandsmitglied unter anderem bei den Saarbergwerken, Reemtsma oder der Altana AG, sondern auch als Industrieberater gemacht, war unter anderem der erste deutsche Berater bei McKinsey. Schon seit Oktober 1975 mit von der Partie ist der Stuttgarter »Automatisierungspapst« Professor Hans-Jürgen Warnecke, der unter anderem das Fraunhofer-Institut für Produktionstechnik und Automatisierung leitet, im März 1995 den Beiratsvorsitz von Liertz übernimmt und dem Gremium bis Ende 2006 angehört.

Die beiden sind maßgeblich daran beteiligt, als die Gesellschafter die Konsequenz aus der Krisensituation des Frühsommers 1975 ziehen und sich einen neuen Vertrag geben. Als dessen geistiger Vater darf der Frankfurter Rechtsanwalt und Notar Günter Paul gelten, der es im Laufe seiner glanzvollen Karriere bis zum Präsidenten des hessischen Staatsgerichtshofes bringt und Michael Stoschek viele Jahre lang mit Rat und Tat zur Seite steht. In enger Abstimmung mit den Gesellschaftern und den Mitgliedern des Beirats, namentlich mit Rolf Liertz, der die Verbindung zu Stoschek hergestellt hat, arbeitet Paul den neuen Gesellschaftsvertrag aus, der zum 1. Januar 1980 in Kraft tritt.

Er legt unter anderem fest, daß nur den direkten Nachkommen Max Broses ein Anteil am Vermögen zusteht, daß diese als Gesellschafter nicht mehr als zehn Prozent des Gewinns entnehmen und sich bei ihren Versammlungen nicht durch angeheiratete Familienmitglieder vertreten lassen dürfen. Nicht zuletzt aber definiert der Gesellschaftsvertrag die Rolle des Beirats neu. Wie ernst Stoschek es mit diesem Gremium meint, zeigt dessen Kompetenz: So entscheidet der Beirat, allerdings nur einstimmig, bei einer Patt-Situation zwischen den beiden gleichberechtigten Familienstämmen. Außerdem ergänzt er sich für den Fall autonom, daß die Gesellschafter nicht gewillt oder in der Lage sein sollten, in einer bestimmten Zeit ein neues Beiratsmitglied zu nominieren. Daß die eine wie die andere Situation in drei Jahrzehnten nicht einmal eingetreten ist, spricht für die erstaunliche Harmonie zwischen den beiden Familienstämmen, aber auch für die Entschlossenheit, solche Situationen erst gar nicht eintreten und damit den familienfremden Beirat unter Umständen folgenreiche Entscheidungen treffen zu lassen.

Keine Frage also: Die Übernahme der Geschäftsführung durch den Enkel Max Broses markiert in fast jeder Hinsicht einen Neubeginn. Das gilt nicht zuletzt für den Führungsstil, der sich deutlich von dem seiner beiden Vorgänger abhebt. Nach der auf Ausgleich bedachten Tochter des Firmengründers führt jetzt ein ungeduldiger, nach vorne drängender Mann die Regie. Daß seine impulsive, manchmal auch ruppige Art die Kehrseite jener fast unbegrenzten, jedenfalls ungebremsten Energie ist, mit der Stoschek das Unternehmen in dreieinhalb Jahrzehnten zu ungeahnten Erfolgen führt, zeigt sich später; damals sind nicht wenige von den Auftritten des jungen Mannes irritiert.

Am Anfang steht eine Bestandsaufnahme. Sie zeigt, daß der Betrieb zwar schuldenfrei und profitabel, allerdings auch in die Jahre gekommen ist. Eine Organisationsstruktur, die diesen Namen verdiente, gibt es nicht, von einer elektronischen Datenverarbeitung gar nicht zu reden. Die Gebäude haben bessere Zeiten gesehen, und auch die Maschinen sind in die Jahre gekommen. Als das Frankfurter Battelle-Institut im Mai 1972 bilanziert, daß 70 Prozent der

Maschinen älter als 17 Jahre sind, reagiert die Firmenleitung umgehend: Vier Jahre später sind es weniger als 30 Prozent. Zu den Investitionen der Jahre 1972 bis 1975, die sich auf mehr als zwölf Millionen D-Mark belaufen, gehört auch der Einstieg in die Datenverarbeitung: Anfang Oktober 1973 wird der erste Computer angeschafft.

Fortan bleibt Brose mit der sich zusehends beschleunigenden Entwicklung in diesem Bereich stets auf Augenhöhe: 1977 geht der erste größere Rechner in Betrieb, und schon im Herbst 1985 schaffen sie in Coburg das Großrechnersystem IBM 4381 an: LOGIS – »Logistik und Organisation mittels eines gesamtintegrierten Informations-Systems« – trägt den wachsenden Kundenanforderungen in den Bereichen Versand, Fertigungsablauf und Materialmanagement Rechnung. Und zum Jahreswechsel 1988/89 kommt bei Brose – und damit erstmals in der Bundesrepublik überhaupt – die Großrechenanlage IBM 3090-18 S zum Einsatz. Mit sieben Millionen D-Mark ist das bezeichnenderweise die größte Einzelinvestition in der Unternehmensgeschichte seit der Errichtung von Werk 2, mit der Mitte der siebziger Jahre – damals noch unter der Bezeichnung »Werk 4« – begonnen wird.

Allerdings beziehen sich die frühen Weichenstellungen Stoscheks nicht nur auf den technischen Bereich im weitesten Sinne. Der Jungunternehmer weiß, wo das größte Kapital des familiengeführten Unternehmens liegt: Weil zufriedene Mitarbeiter gute Mitarbeiter sind, versucht er durch eine Reihe von Entscheidungen die traditionell hohe Motivation der Brosianer auch in Zukunft auf hohem Niveau zu halten. Dazu gehören scheinbar kosmetische Maßnahmen. So läßt Stoschek die verklinkerten, düster wirkenden Werksgebäude verputzen und weiß streichen, ein erster Schritt hin zu einem Unternehmen, das in den kommenden Jahrzehnten auch bei Design und Architektur Maßstäbe setzen wird.

Vergleichbares gilt für die Sozialpolitik. So übersteigen schon seit 1971 die freiwilligen Sozialaufwendungen regelmäßig die gesetzlichen. Zwischen 1971 und 1973 werden jährlich knapp 3000 D-Mark für jeden Mitarbeiter zusätzlich an sozialen Leistungen aufgewandt; im gleichen Zeitraum steigt das monatliche Einkommen um durchschnittlich 16,9 Prozent. Insgesamt steigen die Personalkosten allein von 1972 auf 1973 um 23 Prozent auf 23,6 Millionen D-Mark. Das ist auch dann noch beachtlich, wenn man das beträchtliche Wachstum des Umsatzes von knapp 59 auf gut 64 Millionen D-Mark und die Zunahme der Beschäftigten von 991 auf 1066 in Rechnung stellt.

Kein Wunder, daß der Betriebsrat, dessen Ansprech- und Verhandlungspartner Jakob Faßbender ist, die Politik der Geschäftsführung weitgehend unterstützt, zumal sich die neue Garde von Anfang an auch um den Nachwuchs kümmert. So wird im Juni 1972 die neueingerichtete Lehrwerkstatt des Metallwerks eröffnet. Damit steigt auch die Zahl der Ausbildungsplätze. Stellt Brose 1972 insgesamt 35 Ausbildungsplätze zur Verfügung, sind es 1975 deutlich mehr als 50, und Anfang der achtziger Jahre steigt die Zahl auf über 100. 1980 erlernen erstmals zwei Frauen den Ausbildungsberuf »Werkzeugmacher«.

In den achtziger Jahren hat sich der hohe Ausbildungsstand bei Brose weit über die Stadtgrenzen hinaus herumgesprochen. Das führt zu einer enormen Nachfrage. 1986 beschäftigt Brose insgesamt fast 170 Auszubildende und bringt dafür jährlich rund zwei Millionen D-Mark auf. Dem Zeitgeist entsprechend drängen immer mehr von ihnen in die Fachabteilungen, während die Fertigung, das langjährige Zugpferd des Metallwerks, offenbar auf die Vertreter der jüngeren Generation nicht mehr so attraktiv wirkt wie noch während der siebziger Jahre.

Zu den qualitätssichernden Besonderheiten dieser Aus-

Noch bescheiden, aber schon gut versorgt: Sozialeinrichtungen – hier die Kantine des Werkes 1 in Coburg Mitte der sechziger Jahre – hatten bei Brose stets einen hohen Stellenwert.

bildung gehören unter anderem ein Eignungstest nach firmeneigener Methode und der enge Kontakt zu den Eltern der Lehrlinge. Haben die Bewerber es erst einmal geschafft, wartet auf die Jung-Brosianer ein solides Ausbildungsprogramm. Bis heute hat die Lehrlingsausbildung ihren Ort im traditionellen Zentrum des Firmensitzes, in jenem Gebäude, in dem sich einst Max Brose und Ernst Jühling ihr Büro teilten. In den siebziger Jahren gehören zur Ausbildung auch gemeinsame Reisen, darunter der siebentägige Besuch eines Jugenddorfes, und natürlich: ein umfassendes Sportprogramm.

Nicht ganz zufällig wird auch der Sport bei Brose seit Beginn der siebziger Jahre großgeschrieben. Schon seit einiger Zeit gibt es eine Fußballmannschaft, die übrigens 1976 nach einem Sieg über die HUK-Auswahl erstmals den von der

Brose-Geschäftsführung gestifteten Wanderpokal gewinnen kann. 1973/74 kommen Kegeln, Tischtennis, Tennis und Handball dazu; 1978 wird die erste Brose Tennis-Meisterschaft ausgetragen, 1980 wird das Radrennen ins Brose-Sportprogramm aufgenommen, und im gleichen Jahr finden erstmals die firmeneigenen Skimeisterschaften statt. An beiden Wettbewerben nimmt auch Michael Stoschek teil.

Wenn auch über die Jahre und Jahrzehnte hinweg einige Sportarten in den Hintergrund treten und andere neu hinzukommen, behält der Betriebssport bei Brose doch insgesamt seine herausragende Stellung und namentlich der Fußball seine Favoritenrolle: 2006 sind weltweit mehr als 2000 Mitarbeiter, immerhin ein Viertel der Belegschaft, in rund 20 Sportarten aktiv. Und als Brose im Jahr der Fußballweltmeisterschaft zum neunten Mal seine eigene Fußballmeisterschaft austrägt, nehmen zwölf Mannschaften aus sechs Standorten teil, von denen das Team »Zentralfunktionen Coburg« schließlich im Sommer 2006 den Titel holt.

Selbstverständlich werden seit den neunziger Jahren, seit Brose ein international aufgestelltes Unternehmen ist, viele Sportveranstaltungen und Wettkämpfe weltweit ausgetragen. »Das sind natürlich tolle Erfahrungen für unsere Belegschaft«, erzählt Stoschek nach seinem Rückzug aus dem operativen Geschäft: »Wir haben miterlebt, wie Mitarbeiter aus Asien und Südamerika das erste Mal in ihrem Leben ein Flugzeug bestiegen und einen Intercontinental-Flug hinter sich gebracht haben, um an einer solchen Veranstaltung teilzunehmen. Dies alles sind Maßnahmen, die das Gefühl der Zusammengehörigkeit fördern sollen.«

Diese Überzeugung leitet den jungen Firmenchef lange, bevor er sein Unternehmen in die Welt führt, und natürlich muß der »Teamchef« selbst, wie er 2006 sagt, »die Truppe zum Laufen bringen«, und das »mit möglichst viel Begeisterung und vor allem dauerhaft«. Der Leistungssportler

Stoschek kennt die motivations- und teamfördernde Wirkung des Wettkampfs und weiß, daß sich Wettbewerbsdenken und Leistungsbereitschaft auf diese Weise trainieren lassen.

Und dann gibt es natürlich einen engen Zusammenhang von Gesundheit und Sicherheit. Bald sind Arbeitsunfälle und Berufskrankheiten deutlich reduziert, so daß Brose 1973 auf diesem Gebiet um 50 Prozent unter dem berufsgenossenschaftlichen Durchschnitt liegt, 1974 sogar um 70 Prozent. Und weil nichts von selbst geschieht, vieles aber durch Motivation in Gang gebracht beziehungsweise in Bewegung gehalten werden kann, zahlt die Firmenleitung 1977 eine Anerkennungsprämie für die fortgesetzte Verringerung von Unfällen.

Überhaupt spielt das Prämiensystem bei Brose seit Beginn der Ära Stoschek eine zunehmend wichtige Rolle. So werden seit den siebziger Jahren Vorschläge zur Verbesserung der Betriebssicherheit ausgezeichnet, und natürlich erfahren auch bei Brose Verbesserungsvorschläge im Entwicklungs- und Produktionsbereich eine besondere Beachtung und Förderung. Um die Effektivität in diesem wichtigen Bereich zu erhöhen, faßt die Firmenleitung den Komplex in einem sogenannten Verbesserungsvorschlagswesen mit eigener Referentenstelle zusammen. Wurden die Erfindungen der Mitarbeiter anfänglich nach einem festliegenden System vergütet, das für den ersten Preis neben einer Prämie von 3000 D-Mark auch gelegentliche Sondervergütungen wie einen Farbfernseher oder eine vierzehntägige Flugreise nach Mallorca – für zwei Personen und mit Taschengeld – vorsah, geht man jetzt zu Prämien über, deren Höhe sich nach dem Gewicht des Vorschlags richtet. Zu Jahresbeginn 1984 erzielt Michael Schiemann den damaligen Rekord von immerhin 47 500 D-Mark.

Solche Nachrichten verdienen es, bekanntgemacht zu werden, schon weil gut informierte Mitarbeiter in aller Regel besser motiviert sind als solche, die nicht wissen, was in ihrem Betrieb vor sich geht. Also bringt der Jungunternehmer 1973 mit *brose intern* eine Firmenzeitschrift auf den Weg. Es ist der dritte Anlauf in der Firmengeschichte, nachdem es *Die Kurbel* 1949 und 1950 nur zu zwei Weihnachtsausgaben und die *Brosette Nachrichten* 1956 lediglich zu einer einzigen Ausgabe gebracht haben. Das neue Produkt ist ziemlich professionell gemacht und – wohl auch deshalb – beständig. Die Zeitschrift will ihre Mitarbeiter nicht nur, wie es 1973 in der ersten Ausgabe heißt, »stärker am Betriebsgeschehen teilhaben lassen«, sondern ihnen auch eine Publikationsmöglichkeit geben: Selbstverfaßte Artikel sind ausdrücklich willkommen.

Das alles spricht für das Bemühen des familiengeführten Unternehmens, seine Mitarbeiter so eng und so dauerhaft wie möglich an das Haus zu binden. In den siebziger Jahren feiern vier Mitarbeiter ihr vierzigjähriges und mit Oskar Carl, dem Meister der Fensterhebermontage, 1975 sogar einer sein fünfzigjähriges Betriebsjubiläum. Der nicht einmal dreißigjährige Firmenchef ehrt den langjährigen Mitarbeiter seines Großvaters, und der wiederum bedankt sich mit einer Geste – der Überreichung des fünfzigmillionsten Fensterhebers an den jungen Chef –, die eben auch zeigt, daß sich Michael Stoschek bei allen Veränderungen, die er in Angriff nimmt, auf dem soliden Fundament bewegen kann, das Max Brose geschaffen hat.

Im Grunde gilt das auch noch für die erste große Auszeichnung, die Brose 1972 erhält. Zum erstenmal verleiht Opel dem Metallwerk den Titel »Bester Lieferant des Jahres«. Es ist nicht die letzte Auszeichnung dieses Herstellers, und Opel bleibt nicht der einzige, der Brose in den kommenden Jahren ehrt: Mehr als zehn Mal haben allein die

Rüsselsheimer die Coburger seither mit dem begehrten Titel dekoriert, und es gibt kaum einen deutschen Hersteller – vom größten in Wolfsburg, bis zum kleinsten, aber feinsten in Zuffenhausen –, der es ihnen nicht irgendwann gleichgetan hätte.

Hinter diesen Erfolgen stecken Mut zur Innovation und Respekt vor der Tradition, stecken Können, Fleiß und nicht zuletzt: ein gehöriges Maß an Selbstbewußtsein. Daß sich Stoschek damit nicht nur Freunde macht, liegt auf der Hand; daß er damit auffällt, allerdings auch. So ist es kein Zufall, daß die überregionale Presse, in diesem Falle die *Frankfurter Allgemeine Zeitung*, auf das Unternehmen aufmerksam wird, nachdem er die Geschäftsführung übernommen hat: Auf der 45. Internationalen Automobilausstellung in Frankfurt am Main bezeichnet sich das Metallwerk im September 1973 »selbst als größter deutscher Produzent von mechanischen und automatischen Scheibenheber-Systemen für Kraftfahrzeuge«.

Was ist wohl damals die größere Herausforderung für den Jungunternehmer gewesen? Mit der so geweckten öffentlichen Erwartung Schritt zu halten oder mit der großen Krise fertig zu werden, die wenige Wochen später die Automobilindustrie, also auch die Zulieferer erfaßt? Denn auch das gehört zur Geschichte dieses Unternehmens und dieses Unternehmers: Kaum hat Michael Stoschek das Steuer in der Hand, wird die Branche weltweit von einem schweren Schlag getroffen, der als erste Ölkrise Karriere gemacht hat.

Als am 6. Oktober 1973, dem jüdischen Feiertag Jom-Kippur, ägyptische und syrische Verbände Israel überraschend angreifen, beginnt innerhalb nur eines Vierteljahrhunderts der vierte Nahost-Krieg. Obgleich er nach drei Wochen, als Israel das Heft des Handelns wieder in der Hand hat, auf amerikanischen Druck durch eine Waffenruhe beendet werden kann, hat der Oktober- beziehungsweise Jom-Kippur-Krieg beträchtliche Folgen. Dazu zählen die Hinwendung Ägyptens unter seinem Präsidenten Anwar as-Sadat zum Westen und zum Ausgleich mit Israel; dazu gehört aber auch, daß die inzwischen von der Last des Vietnamkriegs befreiten USA ihren europäischen Partnern klarmachen, wer im transatlantischen Bündnis den Ton angibt: Ohne Amerika, das läßt dieser Krieg einmal mehr deutlich werden, ist die Zufuhr des Öls aus dem Nahen Osten kaum zu sichern.

Denn die schwere Öl- und Energiekrise, die sich an den Nahost-Krieg anschließt, zeigt, wie sehr man aufeinander angewiesen ist – schon weil alle, Europäer wie Amerikaner, gleichermaßen unter ihr zu leiden haben. Ausgelöst wird sie im Herbst 1973 durch eine Serie drastischer Maßnahmen der erdölexportierenden Länder des Nahen Ostens, darunter ein länger dauernder Lieferboykott gegen die USA und die Niederlande, von dem auch die Bundesrepublik betroffen ist, weil der nahöstliche Ölnachschub zu einem großen Teil über die Häfen des Nachbarlandes abgewickelt wird.

Zwar kommt es in den folgenden Wochen nicht zu akuten Versorgungsschwierigkeiten, wohl aber löst das Szenario in der westlichen Welt einen folgenreichen Schock aus. Krisen sind ja stets in erster Linie Ausdruck einer Stimmungs- beziehungsweise Seelenlage. Die Konsequenzen lassen nicht lange auf sich warten, auch nicht in den USA. Dabei fördern die Vereinigten Staaten damals selbst weit über drei Milliarden Barrel Öl. Allerdings hat sich auch die Einfuhr seit Mitte der sechziger Jahre auf gut 1,2 Milliarden Barrel fast verdreifacht. Und je höher der Konsum der Nation, die ohnehin den weltweit mit Abstand größten Energie- und insbesondere Ölverbrauch hat, um so größer wird ihre Abhängigkeit von Importen. Im Januar 1974 unterzeichnet Präsident Richard Nixon ein Gesetz, das alle Bundesstaaten im Land der scheinbar unbegrenzten automobilen Möglichkeiten verpflichtet, eine Geschwindigkeitsbegrenzung von 55 Meilen pro Stunde einzuführen.

Bereits sechs Wochen zuvor, am 19. November 1973, ist die sozial-liberale Bundesregierung in Bonn unter Kanzler Willy Brandt noch weiter gegangen: An den folgenden vier Sonntagen kann man Bilder sehen, die sich im Land des Wirtschaftswunders wohl niemand hatte vorstellen können. Anstelle einer Jahr für Jahr wachsenden Autokarawane sind jetzt auf deutschen Straßen und Autobahnen Fußgänger, Fahrradfahrer und Reiter zu besichtigen. Flankiert wird dieses viermalige Sonntags-»Fahrverbot« von einer Geschwindigkeitsbegrenzung auf Autobahnen und Landstraßen. Ein halbes Jahr lang darf dort nur noch mit Tempo 100 beziehungsweise 80 gefahren werden. Ohnehin ist die Höchstgeschwindigkeit auf Landstraßen auf Tempo 100 begrenzt worden, seit am 1. Oktober 1972 die sogenannte Höchstgeschwindigkeitsverordnung in Kraft getreten ist.

Das alles trifft die Automobilindustrie hart, auch und gerade in der Bundesrepublik: 1974 wird sie von der ersten Autorezession erfaßt. Allein Volkswagen baut in diesem und im folgenden Jahr 25 000 Arbeitsplätze ab; 1974/75 nähert sich die Arbeitslosenquote in der Republik bedenklich der Fünf-Prozent-Marke. Damit sind gut eine Million Menschen ohne Arbeit; gleichzeitig sinkt die Industrieproduktion: 1974 um 2,7 Prozent, 1975 sogar um 6,5 Prozent. Das Coburger Metallwerk hat insofern Glück im Unglück, als seine beiden Hauptabnehmer, die Daimler Benz AG und BMW, bezeichnenderweise vom allgemeinen Absatzrückgang weitgehend verschont bleiben. Dem stehen allerdings zum Beispiel in den Geschäften mit Ford, Opel oder Karmann Umsatzeinbrüche von 21, 50 oder sogar 62 Prozent gegenüber. Insgesamt schmilzt 1974 das Geschäftsvolumen um 15, das Betriebsergebnis gar um 43 Prozent weg, und die Belegschaft muß um ein Viertel auf 844 Mitarbeiter abgebaut werden.

Wie tief die Krise geht und wie unsicher die Prognosen über ihren Verlauf und ihr Ende sind, zeigt eine bemerkenswerte Episode. Denn zu den Mitteln, die man gerade in Coburg einsetzt, um der Rezession zu begegnen, gehört auch eine Diversifikation der Produktpalette und damit der Rückgriff auf ein Verfahren, mit dem das Metallwerk in der Ära Max Brose – aufs Ganze gesehen – gescheitert ist. So werden 1974 unter anderem Wasserhähne und Griffe für einen Armaturenhersteller und Beschläge für die Möbelindustrie produziert, außerdem Seilzüge für besonders schwere Lasten und Fensterheber für Binnensee-Schiffe.

Aus dem vorhersehbaren Fehlschlag zieht Michael Stoschek die Konsequenz, »Diversifikationsmöglichkeiten in einem Bereich zu suchen, der auf dem bisherigen Kundenkreis aufbaut«. Daher wird zunächst die Forschungs- und Entwicklungsabteilung ausgebaut. 1982 verfügt sie über einen Etat von immerhin sechs Prozent des Umsatzes und beschäftigt mehr als 110 Mitarbeiter. Damit liegt Brose bei den Aufwendungen für die Produktentwicklung weit über dem Branchendurchschnitt.

Das besondere Augenmerk gilt den elektrischen Verstellmechanismen. Allein 1975 meldet Brose fünf Patente und ein Gebrauchsmuster für manuelle und elektrische Fensterheber an. Damit hält »brose coburg« – so die international registrierte Schutzmarke – Mitte der siebziger Jahre im Fensterhebersegment 30 und im Bereich der Sitzverstellungen 29 Patente und Gebrauchsmuster. Wenn es bei den Brose-Produkten einen Trend gibt, dann deutet er in Richtung Komfort und Sicherheit. Das entspricht dem Geist jener Jahre, die ja – Ölkrise hin, Autorezession her – als die fetten Jahre gelten können.

Nicht nur erreichen die Wohlstandsgesellschaften West-
europas, Nordamerikas und einiger Regionen Asiens und des
pazifischen Raums ihr reifes Alter; sie können sich auch so sicher fühlen wie noch nie seit Ende des Zweiten Weltkrieges.
Denn der Kalte Krieg, wie ihn die Zeitgenossen nennen, ist
in eine Phase der Entspannung eingetreten. Das gilt für die
Führungsmächte, also für die Vereinigten Staaten und die Sowjetunion, die sich unter anderem 1972 auf eine Begrenzung
ihrer strategischen Atomwaffen verständigen; es gilt aber
auch für die Staaten Europas, die sich in den siebziger Jahren
darauf einigen, die Verhältnisse auf dem Kontinent so hinzunehmen, wie sie durch den Zweiten Weltkrieg geschaffen
worden sind. Die bundesdeutsche Außenpolitik, vor allem die
sogenannte neue Ostpolitik der sozial-liberalen Koalition
unter Kanzler Willy Brandt, hat daran einigen Anteil.

So gesehen gibt es in der westlichen Welt gute Gründe,
sich zurückzulehnen und die Früchte eines Vierteljahrhunderts intensiver politischer, wirtschaftlicher oder auch ge-
sellschaftlicher Arbeit zu genießen und sich etwas zu gön-
nen: Komfort ist die Parole der Gegenwart und – wenn alles
gut geht – auch die der Zukunft. Ist es ein Zufall, daß ausgerechnet die Hersteller luxuriöser Automobile wie Daimler-
Benz oder BMW in der Ölkrise weit glimpflicher davon-
kommen als andere? So wie es aussieht, liegen die Coburger
Zulieferer also einmal mehr richtig, als sie sich entscheiden,
»auf der Luxuswelle« zu reiten, wie die *Wirtschaftswoche* Anfang der achtziger Jahre titelt.

Ganz darauf zu setzen, ist allerdings nicht ohne Risiko,
schon weil die Entwicklung von Komfortsystemen wie elektrischen Fensterhebern kostenintensiv ist und weil sich solche Investitionen zunächst nur dann wieder einfahren lassen, wenn die Automobilhersteller auf eine entsprechend
potente Klientel zurückgreifen können. Kein Wunder, daß
Anfang der siebziger Jahre nicht einmal zwei Prozent der in

der Bundesrepublik zugelassenen Autos elektrische Fensterheber haben. Auch die Typen, in denen sie eingebaut sind, sprechen eine klare Sprache: Mercedes 450 SEL, BMW 3,3 L, Bitter CD oder auch Volvo 264 GL. Angetrieben werden sie übrigens zunächst von einem Scheibenwischer-, später von einem Getriebeflachmotor, der mindestens 30 000 Betätigungen ohne Wartung verträgt.

Haben sich die Kosten amortisiert, geht es im nächsten Schritt um das Mittelklassesegment. Voraussetzung für den Erfolg ist Überzeugungsarbeit, und die lebt im Kern von zwei scheinbar banalen Fragen, die sich – erst einmal gestellt – in dieser Phase von selbst beantworten: Muß Komfort teuer sein? Ist Komfort unnötig? Selbstredend ist Brose, wie die *Frankfurter Allgemeine Zeitung* zum Jahresende 1974 berichtet, davon überzeugt, »daß seine Automatik-Scheibenheber ein wichtiger Bestandteil der aktiven Sicherheit eines Autos sind«.

Und dann erfährt der Leser auch, warum das so ist. »In der Tat: Wenn ein Fahrer an einem heißen Tag bei hohem Tempo versucht, eine der hinteren Seitenscheiben herunterzukurbeln, um die Entlüftung zu verstärken, kann er dabei die Kontrolle über das Auto verlieren. Andererseits spielen Kinder gern ›rauf und runter‹ mit den Seitenscheiben – auch das nicht selten auf Kosten ihrer Sicherheit. Schließlich: Wenn der Fahrer einen Passanten durch das rechte Seitenfenster etwas fragen will, muß er erst mühsam den Sicherheitsgurt lösen, um nach rechts an die Kurbel zu kommen. Alle diese Probleme löst der elektrische Scheibenheber auf Knopfdruck – denn die Fondscheiben können auch gegen Bewegung durch Kinderhand blockiert werden.« Das wünscht sich jeder.

So kommt es, daß die bestehenden Produktionskapazitäten des Coburger Zulieferers bald nicht mehr ausreichen. Noch bevor er die Geschäfte endgültig von seiner Tante übernahm, hatte Stoschek für eine Reportage, die der sozialdemokratische *Vorwärts* in enger Kooperation mit dem Unternehmen »geschrieben und gestaltet« hatte, als »nächstes Ziel« den »völligen Neuaufbau des gesamten Unternehmens an geeigneter Stätte« definiert. Wer sich öffentlich so exponiert, weiß, daß er sein Ziel auch erreichen kann.

Hier liegt eine der größten Stärken familiengeführter Unternehmen, wenn nicht sogar ihre eigentliche: Die Zahl der Entscheider ist klein, die Entscheidungswege sind kurz, Bedenkenträger außerhalb des engen Kreises der Verantwortlichen – Aktionäre, Medien oder Spekulanten aller Art – spielen keine Rolle. Hätten sie im Falle Broses gehört werden müssen, wäre die Entscheidung zum »völligen Neuaufbau des gesamten Unternehmens« wohl kaum gefallen, jedenfalls nicht zu diesem Zeitpunkt.

Immerhin befindet sich die Automobilindustrie in einer der schwersten Rezessionsphasen ihrer jungen Geschichte, als die Geschäftsleitung die Errichtung eines neuen Komplexes an der Ufer-/Bamberger Straße beschließt. Während der insgesamt fast achtjährigen Planungs- und Bauzeit firmiert dieser als »Werk 4«. Mit dem Verkauf des alten Werks 2 an die Stadt Coburg, die dort, also an der Ufer-/Deysingstraße, den städtischen Bauhof unterbringt, und der Eröffnung des neuen Komplexes im Herbst 1983 übernimmt dieser den ursprünglichen Namen des alten, heißt also »Werk 2«.

In den Jahren 1975, 1977 und 1980 werden die betreffenden Grundstücke an der Bamberger Straße erworben. Alleine bis 1980 investiert Brose etwa 35 Millionen D-Mark in das Bauvorhaben; bis zur Fertigstellung drei Jahre darauf noch einmal etwa denselben Betrag. Michael Stoschek weiß, warum er dieses größte Investitionsprojekt in der bisherigen Unternehmensgeschichte das »wichtigste Ereignis für un-

sere Firma« nennt. Die Urkunde, die während der Grund-
steinlegung für den letzten Bauabschnitt eingemauert wird,
gibt Aufschluß über die Zielsetzung des Großvorhabens:
»Das Neubau-Projekt dient der Erweiterung der Produkti-
ons- und Lagerflächen im Werk 4 und der Konzentration
der bisher fünf Betriebsstätten auf das Werk 1 an der Ketschendorfer Straße und das Werk 4 an der Bamberger Straße. Ziel der Maßnahmen ist, die Fertigungskosten durch Be-
triebsstätten-Konzentration zu senken.«
Von den schließlich 142 000 Kubikmetern umbauten Rau-
mes entfallen allein 20 000 auf das neue Hochregallager. Da-
neben sind im neuen Werk 2 Vorfertigung und Montage mit
Gießerei, Dreherei, Galvanik, Lackiererei, Rahmenferti-
gung, die Produktion von Schienen und Lüftungsklappen,
die Montage der Fensterheber und Verstelleinrichtungen,
außerdem der Wareneingang und das Versandlager untergebracht. Auf dem Gelände von Werk 2 entsteht im übrigen
auch das neue Kantinengebäude. Mit ihm gehört seit Mai
1983 unter anderem die Zeit der Tiefkühl-Fertigkost bei
Brose der Vergangenheit an. In der neuen Zentralküche
werden die Mahlzeiten jetzt vor Ort zubereitet. Die Gesamtkosten dieser Sozialeinrichtung belaufen sich auf mehr
als 2,2 Millionen D-Mark.
Das nach wie vor an der Ketschendorfer Straße befindli-
che Werk 1 beherbergt die Verwaltung, die Entwicklung,
den Versuch, die Ausbildungsstätte sowie das Preßwerk mit
Werkzeugbau. Im Mai 1981 wird hier, an der Ketschendorfer Straße 40/42, auch das neue Verwaltungsgebäude mit
Empfang, Geschäftsführung, Werksärztlichem Dienst und
Vertrieb eingeweiht. Aus diesem Anlaß enthüllt Michael
Stoschek in der Eingangshalle eine Bronzeplastik zu Ehren
des Großvaters, die der Schweizer Bildhauer Hans Jörg
Limbach gestaltet hat.
In Werk 3 schließlich, das seit 1970 in Roth am Forst ar-

beitet, werden vor allem Rohrfensterheber produziert. 1982 wandert diese Produktion in das neue Werk 2. Seit 1984 ist in Roth zudem die Gruppe »Fertigungsverfahren« aus der Abteilung Fertigungsplanung untergebracht. Sie soll dafür sorgen – wie die Werkszeitschrift ihren Lesern kundtut –, daß Brose »immer einen Schritt kostengünstiger, intelligenter und schneller produziert als die Konkurrenz«. Mitte der achtziger Jahre entwickeln hier bis zu 40 Mitarbeiter Fertigungstechnologien.

Inzwischen verfügen die Gesellschafter über einen beträchtlichen Immobilienbesitz. Allerdings stellen die drei Betriebsstätten zwar eine wirtschaftliche, aber keine rechtliche Einheit dar. Außerdem befinden sich Werk 1 und 2 nicht im Eigentum der Gesellschaft, sondern gehören den Kommanditisten, also Michael Stoschek und Christine Volkmann. Auch deshalb rufen sie Mitte Oktober 1984 in Coburg die »Brose Grundstücksgesellschaft GbR« ins Leben. Zweck der Gesellschaft sind der Erwerb und die Verwaltung von Grundbesitz zur Vermietung und Verpachtung an die Brose Fahrzeugteile GmbH & Co. KG.

Das bedeutet im Klartext, daß den Kindern von Michael Stoschek und Christine Volkmann die Grundstücke mit der Auflage übertragen werden, sie dem Unternehmen zur Verfügung zu stellen. Wie 13 Jahre zuvor ihre Mutter und ihre Tante entscheiden sich jetzt also auch die beiden Geschwister dafür, durch frühzeitige Übertragung von Eigentum an die nächste, die vierte Generation exorbitanten Erbschaftssteuerzahlungen aus dem Weg zu gehen und damit einen Beitrag zur Zukunftssicherung des Unternehmens zu leisten.

Die Anfänge dieses für ein mittelständisches Unternehmen gewaltigen Investitions- und Reorganisationsprozesses also fallen in die siebziger Jahre. Zu ihm gehört der Einstieg Bro-

ses in die Kunststofftechnik. 1973 und 1975 erwirbt das Metallwerk in zwei Schritten die Kunststoffspritzerei Zahn &
Co. in Neuses bei Coburg, gibt den Standort aber 1978 auf
und verlagert die Kunststofffertigung in ein soeben fertigge-
stelltes Gebäude des im Aufbau befindlichen neuen Werks
2. Damit beginnt ein interessantes Intermezzo.

Ursprünglich ist die Produktion von Kunststoffspritzer-
zeugnissen, später dann der Einstieg in die Herstellung von
lichtstabilen, farbigen Polyurethan-Integralschaumteilen,
die mit einer amerikanischen Lizenz erfolgt, Teil des Versuchs, durch eine Erweiterung der Produktpalette auf die
Folgen der schweren Ölkrise zu reagieren. Andererseits bewegt man sich aber hier – anders als im Falle von Beschlä-
gen für die Möbelindustrie und von einem Ausflug in die
Fertigung von Sportbällen abgesehen – auf dem Terrain des
Automobilzulieferers. Und das anfänglich mit einigem Erfolg.

1981 ist Brose mit seinem Produktbereich Kunststoff erstmals auf der Hannover Messe vertreten. Dabei dringt der
Zulieferer in ein Marktsegment vor, das bereits erfolgreich
von Konkurrenten wie Phönix, Happich, Rehau oder Met-
zeler besetzt ist. Allerdings gehört dem Kunststoff damals
die Zukunft, weil die Automobilindustrie auf Gewichtsre-
duzierung drängt, und die läßt sich am ehesten durch neue
Materialien bewerkstelligen. Die Produktion von Kunst-
stoffteilen ist anfänglich derartig ausgelastet, daß es 1975 sogar zu Lieferengpässen kommt.

Aber dann macht Stoschek einmal mehr Bekanntschaft mit
der Erfahrung, daß sich Ausflüge über die Grenzen des vertrauten Terrains hinaus – jedenfalls für Brose und langfristig –
nicht rechnen: 1984 schränkt man die Produktion von Kopf-
stützen, Stoßfängern und Haltegriffen aus Polyurethan-
schaumteilen stark ein; 1989 wird sie mit der Produktion
der 1 111 111. Kopfstütze in Werk 2 eingestellt. Zuletzt

waren hier noch zwölf von firmenweit 2350 Mitarbeitern tätig.

Kurzfristig tragen die Kunststoffprodukte dazu bei, daß Brose Mitte der siebziger Jahre »in fast allen deutschen Automobilen vertreten« ist. Das gibt die Geschäftsleitung auf der ersten Pressekonferenz in der Unternehmensgeschichte bekannt, zu der im Juli 1975 nicht nur Vertreter der Medien, sondern auch der Hausbanken geladen sind. Als besonderer Erfolg gilt die Zulieferung zu den Massenmodellen Audi 50, VW »Polo« und VW »Golf«. So kann Brose schon in diesem Jahr die Talsohle wieder verlassen und in allen Bereichen zulegen – beim Betriebsergebnis gar um fast 140 Prozent.

Besonders aufschlußreich ist ein Phänomen, das die Zahlen nicht erkennen lassen. Die erste Ölkrise und die Exportoffensive der Japaner führen dazu, daß in der Automobilindustrie, folglich auch bei den Zulieferern, verstärkt über Rationalisierungsmaßnahmen nachgedacht wird. Das hat zum einen mit den steigenden Personal- und Materialkosten zu tun, die kaum noch über den Preis an die Kunden weitergereicht werden können: Gerade ist die Automobilindustrie aus dem Gröbsten raus, setzen die Gewerkschaften in der Metallindustrie 1976 eine Lohnerhöhung von 5,4 Prozent durch.

Zum anderen kämpft die exportorientierte deutsche Industrie immer wieder mit Währungsschwankungen, die das Geschäft unkalkulierbar machen. Insbesondere seit die amerikanische Regierung Mitte August 1971 die Golddeckung des Dollars aufgehoben und das überkommene Weltwährungssystem außer Kraft gesetzt hat, steht die deutsche Mark vor allem gegenüber dem notorisch schwächelnden französischen Franc unter einem permanenten Aufwertungsdruck. Erst mit der Einrichtung des EWS, des Europäischen Währungssystems, im Dezember 1978 entspannt sich die Lage an dieser Front.

Das kommt Brose zugute. Denn bei den Coburgern liegt die Exportquote in der zweiten Hälfte der siebziger Jahre bereits bei deutlich über 60 Prozent – einschließlich der für den Export bestimmten Fahrzeuge. Als besonders lukrativ gelten damals Aufträge von Volvo und Renault, wenn auch die Währungsschwankungen den Fensterheberauftrag der Franzosen immer wieder in Schwierigkeiten bringen. Jedenfalls erkennt man in Coburg die Zeichen der Zeit und gründet Ende März 1977 die erste Auslandsgesellschaft – natürlich in den USA, dem mit Abstand größten, aber auch schwierigsten Markt: Die Brose North America Inc. übernimmt sowohl Vertriebs- als auch Entwicklungsaufgaben.

Drei Jahre später, im Sommer 1980, reisen zwei Delegationen aus Coburg nach Japan, um unter anderem beim Vertragspartner Aisin Seiki Produktionsverfahren und Marktgepflogenheiten bei Zulieferfirmen der japanischen Automobilindustrie zu studieren. Die Zeiten, als sich japanische Automobilbauer zu diesem Zweck auf den Weg in die westliche Welt, auch nach Deutschland machten, gehören mithin endgültig der Vergangenheit an. Und wer in Zukunft auf diesem hart umkämpften Markt reüssieren will, tut gut daran, auch diese Zeichen der Zeit zu erkennen. Das Metallwerk Max Brose & Co., Coburg, und sein geschäftsführender Gesellschafter wissen das und ziehen ihre Schlüsse.

Diese Konzentration auf neue Horizonte trägt das Ihre dazu bei, daß Brose 1977 wie die Automobilindustrie insgesamt die schwerste Krise seit dem Zweiten Weltkrieg endgültig hinter sich gelassen hat. Mit mehr als vier Millionen PKW wird sogar der Rekord der frühen siebziger Jahre knapp überboten. Für das Metallwerk bedeutet das ein neues Umsatzhoch: Erstmals wird die Umsatzgrenze von 100 Millionen überschritten – was zugleich gegenüber dem Vorjahr ein Plus von rund 15 Prozent bedeutet.

So gesehen überraschen die verhaltenen Kommentare des geschäftsführenden Gesellschafters, der vor allem zwei Risiken ausmacht. Zum einen die Arbeitskosten, die Michael Stoschek auf der jährlichen Pressekonferenz – vorerst noch verpackt – mit dem Hinweis kommentiert, daß nur »wirtschaftliche« Arbeitsplätze auch »sichere« Arbeitsplätze seien. Und dann hat er aus der Krise gelernt, daß der automobile Aufschwung von »Einflußfaktoren ... überwiegend kurzfristiger Art« bestimmt ist, was im Umkehrschluß bedeutet: Nicht vorhersehbare Änderungen der wirtschaftlichen und politischen Rahmenbedingungen können jedem Aufschwung schneller als erwartet den Garaus machen.

Tatsächlich sieht es zwei Jahre später ganz danach aus. Wieder ist es eine große Krise, dieses Mal nicht im Nahen, sondern im Mittleren Osten, die auch für die Automobilindustrie beträchtliche Folgen zeitigt. Genaugenommen ist es eine Doppelkrise. Denn erst räumt Resa Pahlewi, der Schah von Persien, in dem nicht wenige Iraner eine Marionette westlicher Mächte sehen, Mitte Januar 1979 das Feld und überläßt das Land seit Anfang Februar Ayatollah Khomeini und seinen Mullahs; dann rückt die sowjetische Armee zum Jahresende in das Nachbarland Afghanistan ein; und schließlich greift der Irak im September 1980 seinen Nachbarn Iran an. Als der Ölpreis daraufhin bis Januar 1981, also innerhalb von zwei Jahren, auf das zweieinhalbfache ansteigt, hat die Welt nach sieben Jahren ihre zweite Ölkrise und die Automobilindustrie erneut ein großes Problem.

Das bekommt auch Brose zu spüren, allerdings nicht in dem Ausmaß, wie man das hätte erwarten können: So legt der Umsatz 1980 nicht, wie inzwischen gewohnt, um rund 20 Prozent zu, nicht einmal um die erwarteten sieben, sondern lediglich um 3,4 Prozent. Für ein erfolgverwöhntes Unternehmen ist das ein Rückschlag. Aber gemessen an dem, was die internationale Krise an Folgen aller Art hätte zeitigen können, ist die Entwicklung des Metallwerks durchaus zufriedenstellend.

Zum einen liegt das am Verhalten der Verbraucher. Denn anders als 1973 gibt es jetzt keine tatsächlichen oder befürchteten Versorgungsengpässe, sondern lediglich drastische Preiserhöhungen für Treibstoffe, die allerdings im Spätsommer 1981 wieder zu bröckeln beginnen. Vor allem aber zeigt sich in dieser Krise erstmals, was seither immer wieder bestätigt worden ist: Steigende Spritkosten sind offenbar für den Automobilisten kein wirkliches Hindernis, und von dieser Erkenntnis profitieren nicht nur die Mineralölkonzerne, sondern auch die Steuereinnehmer rund um den Globus – und nicht zuletzt: die Automobilkonzerne und mit ihnen deren Zulieferer. Zwar geht es seit den siebziger Jahren immer auch um den Treibstoffverbrauch moderner Autos und seine Reduzierung, doch werden die Fortschritte in diesem Bereich durch die Folgen der rasanten automobilen Hochrüstung neutralisiert. Als Faustregel gilt: Je geringer – verkehrs- oder beschränkungsbedingt – die Chance zu zügigem oder gar schnellem Fahren, um so größer die Zahl der unter der Haube arbeitenden Pferde.

Allerdings hatte Michael Stoschek, als er vor unvorhersehbaren und damit unberechenbaren Entwicklungen warnte, nicht nur unbeeinflußbare weltpolitische und weltwirtschaftliche Rahmenbedingungen vor Augen, sondern auch hausgemachte Schwächen und Fehler oder eben umgekehrt: die Stärken und Vorteile der Konkurrenz. Zusammengenommen machen sie Brose 1978 in einem erheblichen Maße zu schaffen.

Zwar kann auch in diesem Geschäftsjahr entgegen aller Erwartungen erneut ein zweistelliges Umsatzplus realisiert werden, doch sind auch Niederlagen, Rückschläge oder Hiobsbotschaften wie die zu verkraften, daß VW ab 1980 jährlich 200 000 Modelle des »Golf« beziehungsweise »Rabbit« mit Ausnahme der Motoren und Getriebe in den USA bauen lassen will. Daß die seit Jahrzehnten bestehende Zulieferung der Seilapparate an Opel unter anderem wegen des enormen Preisdrucks wegbricht, ist schmerzlich; und daß der Auftrag für den neuen Audi 80 buchstäblich in letzter Minute verlorengeht, weil die Ingolstädter im Zuge des Modellwechsels von den Gestänge-Fensterhebern, wie sie Brose bisher geliefert hat, auf Seilzug-Fensterheber der Konkurrenz umstellen, ist alarmierend.

Wenn Krisen einen Sinn haben, dann den, aus ihnen zu lernen. Genau das tut Stoschek und stellt sich den Herausforderungen, und zwar mit der ihm eigenen Konsequenz und Geschwindigkeit. Der Fensterheber-Auftrag ging nicht zuletzt deshalb verloren, weil Brose allzulange an seinem System festhielt und das der Konkurrenz bekämpfte, bis sich deren Konzept als das überlegenere durchgesetzt hatte. Das darf nicht wieder vorkommen. Fortan werden Überheblichkeit und Selbstüberschätzung schon im Keim erstickt, die Wettbewerber werden ernstgenommen und genau beobachtet, und das heißt unter anderem: Die Produkte der Konkurrenz werden intensiv unter die Lupe genommen, sozusagen auf Herz und Nieren geprüft. Nur wer die Schwächen und Stärken der Mitbewerber kennt, kann sich zunächst an die Spitze des Feldes und dann von diesem absetzen. Diese Voraussetzung muß erfüllt sein, wenn man die Marktführerschaft erobern und dauerhaft halten will.

Und außerdem: Wer an der Spitze sein und bleiben will, muß investieren – ständig und intensiv. Investitionen sind nicht Ziel, sondern Zweck. Sie sind den Zwängen des Marktes geschuldet. So gesehen ist die hohe Investitionsbereitschaft bei Brose nicht auffällig. Allerdings sind die Investitionen hier nicht fremdfinanziert, sondern werden in erster Linie mit thesaurierten Gewinnen gestemmt, und die wiederum sind das Ergebnis einer seit den Tagen Max Broses praktizierten Zurückhaltung bei den Entnahmen.

Daß die Gesellschafter des Coburger Automobilzulieferers Jahr für Jahr in ihr Unternehmen investieren, hat also seinen Grund: Stoschek will die Marktführerschaft. Deshalb und weil es in schlechten Zeiten schon die Aufträge für bessere zu akquirieren gilt, lassen auch Krisenzeiten keine Ausnahmen zu: So werden zum Beispiel 1974, auf dem Tiefpunkt der ersten Ölkrise, gut drei Millionen, 1978, dem Jahr der Auftragsverluste, knapp 7,4 Millionen und 1980, in der Talsohle der zweiten Ölkrise, deutlich mehr als 15 Millionen D-Mark investiert.

Der Löwenanteil fließt zum einen in das neue Werk 2 und zum anderen in neue Produkte, allen voran die Entwicklung beziehungsweise Weiterentwicklung elektrischer Sitzverstellungen und elektrischer Gurttransportsysteme. Im September 1977 hat Brose auf der Internationalen Automobilausstellung in Frankfurt am Main erstmals für den deutschen Markt neuartige elektrische Verstellmechanismen präsentiert, mit deren Hilfe PKW-Sitze in Höhe, Längsrichtung und Neigung per Knopfdruck verstellt werden können.

Das ist der Einstieg in die elektrischen Sitzverstellungen, die bald schon neben den elektrischen Fensterhebern zum umsatzträchtigen Markenzeichen des Unternehmens werden. Das neue Produkt geht auf die seit 1968 bestehende Kooperation mit der Ferro-Manufacturing Corporation in Detroit zurück. Vertriebsleiter Manfred Bauer hatte von einem seiner Besuche beim amerikanischen Partner eine elektrische Sitzverstellung nach Coburg mitgebracht, mit Elan die Entwicklung zur Serienreife vorangetrieben und es in dieser Phase den Leuten von Daimler vorgestellt. Die zögern zwar zunächst, erkennen dann aber die zukunftsweisende Dimension des Produkts und greifen zu.

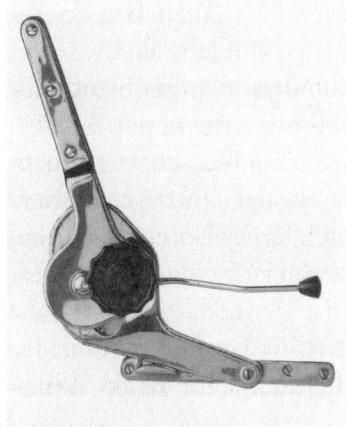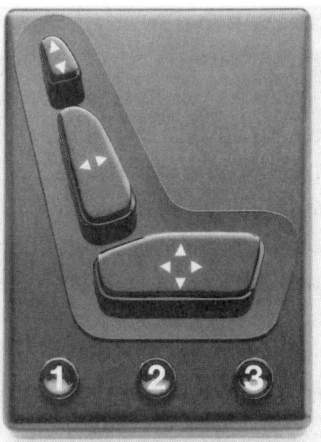

Alles im Griff: Bei der manuellen Sitzverstellung – links ein typischer Lie-
gesitzbeschlag aus den sechziger Jahren – ist das Brose-Produkt noch
sichtbar. Die komplexe elektrische Variante – hier gesteuert vom Sitz-
Positionsspeicher »Memory«, der 1983 zuerst in der S-Klasse von Mercedes-Benz zum Einsatz kommt – ist im Innern des Gestühls verborgen.

So kommt die elektrische Sechs-Wege-Sitzverstellung in
der S-Klasse von Mercedes-Benz zum Einsatz. Damit ist
Brose der erste Produzent in Europa, der die Serienherstel-
lung dieses Systems wagt. Schon 1980 wird dieses verfeinert
und ergänzt, so daß nunmehr auch die Sitzlehne und die Kopfstütze elektrisch verstellbar sind. Erster Kunde dieses neuen
Produkts ist BMW, bald gefolgt von Volvo, Saab, Jaguar, Alfa
Romeo, Lancia und anderen mehr. Schon Ende Januar 1982
läuft die einhunderttausendste Einheit der elektrischen Sitzverstellung vom Band, und im folgenden Jahr führt Brose auf
dem europäischen Markt den elektronischen Sitz-Positions-
speicher »Memory« ein, der ebenfalls in der S-Klasse von
Mercedes-Benz Premiere hat.

Als im Sommer 1986 in Werk 2 die millionste Elektro-
Sitzverstellung vom Band geht, ist klar, daß diesem System

ein ähnlicher Erfolg bevorsteht, wie den Antrieben für Automobilfenster: Ende September 1978 feiern die Brosianer auf der Coburger Veste den Einhundertmillionsten mit namhaften Gästen aus der Automobilindustrie. In der Bundesrepublik haben sie damit bei den manuellen Fensterhebern einen Marktanteil von knapp 51, bei den elektrischen sogar von fast 96 Prozent erreicht. Ein schöner Lohn für eine beträchtliche Innovationsfähigkeit und eine ungebrochene Investitionsbereitschaft.

Der Erfolg läßt leicht übersehen, daß in alledem und hinter alledem ein enormes unternehmerisches Risiko steckt. Denn niemand vermag verläßlich zu sagen, ob sich ein neues Produkt erstens überhaupt, zweitens mit Erfolg und drittens auf Dauer am Markt plazieren läßt. Was zu der banalen, aber im Zweifelsfall kostspieligen, mitunter auch ruinösen Erkenntnis führt, daß das Risiko für den Unternehmer um so größer ist, je höher seine Investitionen sind.

Auch der Coburger Zulieferer sammelt da einige Erfahrungen. Als Brose, die Trends des amerikanischen Marktes vor Augen, die Entwicklung elektrischer Fensterheber aufnimmt, winken die deutschen Autobauer, auch die Produzenten von Luxuslimousinen wie Daimler, erst einmal ab. Das ändert sich dann. Bei einem anderen Produkt bleibt der Erfolg hingegen aus – beziehungsweise er läßt fast ein Vierteljahrhundert auf sich warten.

1979 nimmt Brose die Entwicklung elektrischer Gurttransportsysteme auf: Sobald die Türen des Automobils geschlossen sind und der Zündschlüssel gedreht wird, legt sich der Sicherheitsgurt automatisch um den Fahrer und gegebenenfalls auch um den Beifahrer. Anfänglich steckt dahinter weniger die Idee für einen Luxusartikel als vielmehr eine erwartete Nachfrage auf dem größten automobilen Markt der Welt. Als der amerikanische Präsident Jimmy Carter, der das

Amt im Januar 1977 von dem wenig glücklich regierenden Übergangspräsidenten Gerald Ford übernommen hat, ein Gesetz auf den Weg bringt, das die Vorschriften über den passiven Schutz von Autoinsassen verschärft, wittern die Coburger ihre Chance.

Bis zur Serienreife unterziehen sie ihr elektrisches Gurttransportsystem aufwendigen Prüfprozeduren, darunter Tests unter extremen Temperaturen von minus 40 bis plus 80 Grad Celsius und unter Dauerbelastung: Auch nach 70 000 An- und Abschnallvorgängen muß das System noch voll funktionsfähig sein. In der zweiten Jahreshälfte 1981 laufen die Produktionsvorbereitungen an, im Sommer 1982 soll es losgehen, und für 1983/84 ist die Großserie geplant. Doch dann werden die Vorschriften unter Carters Nachfolger, dem seit Januar 1981 amtierenden Republikaner Ronald Reagan, gelockert, weil sich die unter erheblichem Kostendruck stehende Automobilindustrie der USA durchsetzt. Damit ist der amerikanische Markt verloren und mit ihm wohl auch ein Gutteil der bislang investierten Entwicklungskosten von rund drei Millionen D-Mark.

Natürlich gibt Brose nicht auf, geht vielmehr mit einer Überzeugungskampagne in der Bundesrepublik in die Offensive. Von den Medien über diverse Fachausschüsse bis hin zu prominenten Persönlichkeiten werden alle, die mit der Sicherheit des Autofahrens zu tun haben, von den Vorteilen des Systems ins Bild gesetzt. So zum Beispiel der Verkehrsausschuß des Bundestages, der Ausschuß für Wirtschaft und Verkehr des Bayerischen Landtags und der Fachausschuß für Kfz-Technik, aber auch Bundesverkehrsminister Werner Dollinger von der CSU, der Vorsitzende des Schadensverhütungsausschusses der deutschen Autoversicherer, Max Danner, oder der populäre mehrfache Rallye-Weltmeister Walter Röhrl.

Sie alle loben das System, aber helfen kann selbst solch

geballte Empfehlung nicht. Auch ein abgewandeltes und abgespecktes System, nämlich der Gurtgeber, »der den Sicherheitsgurt in griffgünstiger Position in Armhöhe zur Benutzung anbietet«, führt nicht zum Erfolg, also zur Großserie. Nicht einmal eine neue Rechtslage bringt den Durchbruch, im Gegenteil: Seit den Autofahrern in der Bundesrepublik vom 1. Juli 1984 an ein Bußgeld droht, falls sie ohne Gurt unterwegs sind, überwinden sie ihre Trägheit und legen selbst Hand an.

So geht ein Vierteljahrhundert ins Land, bis der von Brose entwickelte Gurtgeber – in der modernisierten Variante des Gurtbringers – doch noch zum Einsatz kommt. Weil vor allem die Fahrer der immer populäreren Coupés und Cabrios die Erreichbarkeit des Gurtes bemängeln, stattet BMW seit 2006 das Coupé der neuen Dreier-Reihe mit dem Gurtbringer aus. Hinter der Seitenverkleidung untergebracht, mit einem Einklemmschutz ausgestattet und von einem Kleinmotor angetrieben, befreit das System Fahrer und Beifahrer von lästigen gymnastischen Übungen. Und für Brose beginnt sich eine eigentlich schon abgeschriebene Investition doch noch auszuzahlen.

Geschäftliche Rückschläge können viele unterschiedliche Ursachen haben. Dazu gehören zum Beispiel, wie im Falle des elektrischen Gurttransportsystems, unvorhergesehene Änderungen der politischen Rahmenbedingungen; dazu gehören aber auch unternehmerische Fehlentscheidungen. Zumindest in der Rückschau handelt es sich bei der Übernahme der Geschäftsanteile der Ernst Haaf GmbH durch Michael Stoschek und Christine Volkmann, die Kommanditisten des Metallwerks Max Brose GmbH & Co., um eine solche. In ihrer Zeit reflektiert sie den allgemeinen Trend hin zur Diversifikation und zum Risikoausgleich.

Jedenfalls votieren Stoscheks Ratgeber mit diesem Argument zunächst für die Suche nach einem passenden Objekt und halten Ausschau nach einem geeigneten Kandidaten. Schließlich sind noch gut 80 im Rennen, als ein Bankhaus einen Namen ins Gespräch bringt, der bislang nicht auf der Liste stand. Und so erwerben Michael Stoschek und Christine Volkmann zum 1. Januar 1981 die Werkzeugmaschinenfabrik Haaf GmbH & Co. KG. Den Kauf des Betriebs finanzieren die Geschwister aus ihrem Privatvermögen; eine Patronatserklärung geben sie nicht ab; die beiden Firmen werden getrennt geführt. Ihr Engagement, sagt Stoschek später, wird von Anfang an als »in sich abgeschlossenes Risiko« betrieben.

Das Unternehmen war 1959 von Ernst Haaf übernommen und von einem Konstruktionsbüro zu einer Fabrik ausgebaut worden. Es ist auf den Sondermaschinenbau und die Automatisierungstechnik spezialisiert und beliefert ebenfalls die deutschen Autobauer. Die 400 Mitarbeiter sind auf die Produktionsstätten München, Püttlingen und Spittal in Kärnten verteilt. Mit dem Erwerb kann Brose nunmehr nicht nur Autozubehör liefern, sondern auch Maschinen für spanabhebende Bearbeitung zum Beispiel in der Automobilindustrie anbieten.

Natürlich wissen die Coburger aus jahrzehntelanger eigener Erfahrung, welchen Anforderungen solche Maschinen genügen müssen; auch sehen sie wegen des steigenden Automatisierungsbedarfs der Hochlohnländer gute Wachstumschancen. So gesehen ist der Schritt plausibel. Ein Hauptproblem, das der Zusammenschluß mit sich bringt, erkennt damals noch niemand, auch ein Kenner der Materie wie Hans-Jürgen Warnecke nicht: Die Mentalitäten eines Serienfertigers und eines Anlagenbauers, sagt er im Rückblick, passen einfach nicht zusammen.

1982 steht ein Auftragsbestand von 55 Millionen D-Mark und mit ihm eine etwa einjährige Auslastung in den Bü-

chern. Als die neuen Eigentümer den Betrieb übernehmen,
wissen sie allerdings nicht, daß der Vorbesitzer die Aufträge
allem Anschein nach mit Mitteln zu akquirieren pflegte, die
sie ablehnen, und daß die Maschinen deutlich älter sind als
dies dem Inventarverzeichnis zu entnehmen war.

Außerdem ist das Unternehmen schon bei der Übernahme
hochverschuldet. Einschließlich des Kaufpreises beläuft sich
das finanzielle Engagement der Gesellschafter bis Mitte
September 1984 auf stattliche 42 Millionen D-Mark, von denen die Investitionen den Löwenanteil ausmachen. So gesehen ist die Werkzeugmaschinenfabrik von Anfang an ein
Sanierungsfall. Auch deshalb ist 1983 ein neuer geschäftsführender Gesellschafter in die Gesellschaft eingetreten, hat dabei zehn Prozent der Anteile übernommen und sich, wie mit
den beiden Hauptgesellschaftern vereinbart, an die Ausarbeitung eines Sanierungsplans gemacht.

Als dann der Halbjahresabschluß 1984 bei einem Umsatz
von 19,1 einen Verlust von 9,8 Millionen D-Mark aufzeigt,
beschließen Gesellschafter und Beirat, sich aus dem Ma-
schinenbaugeschäft zurückzuziehen: Langfristig sehen sie
keine Chance, sich in diesem Markt erfolgreich zu betäti-
gen. Die Gesellschafter erklären sich bereit, bis zum Jahresende 1984 sämtliche Verluste zu übernehmen, und bitten
die Banken, die sich seinerzeit beim Erwerb des Unternehmens engagiert hatten, sie bei der Suche nach einem geeigneten Käufer zu unterstützen.

Die Reaktion der Kreditinstitute, zu denen auch die Haus-
banken der Geschwister zählen, ist für diese ein Schlag ins
Gesicht. Obgleich sich in den Verträgen, wie Gerichte spä-
ter bestätigen, kein Hinweis darauf findet, behaupten die
Banken, daß die Gesellschafter für die an die Werkzeugma-
schinenfabrik ausgegebenen Kredite in einer persönlichen
Haftung stünden. Wohl um diese zu erzwingen, stellt die
Bayerische Hypotheken- und Wechselbank den Kredit in-

nerhalb von zehn Tagen fällig – in der ausdrücklich ausgesprochenen Annahme, die Geschwister würden doch gewiß kein Unternehmen insolvent gehen lassen, das den Namen des Coburger Firmengründers trägt: Seit Mitte Januar 1982 heißt die vormalige Werkzeugmaschinenfabrik Haaf GmbH & Co. KG nämlich »Brose Werkzeugmaschinen GmbH & Co. KG«. Entschlossen, diesen massiven Druck, den er auch noch im Rückblick so empfindet, nicht hinzunehmen, läßt sich Michael Stoschek auf die Kraftprobe ein, führt mit Hilfe seines Anwalts Günter Paul eine Serie von Prozessen gegen die sechs involvierten Banken, den letzten vor dem Bundesgerichtshof – und gewinnt sie alle.

An der Situation bei der Werkzeugmaschinenfabrik kann und soll das nichts ändern: Nachdem das Amtsgericht Völklingen den Mitte September 1984 durch den Geschäftsführer zunächst ohne Wissen Stoscheks beantragten Vergleich zurückgewiesen hat, befindet sich die Brose Werkzeugmaschinen GmbH & Co. KG seit dem 31. Oktober im Anschlußkonkurs.

Allerdings hat sich die Werkzeugmaschinenfabrik in der kurzen Ära Brose in technischer Hinsicht jedenfalls nicht verschlechtert. Zwar wird der Betrieb in München stillgelegt, doch übernimmt die Wanderer Maschinen Gesellschaft mbH in Haar bei München das gesamte Konstruktionsprogramm, darunter neuentwickelte Maschinen und flexible Produktionssysteme, die bei Brose nicht mehr in Serie gegangen sind; der Maschinenhersteller Horst Grüner aus Bad Überkingen übernimmt fast die Hälfte der dortigen Belegschaft. Das Werk Püttlingen wird vom vormaligen Besitzer, der Ernst Haaf GmbH, übernommen; die österreichische Brose Werkzeugmaschinen Ges. mbH in Spittal, die Gewinne macht, ist vom Konkurs nicht betroffen und trennt sich von Brose.

Damit endet nach der Zahnplombenproduktion der zwanziger und der Schreibmaschinenherstellung der fünfziger Jahre der dritte beziehungsweise, zählt man die Produktion von Seilzügen, Möbelbeschlägen etc. während der siebziger Jahre mit, der vierte Ausflug des Automobilzulieferers in fremdes Terrain. Er führt zum »größten Flop« in der Unternehmensgeschichte, wie das *Industriemagazin* einige Jahre später bilanziert. Immerhin wird das Experiment beendet, bevor es zu spät ist. Die Gesellschafter ziehen sich rechtzeitig zurück, und Stoschek nimmt zwei Lehren aus dieser Geschichte mit in die Zukunft seines Unternehmens: Nie wieder wird er sich auf Geschäfte einlassen, bei denen er von Banken abhängig ist; nie wieder wird er sich ungeprüft auf die Seriosität eines neuen Geschäftspartners verlassen.

Solche Verluste und Rückschläge sind schmerzlich und teuer. Aber von einem solide aufgestellten Familienunternehmen sind sie zu verkraften: Weil die Gesellschafter in aller Regel mit ihrem eigenen Vermögen eintreten, überschreiten sie unter normalen Umständen nicht jene Linie, die im Falle des Scheiterns das Mutterunternehmen gefährdet. Es liegt in der Logik solchen Denkens, daß familiengeführte Unternehmen von ihren Mitarbeitern eine vergleichbare Haltung erwarten. Auch bei Brose.

In dieser Hinsicht wird man allerdings seit den ausgehenden siebziger Jahren immer wieder einmal eines anderen belehrt. Eigentlich kann das nicht überraschen, denn auch die Mitarbeiter des Metallwerks sind ja Kinder jener Wohlstandsgesellschaft, die in dieser Zeit ihre höchste Blüte, aber damit auch jenen Punkt erreicht, an dem sich Zeichen des Welkens, nicht selten auch schon der Degeneration zeigen. Das gilt nicht nur für die alte Bundesrepublik, sondern für das westliche Europa insgesamt. Der Prozeß wird nach dem Zusammenbruch der alten Weltordnung mit ihrer nach außen, aber eben auch nach innen disziplinierenden Raison nicht geahnte Formen annehmen.

Bei Brose zeigen sich erste Anzeichen, als im Jahr 1980 nicht weniger als eine Million D-Mark für Lohn- und Gehaltsfortzahlungen im Krankheitsfall aufgewendet werden muß. Gewiß gehören die Arbeiten im gewerblichen Bereich nicht zu den leichtesten; aber daß hier auf jeden Mitarbeiter im Schnitt 16 Krankentage pro Jahr entfallen, gibt doch zu denken, zumal es bei den Angestellten lediglich 2,5 sind. Auffallend ist zudem eine bedeutende Häufung sogenannter Kurzzeiterkrankungen in Wochenendnähe, namentlich bei erst jüngst in das Unternehmen eingetretenen Mitarbeitern und dort wiederum tendenziell bei den Jüngeren.

Ein ernüchternder Befund, zumal die Geschäftsleitung konsequent bemüht ist, Mißständen im Betrieb auf die Spur zu kommen. So führen 1978 entsprechende Befragungen zum Beispiel zu dem Ergebnis, daß Arbeiter wie Angestellte unter elf abgefragten Positionen das Betriebliche Versorgungswerk für die wichtigste freiwillige Sozialleistung halten – den Betriebsausflug im übrigen für die unwichtigste. Das ist nicht der einzige, genaugenommen auch nicht der eigentliche Grund, warum er eingestellt wird: Die rasch steigende Zahl der Mitarbeiter läßt solche Exkursionen nicht mehr zu.

Aufschlußreich ist auch, daß 1978 beinahe 90 Prozent der Angestellten und deutlich mehr als 86 Prozent der Arbeiter das Verhältnis zu ihren Vorgesetzten für insgesamt gut, fast drei Viertel aller Befragten aber die Kommunikationsfähigkeit ihrer Vorgesetzten für nicht ausreichend halten. Selbstverständlich läßt es die Geschäftsführung nicht bei der Erhebung, sondern sucht den Einwänden Rechnung zu tragen – wo das möglich oder geboten ist und die Monita nicht in erster Linie auf das Konto des Zeitgeistes gehen. So wird zum Beispiel im Mai 1979 mit dem Werkmeister eine neue

Führungsebene im Fertigungsbereich etabliert. Er soll den Meister bei der Erfüllung seiner »ständig wachsenden Aufgaben« unterstützen, gleichzeitig den Informationsaustausch mit den Mitarbeitern verbessern und nicht zuletzt die Eigenverantwortung der einzelnen Unternehmensbereiche stärken.

Schließlich nehmen sich die Gesellschafter selbst in die Pflicht. Seit Stoschek das Ruder übernommen hat, gibt es bei Brose »Unternehmensgrundsätze«. Die erste Fassung von 1972 ist noch nicht für die Öffentlichkeit bestimmt gewesen. Anders die Grundsätze, die im Dezember 1978 den Mitarbeitern übergeben werden. Sie werden in den kommenden Jahren, zuletzt 2006, immer wieder ergänzt und überarbeitet. Gemeinsam ist allen Fassungen, daß sie Verhaltensgrundsätze für Mitarbeiter und Vorgesetzte formulieren.

Im Zentrum der Grundsätze steht das Bekenntnis zum Familienunternehmen: »Die Gesellschafter«, heißt es 1978, »fühlen sich dieser Tradition verpflichtet und wollen auch in Zukunft dem Unternehmen den Charakter und die Struktur einer Familiengesellschaft erhalten.« Dazu gehört unter anderem ein »kooperativer Führungsstil« oder auch die besondere »Verantwortung« der Unternehmensleitung »gegenüber Jugendlichen und älteren Mitarbeitern«. Ausdrücklich erklären die Gesellschafter ihren Willen, »dem Unternehmen zur Selbstfinanzierung ausreichend Mittel zur Verfügung zu stellen« – vorausgesetzt, »daß die Wirtschaftlichkeit von Investitionsvorhaben erwartet werden kann und die langfristige Rentabilität des Eigenkapitals gesichert ist«.

Klare Bekenntnisse. Und man darf davon ausgehen, daß sie ernstgemeint sind. Was in Kapitalgesellschaften häufig zu Lippenbekenntnissen für die Galerie verkommt, hat in Familienunternehmen schon deswegen einen anderen Stellenwert, weil die Führungspersönlichkeiten im Falle des Scheiterns oder des Wortbruchs in aller Regel nicht einfach ausgetauscht werden können. Sie bleiben in der Verantwortung und sind daher bei ihrem gegebenen Wort zu nehmen.

Am 1. Oktober 1981 sind es zehn Jahre, daß Michael Stoschek die Verantwortung für das Metallwerk Max Brose GmbH & Co., Coburg, trägt. Vieles hat sich seither getan und geändert – im geschäftlichen wie im privaten Bereich. Inzwischen ist er zweifacher Vater: Am 10. Juni 1975 hat Julia Stoschek das Licht der Welt erblickt, gut drei Jahre später, am 4. August 1978, ihr Bruder Maximilian. Seit Juli 1976 wohnen Michael und Gabriele Stoschek auch nicht mehr in Coburg, sondern im benachbarten Ahorn. Hier gibt es ausreichend Platz, um dem Reitsport nachzugehen: Genaugenommen hat Stoschek, als er die Gegend zunächst von einem Flugzeug aus unter die Lupe nahm, in erster Linie nach einem geeigneten Platz für die geplante Reitanlage Ausschau gehalten, die dann noch vor dem Wohnhaus in Angriff genommen und fertiggestellt wird.

Die Familie bleibt der zentrale Bezugspunkt im Leben Michael Stoscheks: »Ich träume von der italienischen Großfamilie«, sagt der Mann, der als Kind auf die Kleinfamilie verzichten mußte, noch als gestandener Mann. Und so spielen die Eltern in seinem Leben bis zuletzt eine große Rolle – vor allem die Mutter, Christa Leber, aber auch der leibliche Vater. Sowohl der Sohn als auch die Tochter halten den Kontakt zu Walter Stoschek.

Obgleich das in der Zeit des geteilten Deutschland ein eher aufwendiges Unternehmen ist, besuchen Christine Volkmann und Michael Stoschek mit ihren Familien ein oder zweimal im Jahr den Vater, der seinerseits gelegentlich den Weg nach Coburg findet. Wenn möglich, unterstützen die Geschwister den Vater auch materiell. So sorgen die beiden dafür, daß der gelernte Kapellmeister und Pianist auf dem Umweg über das neutrale Ausland einen neuen Konzertflügel erhält. Als Michael Stoschek allerdings im November 1981 versucht, für seinen schwerkranken Vater in Dresden »eine moderne 4-Zimmer-Wohnung in einem guten Wohnviertel oder ein Haus in entsprechender Größe als Eigentum zu erwerben«, scheitert er an der Wirklichkeit im geteilten Deutschland.

Walter Stoschek hat noch zweimal geheiratet und mit seiner deutlich jüngeren dritten Ehefrau Jutta auch eine gemeinsame Tochter, die Ende März 1967 geboren wurde. Katrin Stoschek, die Halbschwester von Michael Stoschek und Christine Volkmann, tritt in die Fußstapfen des Vaters, studiert in Dresden Musik und macht dann eine Karriere als Geigerin in den großen Orchestern von Leipzig und Dresden. Der Vater erlebt das allerdings nicht mehr. Am 25. September 1984 stirbt Walter Stoschek zweiundsiebzigjährig in Plauen. Der Fall der Mauer erleichtert den Kontakt zwischen seinen drei Kindern, aber auch zwischen den Angehörigen der Enkelgeneration. Eine Rolle im Unternehmen seines ersten Schwiegervaters Max Brose spielen Walter Stoscheks dritte Frau Jutta und ihre gemeinsame Tochter Katrin nicht.

Einen Einschnitt im Leben der Familie wie des Unternehmens markiert der Tod Gisela Broses. Am 29. Mai 1983 stirbt die älteste Tochter des Firmengründers und Tante des amtierenden geschäftsführenden Gesellschafters im Alter von 71 Jahren. Ihre Handschrift hat sie dem Metallwerk nicht aufdrücken können, und wohl auch gar nicht aufdrücken wollen. Dafür war sie zu kurz in der Verantwortung – weil sie und die übrigen Mitglieder der Familie Brose es so und nicht anders wollten.

Seit sie 1939 erstmals in das väterliche Unternehmen eingetreten war, hat sie dessen Aufstieg, aber auch seine Rückschläge aus der Nähe verfolgt; als Max Brose in seinen späten

Guter Klang: Walter Stoschek weist seinen Enkel Maximilian 1981 in
die Kunst des Klavierspiels ein.

Jahren nicht mehr ganz Herr des Geschehens war, übernahm
sie hinter den Kulissen behutsam und ausgleichend die Regie
und entlastete so den kranken, zusehends auch mürrischen
Vater; und als Gisela Brose in die Pflicht der Geschäftsführung genommen wurde, hat sie diese drei Jahre lang erfüllt,
so gut es ging. Bei ihrem geplanten Rückzug aus der Verantwortung hinterließ sie ihrem Neffen ein geordnetes Haus –
und eine interpretationsfähige Situation: Ist Michael Stoschek der Vertreter der zweiten oder der dritten Generation?

Sieht man auf das Tempo und die Energie, mit denen sich
dieser im ersten Jahrzehnt ans Werk macht, dann will der
Enkel des Firmengründers offensichtlich erst gar keinen
Anlaß für Spekulationen über Fehler und Versäumnisse bieten, wie sie der dritten Generation familiengeführter Un-

ternehmen nachgesagt werden. Jedenfalls bewegt der dreiunddreißigjährige geschäftsführende Gesellschafter in seinem ersten Jahrzehnt nicht weniger als der Großvater während der ersten sechs Jahrzehnte – und das nicht nur wegen der Vervielfachung des Umsatzes von knapp 55 auf etwa 190 Millionen D-Mark, die Ergebnisse der Werkzeugmaschinenfabrik Haaf nicht mitgerechnet. Im Grunde hat er das Unternehmen neu aufgestellt, hat es vor allem mit der Konzentration auf elektrisch betriebene Systeme für das Automobil zukunftsfähig gemacht.

Auch deshalb ist die Umbenennung des Unternehmens konsequent: Aus dem »Metallwerk Max Brose GmbH & Co. KG« wird am 12. Januar 1982, 62 Jahre nach seiner Gründung, die »Brose Fahrzeugteile GmbH & Co. KG«. Die schrittweise Erhöhung der Kommanditeinlagen durch Michael Stoschek und Christine Volkmann auf schließlich jeweils 25 Millionen D-Mark im Juli 1988 signalisiert, daß sich dadurch nichts an der Verbundenheit der Familie mit dem Unternehmen ändert, im Gegenteil. Daß der Umsatz im Jahr der Umfirmierung mit etwa 240 Millionen erstmals, und zwar deutlich, die 200-Millionen-Marke überspringt, ist ein Beleg für den andauernden Erfolg; daß die Gesellschafter in diesem Jahr mehr als 44 Millionen D-Mark, also beinahe 20 Prozent des Umsatzvolumens für Investitionen aufbringen, ist ein klares Zeichen ihres Engagements.

Das Gros des Geldes geht in das neue Werk 2, das 1983 endgültig fertiggestellt ist. Zu diesen Investitionen gehört aber zum Beispiel auch die Einführung des MTM-Verfahrens. Hinter diesem »Methods-Time-Measurement« steckt Klaus-Georg Wilhelm, der bei Hans-Jürgen Warnecke in die Lehre gegangen ist, seit Ende 1982 die Fertigung leitet, dann aber die Firma verläßt, weil Stoschek zögert, ihn zum Geschäftsführer zu bestellen. Der Weggang Wilhelms, der wenig später an einem Herzinfarkt verstirbt, ist der einzige Verlust, den Stoschek auch noch im Rückblick bedauert.

Wilhelm soll die Fertigung neu organisieren. Dazu gehört unter anderem die Analyse der Montagearbeitsstellen durch MTM. Genaugenommen geht es, so die hauseigene Information, um die Realisierung »eines aufgabengerechten, optimalen Zusammenwirkens von arbeitenden Menschen, Betriebsmitteln und Arbeitsgegenständen durch zweckmäßige Organisation unter Beachtung der menschlichen Leistungsfähigkeit und deren Bedürfnisse«.

Man muß das zweimal lesen, um zu verstehen, was hier erreicht werden soll: Die Begrenzung des Risiko- und Schadenspotentials, das nun einmal in menschlicher Arbeit steckt. Denn das nimmt in dem Maße zu, in dem zum einen der Produktionsablauf anspruchsvoller, komplexer und nicht zuletzt schneller wird, und in dem zum anderen gleichzeitig die Zahl derer wächst, die mit ihm zu tun haben. Beides ist bei Brose in dieser dynamischen Phase der Firmenentwicklung der Fall. Im September 1983 wird die Schwelle von 1500 Mitarbeitern erreicht, allein in Werk 2 werden Tag für Tag 2400 elektrische und 5000 manuelle Seilfensterheber produziert.

Die rasche Zunahme der Mitarbeiter wirft auch Probleme auf, mit denen Brose bislang kaum zu tun hatte. Mit der Zahl der Beschäftigten wächst natürlich auch die Zahl der Gewerkschaftsmitglieder und mit denen wiederum jene Gruppe in ihren Reihen, denen das Schicksal des Unternehmens gleichgültig ist. Für das Selbstverständnis eines Familienunternehmens ist das ein größeres Problem als für eine anonyme Kapitalgesellschaft.

Grundsätzlich ist ja gegen das Prinzip der Mitbestimmung nichts einzuwenden, im Gegenteil: Wer Einfluß auf die Gestaltung seiner Arbeitswelt nehmen kann, ist im Zweifelsfall

besser motiviert und stärker engagiert. Problematisch wird es
dann, wenn die Mitbestimmung im Betrieb von außen organisiert und gesteuert wird. Es ist wohl kein Zufall, daß die
Probleme zunehmen, seit das neue Betriebsverfassungsgesetz
1972 die Stellung der Betriebsräte gestärkt und das Zutritts-
recht der Gewerkschaften zu den Betrieben geregelt hat. Das
bekommt auch Brose zu spüren, als im April 1981 570 Mitarbeiter für eine Stunde die Arbeit niederlegen, um den
Lohnforderungen der IG Metall Nachdruck zu verleihen. Es
ist der erste Streik beziehungsweise Warnstreik in der Geschichte des Metallwerks. Allerdings beteiligt sich weniger als
die Hälfte der Belegschaft daran, bei der nächsten Aktion im
März 1983 sind es nicht einmal mehr zehn Prozent.

Für diese ungewöhnlich verhaltene Protest- und Streikbe-
reitschaft gibt es Gründe, vor allem den, daß die überwälti-
gende Mehrzahl der Mitarbeiter weiß, was sie an dem familiengeführten Unternehmen hat. Eben deshalb läßt dessen
geschäftsführender Gesellschafter auch keinen Zweifel, was
er von überzogenen Forderungen oder unangemessenen
Auftritten hält. Als der Vorsitzende der Vertrauensleute auf
der Betriebsversammlung vom Mai 1983 mit »beleidigen-
de[n] und wahrheitswidrige[n] Äußerungen« auftritt und
auch sonst »den Betriebsfrieden nachhaltig stört«, wird er
fristlos gekündigt. Da kennt Stoschek kein Pardon, und natürlich spricht sich diese kompromißlose Einstellung genauso herum wie das konsequente Engagement des Unternehmers für seine Mitarbeiter und ihre Belange.

Der lange Betriebsfrieden bei Brose hat also seine Gründe
– und er hat einen Namen: Gerhard Setzmann ist im Juni
1946 als Klempner in das Unternehmen eingetreten und gehört praktisch von der ersten Stunde an auch dem Betriebsrat an, seit Mitte September 1951 als sein Vorsitzender. Über
Jahrzehnte vertritt er wirkungsvoll die Interessen der Mitarbeiter des Metallwerks, weil er sich konsequent für sie ein-

setzt, dabei jedoch nie die begründeten Interessen der Unternehmensleitung aus dem Auge verliert und überdies mit so dominanten und selbstbewußten Persönlichkeiten wie Max Brose und Michael Stoschek gut zurechtkommt. Daß er über 24 Jahre hinweg ehrenamtlich als Sozialrichter beim Sozialgericht Bayreuth tätig ist, daß er überdies für seinen Einsatz im öffentlichen Leben wie in seiner Firma mehrfach ausgezeichnet und geehrt wird, deutet auf eine allseits respektierte Persönlichkeit hin.

So einer ist nicht zu ersetzen. Entsprechend deutlich und langfristig folgenreich ist der Wechsel an der Spitze des Betriebsrats: Als dieser sich im April 1984 neu konstituiert, geht nach 32 Jahren eine Ära zu Ende. Zugleich beginnt jene atmosphärische Eintrübung im Verhältnis zwischen Geschäftsführung und Betriebsrat beziehungsweise Gewerkschaft, die nicht sogleich spürbar ist, sich auch nicht unbedingt an einer Person festmacht, aber im Laufe der Jahre die traditionelle Konsensfähigkeit immer stärker in Frage stellt, weil die Antworten auf die Frage, wie Brose auf den sich radikal verschärfenden internationalen Wettbewerb reagieren soll, sehr unterschiedlich ausfallen.

Der neue Betriebsrat ist nicht einmal sechs Wochen in seinem Amt, da beginnt einer der härtesten, zugleich der bis dahin längste Arbeitskampf in der fünfunddreißigjährigen Geschichte der Bundesrepublik. Auslöser ist die Forderung der IG Metall nach Einstieg in die 35-Stunden-Woche bei vollem Lohnausgleich. Die Gewerkschaften versprechen sich davon mehr Arbeitsplätze; die Unternehmen prognostizieren das Gegenteil – halten aber nicht mit letzter Konsequenz dagegen, sondern machen das Spiel um des lieben Friedens willen mit. Immerhin fällt die Forderung in eine Zeit, in der sich die deutsche Automobilindustrie der wachsenden Konkurrenz aus Japan erwehren muß. Im selben Jahr, in dem die Gewerkschaften die Kraftprobe suchen, verkaufen Nippons in jeder

Hinsicht rasch aufholende Autobauer mehr als 100 000 Fahrzeuge in die damals zehn Mitglieder umfassende Europäische Gemeinschaft, und ihre Exporte in die USA, einem der wichtigsten deutschen Absatzmärkte, legen um 15 Prozent zu. Kenner der Szene wissen: Das ist erst der Anfang.

Um der Forderung ihrer Gewerkschaft Nachdruck zu verleihen, legen unter anderem 58 000 Metaller für sechs Wochen die Arbeit nieder. Die Arbeitgeber reagieren nicht minder heftig und sperren alleine in der Metall- und Elektroindustrie mehr als eine halbe Million Arbeitnehmer aus. Vermittelt von Schlichter Georg Leber – vormaliger Vorsitzender der IG Bau, Steine, Erden, langjähriges Mitglied im SPD-Parteivorstand und -Präsidium, Bundesminister für Verkehr sowie für das Post- und Fernmeldewesen, später für Verteidigung – einigen sich die Tarifparteien schließlich Ende Juni 1984 auf einen Kompromiß, der unter anderem eine durchschnittliche Wochenarbeitszeit von 38,5 Stunden, mithin den Einstieg in die 35-Stunden-Woche vorsieht, allerdings auch die Möglichkeit zu einer flexibleren Gestaltung der Arbeitszeit.

Für Brose hat der Arbeitskampf erhebliche mittelbare Folgen, weil die bestreikten Automobilfirmen bald keine Lieferungen aus Coburg mehr annehmen können. So kommt es vom 21. Mai bis zum 9. Juli 1984 zu Produktionseinschränkungen und mit ihnen zu Kurzarbeit, Zwangsurlaub und Freistellungen. Um die »freigestellten« Mitarbeiter auf dem laufenden zu halten und die Verbundenheit des Unternehmens mit seinen Beschäftigten zu dokumentieren, läßt Stoschek ihnen die Firmenzeitschrift nach Hause schicken. Eine kleine, aber eine bezeichnende Geste.

Im übrigen denkt er laut über die Frage nach, wie angesichts des neuen Tarifvertrages die geplanten 200 neuen Arbeitsplätze tatsächlich geschaffen werden können. Die Lösung sieht er in der Einführung beziehungsweise Wiedereinführung der Samstagsarbeit und in der Erhöhung der täglichen Arbeitszeit auf 9,5 Stunden. Und so begründet der geschäftsführende Gesellschafter seinen Vorstoß: »Nicht die Verkürzung der individuellen regelmäßigen wöchentlichen Arbeitszeit ist das Hauptproblem eines Betriebs unserer Größenordnung. Die Kernfrage lautet: Wie lange laufen die Maschinen?« In seiner Rechnung würde sich der Nutzungsgrad der Maschinen von 80 Stunden auf 114 wöchentlich erhöhen. Für die Beschäftigten liefe das auf eine Vier-Tage-Woche hinaus.

Kein Wunder, daß viele Monate ins Land gehen, bis sich die paritätisch zusammengesetzte Verhandlungskommission aus Vertretern der Geschäftsführung und des Betriebsrats Anfang März 1985 einigt. Der Kompromiß nimmt die Samstagsarbeit und die verlängerten Schichten vom Tisch, ermöglicht aber der Firmenleitung insoweit eine flexiblere Gestaltung der Arbeitszeit, als sie zwischen 37 und 40 Stunden pro Woche schwanken kann. Allerdings muß der Zweimonatsdurchschnitt bei den tarifvertraglich vorgegebenen 38,5 Stunden pro Woche liegen. Daß sich beide Seiten nach anfänglich völlig verfahrenen, zwischenzeitlich auch abgebrochenen Verhandlungen doch noch einigen, hat nicht nur mit ihrer Kompromißfähigkeit, sondern auch damit zu tun, daß es keine Alternative gibt. Ein bitterer Nachgeschmack bleibt, namentlich auf seiten der Geschäftsführung.

Am Geschäftsergebnis kann das nicht liegen, denn das zeigt sich von den Auseinandersetzungen relativ unbeeindruckt. Offenbar ist Brose inzwischen so in Fahrt, daß selbst solche Vorkommnisse schlimmstenfalls eine bremsende Wirkung haben. Wie sonst ließe sich erklären, daß Brose im Jahr des großen Streiks und trotz des dadurch bedingten Umsatzausfalls von etwa 40 Millionen D-Mark die »Umsatzmarke von ›300 Mio. DM‹« nicht nur erreicht, sondern dank des »mit 29 % … bisher stärkste[n] Wachstum[s]« in der Unternehmensgeschichte mit gut 376 Millionen D-Mark deutlich übersteigt?

Genaugenommen hat der Arbeitskampf sogar sein Gutes. Denn er bestärkt die Geschäftsführung langfristig in ihrer Auffassung, daß der Standort Deutschland nur schwer zu verteidigen sein wird, und kurzfristig in der Suche nach Antworten auf die Frage, »ob für die nächsten Jahre nicht neue Schwerpunkte zu setzen sind, um den Erfolg auch dauerhaft zu sichern«. Anlaß sind erhebliche Probleme namentlich bei der Fertigungssteuerung: Eine Bestandsaufnahme im Januar 1984 zeigt, daß 30 Prozent der Positionen im Werkstattbestand falsch sind. So können wichtige Kunden wie Daimler-Benz, Saab oder Volvo mitunter nicht oder nicht rechtzeitig beliefert werden. Für ein Unternehmen wie Brose und einen Unternehmer wie Stoschek eine unhaltbare, eine dringend korrekturbedürftige Situation.

Also bringen die Coburger KONZORG auf den Weg. Es klingt paradox, aber für Michael Stoschek ist diese »Konzentration und Organisation« auch ein Tritt auf die Wachstumsbremse. Denn inzwischen haben Brose-Produkte am Markt eine Resonanz, die von den Werken und ihrem Personal kaum mehr verkraftet werden kann. Gerade weil der Erfolg so groß und dem Wachstum scheinbar keine Grenze gesetzt ist, darf man die ohnehin notorisch zu dünne Personaldecke nicht überstrapazieren, muß verhindern, daß die Expansion zu Lasten der für Brose lebenswichtigen Qualität geht. Also gilt es innezuhalten, sich zu konzentrieren und neu zu organisieren, bevor man den nächsten Schritt tut, ein neues Werk aus dem Boden stampft oder gar ins Ausland geht.

Mithilfe von KONZORG sollen die Qualifikation des Personals verbessert, die Flächenproduktivität erhöht, die Lagerbestände verkleinert und auf unrentable Aufträge mit zu geringer Stückzahl verzichtet werden. Damit verbunden wird die Aufgabe einer Optimierung logistisch-organisatorischer Abläufe, vor allem der defizitären Fertigungssteuerung. Und damit es nicht bei den guten Vorsätzen bleibt, schultert die Geschäftsführung in den kommenden Jahren Neu- und Umstrukturierungen in einem Umfang, wie nie zuvor und kaum mehr danach in der bald siebzigjährigen Geschichte des Unternehmens.

Mit dem Diplomingenieur Werner Schanbacher kommt ein Mann an die Spitze der Fertigungsplanung, mit dessen Namen der Einstieg in die Robotertechnologie eng verbunden ist: Im März 1985 wird in der Aluminium-Druckgießerei der erste Roboter eingesetzt; 1990 hält in Werk 2 FTS, das fahrerlose Transportsystem, Einzug. Zum Jahresbeginn 1985 übernimmt Dieter Scherte die Leitung des neugeschaffenen Bereichs »Materialwirtschaft und Logistik«. Ziel ist »die Minimierung der Lagerbestände und die Festlegung sauberer Materialflußketten«. Und weil die Automobilindustrie ihrerseits die vorgehaltenen Bestände immer stärker abbaut, zugleich aber auf punktgenauen Lieferungen besteht, wird die Logistik im Februar 1988 unter Leitung von Thomas Nentwig als eigenständiger Bereich etabliert.

Die Reorganisation bestehender und die Schaffung neuer Unternehmensbereiche ist also immer auch Personalpolitik, und weil Brose in dieser Phase stürmischer Expansion nicht nur auf eigenes Personal zurückgreifen kann, läßt man den suchenden Blick über das nähere und weitere Umfeld schweifen. Wird man fündig, greift man zu – auch hier schnell und entschieden.

Im Juni 1985 werden die Coburger im Rahmen des Unternehmensplanspiels »Marga-85« auf Frieder Paasche von der Schweinfurter FAG Kugelfischer aufmerksam, weil dessen Team – so schreibt jedenfalls das *Handelsblatt* – »auf fast allen Märkten die Marktführerschaft übernommen« habe. Vier Wochen später sitzt Paasche auf der neugeschaffenen

Stelle eines Leiters Fabriktechnik bei Brose. Damit unterstehen ihm die vordem nebeneinander arbeitenden Bereiche Werksplanung, Energietechnik, Baubüro, mechanische sowie elektrische Maschineninstandhaltung. Unter Paasches Regie kommt vor allem der EDV-gestützten Schwachstellenanalyse entscheidende Bedeutung zu.

Alle diese Maßnahmen stehen im Zeichen der innerbetrieblichen Reformen gemäß der Parole: Konzentration und Organisation. Und damit die Einzelmaßnahmen des KON-ZORG-Programms insgesamt im Blick bleiben und koordiniert werden, richtet die Unternehmensleitung bereits im März 1984 die neue Abteilung »Unternehmensplanung« ein. Wie ernst es den Gesellschaftern damit ist, zeigt ihre Entscheidung vom März 1984, dem Leiter dieser Abteilung, Manfred Burkart, Prokura zu erteilen, im übrigen gleichzeitig mit Peter Heß, dem Leiter der Entwicklungsabteilung Fensterheber, und mit Adolf Rosensprung.

Rosensprung ist 1965, also noch zur Zeit Max Broses, in die Firma eingetreten, hat dort rasch die Karriereleiter genommen und leitet jetzt die Abteilung Verkauf Fensterheber. Im Lauf der kommenden beiden Jahrzehnte avanciert er zu einer der wichtigsten Figuren im Unternehmen, dem er schließlich 40 Jahre lang die Treue halten wird, seit 1995 als Stellvertreter des geschäftsführenden Gesellschafters. Als Michael Stoscheks im September 1988 Adolf Rosensprung in sein neues Amt als Vertriebsleiter einführt, stellt er klar, was er von einem Mann in führender Position erwartet, nämlich einen »aufgeschlossenen, modernen, tatkräftigen, engagierten, ja aggressiven Arbeitsstil«.

Der ist auch deshalb gefordert, weil Brose, nicht zuletzt ausgelöst durch den Arbeitskampf des Jahres 1984, nach neuen Horizonten Ausschau hält. Mitte der achtziger Jahre ist in Schweden, Großbritannien, Frankreich, Italien, den USA und Japan jeweils ein Außendienstmitarbeiter im Einsatz; am

4. Oktober 1988 wird die »Brose International GmbH« als Dachgesellschaft für die Auslandsniederlassungen ins Handelsregister eingetragen. Es ist nunmehr nur noch eine Frage der Zeit, wann Brose jenseits der deutschen Grenzen die Produktion aufnehmen wird. Dabei geht es um eine zusätzliche Perspektive, nicht um die grundsätzliche Abkehr vom Standort Deutschland, im Gegenteil. Noch hat dieser die Priorität. Auch bei der anstehenden Expansion.

So gesehen hat das Reformprogramm der achtziger Jahre eine zeitliche und eine räumliche Perspektive. Der Wille, Schwachstellen gnadenlos auszumachen und auszumerzen, und die Fähigkeit, auf neue wirtschaftliche, politische, aber natürlich auch auf technische Entwicklungen und Situationen umgehend und angemessen zu reagieren, sind die entscheidenden Voraussetzungen, um in nächster Zukunft national und international zu expandieren. Denn die Coburger Produktionskapazitäten geraten zusehends an ihre Grenzen.

Das Rückgrat des Rationalisierungs-, Modernisierungs- und Expansionsprozesses bildet die konsequente Investitionsbereitschaft der Gesellschafter. Haben sie zwischen 1977 und 1981 63 Millionen D-Mark aufgebracht, so investieren sie zwischen 1982 und 1986 mit 142 Millionen D-Mark mehr als das Doppelte. Legt man diese Summe übrigens auf die in dieser Zeit neu eingestellten 486 Mitarbeiter um, ergibt sich eine durchschnittliche Investitionssumme für jeden neuen Mitarbeiter von beinahe 300 000 D-Mark – ein Verhältnis, das kaum einen Vergleich zu scheuen braucht.

Aber auch die tatsächlichen Aufwendungen für die Betriebsangehörigen haben es in sich. So zahlt Brose 1986 etwa 51 Millionen D-Mark an Löhnen und Gehältern aus, nicht wesentlich weniger, nämlich 42,3 Millionen an gesetzlichen, tariflichen und freiwilligen Personalzusatzkosten. Anders gewendet legt das Unternehmen auf jede D-Mark gezahlten Lohns noch 83 Pfennige für Personalzusatzkosten, davon rund ein Viertel an freiwilligen Leistungen, drauf. In absoluten Zahlen ausgedrückt bedeutet dies, daß Brose in dieser Phase der Firmenentwicklung Jahr für Jahr etwa zehn Millionen D-Mark an freiwilligen Leistungen aufbringt, was auf eine durchschnittliche Aufwendung von 5730 D-Mark pro Mitarbeiter hinausläuft.

Diese hohen Investitionen in den Personalbereich entsprechen zum einen dem Selbstverständnis eines familiengeführten Unternehmens. Allerdings gilt nach wie vor: Auch die Brose Fahrzeugteile GmbH & Co. KG ist kein karitativer Verein, sondern ein auf Umsatz und natürlich auf Gewinn angelegter Betrieb. Und wenn die Aufwendungen für die Mitarbeiter deren Zufriedenheit, Zuverlässigkeit und Effizienz erhöhen, ist das ganz im Sinne und im Interesse des Unternehmens und seiner Ziele.

Zum Beispiel das sogenannte Traineeprogramm. Weil auch bayerische Hochschulabsolventen nicht mehr das sind, was sie einmal waren, und weil die Arbeit bei Brose betriebsspezifische Qualitäten und Qualifikationen voraussetzt, werden die Neuen seit 1985 anderthalb Jahre lang in die verschiedenen Aufgabenbereiche des Unternehmens eingeführt und bei dieser Gelegenheit darin geschult, Wissen in Praxis umzusetzen. Natürlich ist das eine Investition in die Zukunft, von der niemand sicher sagen kann, ob sie sich amortisiert.

Gleiches gilt für die Selbstkontrolle, die im November 1986 erstmals im Großpreßwerk eingesetzt wird. Wenn der Arbeiter mittels eines Meßwagens den Fertigungsablauf eigenverantwortlich überprüft, dürfte das sowohl seine Zufriedenheit mit der Tätigkeit erhöhen als auch die Fehlerquote senken. Vorausgesetzt, die Rechnung geht auf. Wichtig wäre es, denn 1986 erhält das Großpreßwerk einen neuen 1500 Kilonewton

Stanz- und Umformautomaten, dem 1987 drei weitere Groß-
rasterstanzautomaten folgen. Alleine dafür sind 7,5 Millionen
D-Mark aufzubringen.

Und dann wird natürlich in die räumliche Ausdehnung
des Werkes investiert. Durch Zukäufe weiterer Grundstücke an der Ketschendorfer Straße sichert sich Brose das
Areal rund um den Stammsitz – und stößt dort zugleich endgültig an seine räumlichen Grenzen. Jetzt richtet sich der
Blick des Unternehmens über die Stadtgrenzen von Coburg
hinaus. Sieht man von den Zweigniederlassungen in Berlin
und Wuppertal-Elberfeld nach dem Ersten beziehungsweise nach dem Zweiten Weltkrieg ab, ist es das erste Mal in
seiner bald achtzigjährigen Geschichte, daß Brose diesen
Schritt tut. Es ist auch das erste Mal, daß Brose großzügig
plant. Bislang konnten die baulichen Erweiterungen in Coburg nie mit der dynamischen Entwicklung des Geschäfts
Schritt halten. Kaum waren neue Räumlichkeiten bezogen,
platzten sie auch schon aus den Nähten. Jetzt geht es um ein
ganz neues Werk und ein geplantes Investitionsvolumen
von 230 Millionen D-Mark.

Kein Wunder, daß sich mehr als 150 Städte und Gemein-
den um die Fabrik bemühen; kein Wunder auch, daß sich
die politisch Verantwortlichen in Coburg gegenseitig die
Schuld zuschieben, als bei Brose die Entscheidung zugunsten von Hallstadt fällt, das vor den Toren Bambergs liegt.
Dabei ist dieser Schritt – jedenfalls damals – nicht Ausdruck
einer wie immer gearteten Enttäuschung Michael Stoscheks
über die Stadt und ihre Väter, sondern ganz einfach der Erkenntnis geschuldet, daß Coburg für das rasch expandie-
rende Unternehmen zu eng wird. Im übrigen ist der neue
Standort mit seiner wesentlich besseren Verkehrsanbindung
und der Attraktivität der Stadt Bamberg eine echte Alternative zu Coburg. So gesehen bleibt Stoschek auch hier dem
Wettbewerbsprinzip treu.

An seiner Verbundenheit für seine Heimatstadt ändert das nichts, im Gegenteil: Als sich der Verein »Stadtbild Coburg« nach potenten Förderern umschaut, stellt der Unternehmer im April 1987 ein Programm auf die Beine und flankiert so – fünf Jahre lang und mit einer Gesamtsumme von 1,5 Millionen D-Mark, dem bis dahin größten Spendenvolumen in der Firmengeschichte – den Kampf der Initiatoren gegen die drohende Verschandelung des Stadtbildes. Mit den Mitteln sollen die Eigentümer erhaltenswerter, renovierungsbedürftiger Bauten in ihren Vorhaben unterstützt werden. So wird zunächst das Gebäude mit dem Hexenturm am Ernstplatz 12 wiederhergestellt, dann das mittelalterliche Haus an der Pfarrgasse 1 zwischen Casimirianum, Stoscheks alter Schule, und Morizkirche restauriert und damit erhalten. Für die Anwesen Rosengasse 16 und Steinweg 49, die mit Unterstützung Broses renoviert werden konnten, nimmt Gabriele Stoschek im Juni 1993 zwei Auszeichnungen »für Verdienste um das Coburger Stadtbild« entgegen. Damit ist das »Brose-Stadtbild-Programm« abgeschlossen.

Aber dieses Engagement ändert nichts an der Einschätzung der Firmenleitung, daß »im Coburger Raum weder genügend Produktionsfläche noch Arbeitskräfte vorhanden« sind. Hingegen spricht für den Bamberger Raum nicht nur ein großer Einzugsbereich mit entsprechend vielen Arbeitskräften, sondern auch ein strategischer Vorteil, den Coburg bis ins 21. Jahrhundert hinein nicht hat bieten können: die günstige Verkehrsanbindung. Zu Beginn der neunziger Jahre verhindert unter anderem der Naturschutz die Fortführung des sogenannten Frankenschnellweges von Nürnberg über Fürth, Erlangen und Bamberg bis Coburg.

Hallstadt bietet eine solche Anbindung, in diesem Falle die Maintalautobahn, ohne daß Brose auf jenen Vorteil verzichten muß, den man an Coburg stets zu schätzen wußte:

Um zu verhindern, daß die östlichen Gebiete nach der Teilung des Landes nicht vom Rest der Bundesrepublik und ihrer wirtschaftlichen Entwicklung abgekoppelt werden, gibt es dort für Investoren ordentliche Vergünstigungen, darunter beträchtliche Zuschüsse und verbesserte Abschreibungsmöglichkeiten. Davon hat schon der Coburger Standort des Metallwerks profitiert. Ob man sich das neue Werk 2 ohne diese sogenannte Zonenrandförderung hätte leisten können oder wollen, ist fraglich. Kein Wunder, daß Brose in der Region bleibt. Jetzt also Hallstadt – und das am Vorabend des Zusammenbruchs der DDR und der Überwindung der deutschen Teilung. Aber das wissen wir heute. Damals hat das niemand prognostiziert.

So beschließt die Gesellschafterversammlung der Brose Fahrzeugteile GmbH & Co. KG am Jahresende 1986 grundsätzlich den Bau eines neuen Werkes in Hallstadt. Zuvor hatte der dortige Stadtrat – einstimmig und mit sehr günstigen Konditionen – den Weg freigemacht. Ausschlaggebend dafür war der erwartete »entscheidende Beitrag zum Abbau der Arbeitslosigkeit«. Dann aber kommt es doch noch zu Verzögerungen, weil die Gesellschafterversammlung erst zwei Jahre später, am 16. Dezember 1988 endgültig grünes Licht gibt, so daß mit den Bauarbeiten nicht vor Anfang August 1989 begonnen werden kann.

Der Grund liegt in der Eintrübung der Konjunktur und im Einbruch der Automobilindustrie. Beschert das Jahr 1986 den deutschen Automobilbauern mit 4,3 Millionen PKW und Brose mit dem Überschreiten der halben Umsatzmilliarde noch einmal einen Rekord, brechen die Geschäfte für die einen und damit auch für den anderen 1987 und 1988 ein: 1987 steht bei Brose gerade einmal ein Umsatzplus von 2,4 Prozent bei einer praktisch unveränderten Mitarbeiterzahl in den Büchern, und im folgenden Jahr muß die Brose

Fahrzeugteile GmbH & Co. KG, Coburg, zum ersten Mal seit der Ölkrise 1974 in Deutschland einen Umsatzrückgang von 2,3 Prozent hinnehmen. Daß Brose dann doch in der Gesamtbilanz keine roten Zahlen schreibt, liegt am Auslandsumsatz, der 1988 erstmals zu Buche schlägt und dem Unternehmen insgesamt ein Umsatzplus von rund vier Prozent beschert.

Für den Rückschlag in Deutschland gibt es verschiedene Gründe, nicht zuletzt den neuen Tarifvertrag, der am 1. April 1988 in Kraft tritt und innerhalb eines Jahres – in zwei Schritten und bei vollem Lohnausgleich – die 37-Stunden-Woche bringt. Hinzu kommen die immer aggressiver und erfolgreicher auftretenden japanischen Konkurrenten und der Einbruch des amerikanischen Marktes. Ein schwacher Dollar bringt den deutschen Automobilbauern dort Verluste zwischen zehn Prozent bei VW und 45 Prozent bei Audi, und auch bei Saab und Volvo, den traditionell guten skandinavischen Kunden Broses, sieht es nicht besser aus.

Daß die Geschäftsführung dennoch zuversichtlich in die Zukunft schaut, liegt an der Gewißheit, technisch in den entscheidenden Bereichen nach wie vor eine, wenn nicht die Spitzenstellung zu halten. So können die Coburger die schlechten Nachrichten im Bereich der wirtschaftlichen Entwicklung mit einer Reihe glänzender Erfolge im Bereich Technik und Entwicklung kompensieren. Das hat auch damit zu tun, daß neue Produkte ihre Zeit brauchen, bis sie zur Serienreife gediehen sind. Daß einige ausgerechnet jetzt, also in den Jahren 1987 und 1988, präsentiert werden können, ist ein willkommener Lichtblick in trüben Zeiten.

So kann Brose beim neuen BMW der Siebener-Reihe nicht nur einen Aggregateträger mit integriertem Elektro-Fensterheber und Führungsschiene zeigen, sondern – nach immerhin viereinhalbjähriger Entwicklungszeit – auch einen für das neue sogenannte Flush-Glas geeigneten Fensterhe-

Kleine Serie, großer Wurf: Der BMW Z1 hat ein neues, von Brose ent-
wickeltes Türsystem, das erst die Fenster in der Tür und dann die Tür
in den Seitenschwellern verschwinden läßt – alles gesteuert von einer
Elektronik mit Einklemmschutz. Ein Exemplar dieses Typs steht zeitweise im Foyer des Coburger Entwicklungszentrums.

ber. Das Glas ermöglicht unter anderem außen anliegende,
bündige Seitenscheiben und damit neue Freiheiten für das
immer wichtiger werdende Design. Überhaupt steht BMW
bei den Brosianern in dieser Zeit ganz vorn. Der Z1, der 1988
in die Serienproduktion geht und von dem lediglich 8000
Stück gefertigt werden, hat ein völlig neues Türsystem, das
erst die Fenster in der Tür und dann die Tür nebst Fenster in
den Seitenschwellern verschwinden läßt. Heute steht gelegentlich, im Wechsel mit anderen Beispielen für moderne
Brose-Technik, ein Exemplar dieses inzwischen legendären
Autos im Eingangsbereich von Gebäude 25.
  Es sind solche Mechanismen und Türsysteme, die Brose
immer wieder die Marktführerschaft sichern. Behaupten
läßt sich die Spitzenposition nur durch ständige Innovatio-

Die Tür zum Erfolg: Mit der Entwicklung der modular aufgebauten
Autotür, die er 1988 der Presse präsentiert, löst Brose unter Stoscheks
Führung einen weltweiten Trend aus.

nen, wie zum Beispiel durch die mikroprozessorgesteuerten
»intelligenten« Fensterheber mit Einklemmschutz. 100 Jahre
nach der Präsentation des ersten Automobils präsentiert
Brose die Weltneuheit, in der man wohl einen Quanten-
sprung sehen kann. Seit 1986 in den Opel-Oberklassemo-
dellen »Senator« und »Omega« eingebaut, wird der Einklemmschutz auf der Internationalen Automobilausstellung
des folgenden Jahres vorgestellt: Genauso wie Brose seinerzeit in Deutschland den ersten mechanischen und dann in
Europa den ersten elektrischen Fensterheber auf den Markt
gebracht hat, sind die Coburger jetzt weltweit als erste mit
dem elektronisch gesteuerten Fensterheber am Kunden.
Vergleichbares gilt für die Türmodule, die 1987 erstmals
beim neuen Audi 80 Coupé zum Einsatz kommen und denen
die Zukunft gehört: Der Zulieferer ist für die Entwicklung

und Produktion einer zunehmenden Zahl von Komponenten einer Autotür zuständig.

So gesehen ist die Vermessung der Gegenwart die Voraussetzung für den Erfolg in der Zukunft. Das ist allerdings leichter gesagt als getan, denn zu den richtigen, aber eben auch riskanten Binsenweisheiten gehört, daß sich die Zukunft nicht berechnen läßt. Das Risiko einer solchen ganz und gar zukunftsorientierten unternehmerischen Strategie ist also beträchtlich; der Gewinn im Falle des Erfolgs allerdings auch. Daher geht Michael Stoschek – einmal mehr und wohlüberlegt – aufs Ganze: 1988 wird Brose international, und damit schlägt der inzwischen Vierzigjährige ein völlig neues Kapitel in der jetzt achtzigjährigen Geschichte des Unternehmens auf.

TECHNIK FÜR AUTOMOBILE

Brose wird international

1988 – 2008

Manchmal geben Bilanzen Rätsel auf. Jedenfalls auf den ersten Blick. So auch im Falle der Zahlen, die Brose für das Jahr 1988 vorlegt. Auf der einen Seite ist von einem Rückgang des Umsatzes in Deutschland, von Kurzarbeit und anderen unerfreulichen Entwicklungen die Rede. Andererseits kommt Brose alles in allem auf einen Umsatz von 557 Millionen D-Mark, was einem Plus von beinahe vier Prozent entspricht, und beschäftigt 2230 Mitarbeiter. Das sind immerhin gut 17 Prozent mehr als 1987. Wie geht das zusammen?

Die Antwort findet sich jenseits der deutschen Grenzen: Etwa 300 Beschäftigte haben dort in den letzten Monaten rund 30 Millionen D-Mark Umsatz erwirtschaftet. Denn der Zulieferer produziert seit 1988 auch in Großbritannien und Spanien. Schon deshalb wird dieses Jahr zu einem Schlüsseljahr in der jetzt achtzigjährigen Geschichte des Familienunternehmens. Hinzu kommt, daß die Gesellschafterversammlung im Dezember 1988 endgültig beschließt, in Hallstadt ein zweites deutsches Werk auf die Beine zu stellen. Und schließlich schlägt Michael Stoschek in diesem Jahr neue Wege in der Öffentlichkeitsarbeit ein.

Dabei handelt es sich – einmal mehr – um eine unorthodoxe Entscheidung. Es gehört ja zu den Besonderheiten Broses, daß diese Firma »Dinge produziert, von denen man

weder sieht noch hört, die im Verborgenen funktionieren«.
So beschreibt die *Süddeutsche Zeitung* zum Jahresende 1985
ihren Lesern diesen »außergewöhnlich bedeutsamen Zulieferer der deutschen Automobilindustrie«. Eigentlich wäre es
ja an den Automobilproduzenten, ihren Kunden die Vorzüge elektrischer Fensterheber nahezubringen. Das tun sie
aber nicht, jedenfalls für Brose nicht ausreichend und angemessen.

Wie sonst erklärt sich, daß lediglich jeder hundertste deutsche Käufer eines deutschen Automobils der unteren Mittelklasse elektrische Fensterheber ordert? Die Sache ist auch
deswegen bedenklich, weil inzwischen in französischen, italienischen und natürlich japanischen Autos dieser Klasse
solche Vorrichtungen jedenfalls für die vorderen Türen zur
Grundausstattung gehören. Also geht Brose in die Offensive und wendet sich mit einer eigenen Werbekampagne direkt an den Endverbraucher.

Eigentlich ist die Kampagne ein Luxus, denn Brose produziert keine Verbrauchsgüter, und daher sind auch nicht
die Endverbraucher im eigentlichen Sinne Broses Kunden,
sondern die Autohersteller. Das hat Nachteile – denn welcher Hersteller hört es nicht gerne, wenn sein Name in aller Munde ist –, und es hat Vorteile, denn es fallen praktisch
keine Marketingkosten an. Betrachtet man die einschlägigen Etats zum Beispiel der Automobilhersteller, weiß man,
was Brose im wahrsten Sinne des Wortes erspart bleibt.

Die Kampagne ist im übrigen zugleich die Geburtsstunde
eines Slogans: »Brose – Technik für Automobile« kommt
weltweit und – weil die Schlüsselbegriffe überall verstanden
werden – stets so, also in deutscher Sprache, zum Einsatz
und ist bis heute das Synonym für Präzision mit Tradition.
Daß bei dieser Gelegenheit und nach nunmehr fast sieben
Jahrzehnten der Zusatz »Coburg« aus dem Firmennamen
verschwindet, ist kein Zufall. Die Entscheidung in Hallstadt

einen zweiten Produktions- und Verwaltungsstandort einzurichten, vor allem aber der Entschluß, die Firma international aufzustellen, legen den Verzicht auf die Nennung des
Stammsitzes nahe. Daß die Coburger Stadtväter dies mit ge-
mischten Gefühlen zur Kenntnis nehmen, liegt auf der
Hand.

Neue Horizonte also – in der Werbung, beim Firmennamen, bei der Expansion innerhalb Deutschlands und nicht
zuletzt: beim Gang ins Ausland. Es ist Rolf Liertz, der Vorsitzende des Beirats, der Stoschek in diesem Vorhaben bestärkt, ihn geradezu bedrängt, die deutschen Grenzen hinter sich zu lassen. Liertz erkennt frühzeitig die neue, die
globale Dimension des Automobilbaus, hat keinen Zweifel,
daß die Zulieferer den Automobilbauern folgen müssen,
und die gehen mit ihrer Produktion zu den Kunden in aller
Welt. Von Coburg aus, da ist sich Liertz sicher, »kann man
kein Weltunternehmen betreiben«.

Stoschek folgt dem Rat. Es ist eine weitreichende Entscheidung – wegen des geschäftlichen Risikos, aber auch
weil sie die Frage nach den Wurzeln des Unternehmens auf-
wirft. Daß der Hauptsitz in Coburg bleiben wird, ist sicher,
schon weil eine Verlagerung erhebliche Kosten verursachen
würde und weil sich wohl die kleine Gruppe der leitenden
Angestellten, nicht aber der gewachsene Stamm der gewerblichen Mitarbeiter und Entwickler umpflanzen ließe.
Und dann ist Michael Stoschek nicht nur ein familienorien-
tierter, sondern auch ein heimatverbundener Mann: So gesehen bleibt die feste Verwurzelung der Firma im oberfränkischen Coburg die Voraussetzung für ihren Aufbruch zu
neuen, zu internationalen Horizonten.

Am 14. März 1988 beschließen die Gesellschafter der
Brose Fahrzeugteile GmbH & Co. KG »mit der Firma She-
ridan Engineering Ltd. Verhandlungen zum Kauf dieses

International: Mit dem Erwerb eines Werkes im englischen Coventry beginnt Brose 1988 die Produktion im Ausland. Das Bild zeigt den späteren Neubau.

Unternehmens zu führen«. Am 12. Juli 1988 wird der Kaufvertrag unterschrieben, und damit besitzt Brose im englischen Coventry die erste ausländische Produktionsanlage. 260 Mitarbeiter fertigen auf 4600 Quadratmetern unter anderem Schließteile, Verriegelungen sowie Fensterheber. Wenig später kommen zunächst 28 Mitarbeiter hinzu, die in Rubi unweit von Barcelona auf 2700 Quadratmetern Fensterheber herstellen. Denn am 3. Oktober 1988 hat Brose die spanische Techno Matic S. A. erworben.

Parallel erfolgt die Gründung der ersten Auslandsgesellschaften. Nachdem Ende August 1988 mit der Gründung der Brose International GmbH die rechtlichen Voraussetzungen geschaffen worden sind, erblicken Anfang Oktober 1988 in Spanien die Brose S. A. und im August 1989 in England die Brose Limited das Licht der Welt. Die Gründe für diesen Gang ins Ausland sind gut und zahlreich. Zu ihnen zählen die Kundennähe und vor allem die kostengünstige Produktion, selbst in Großbritannien. So werden dort im Jahresdurchschnitt fast 110 Stunden mehr gearbeitet als in der Bundesrepublik, und das bei deutlich günstigeren Lohnkosten und einer Nutzung der Maschinen im Dreischichtbetrieb. Zudem wird Spanien zu Beginn der neunziger Jahre mit zwei Millionen Fahrzeugen jährlich der drittgrößte Automobilhersteller Europas und der fünftgrößte weltweit, gleichzeitig ist der spanische Markt nicht annähernd gesättigt.

Daher beschließen die Gesellschafter bereits im März 1990 eine deutliche Produktionserweiterung für die ausländischen Standorte. In beiden Fällen handelt es sich um Neubauten; und in beiden Fällen ist mit dem Neubau eine Modernisierung des Produktionsprozesses verbunden: So wird in Santa Margarida i els Monjos bei Barcelona flußorientiert produziert. Weil an die Stelle einzelner zentraler Werkstätten Montageeinheiten treten, die es erlauben, die Fertigungsstruktur einstufig zu halten, kann man auf ein Hochregallager verzichten. Daß Christa Leber, die Mutter von Michael Stoschek und Christine Volkmann, Anfang Oktober 1992 den Grundstein für dieses neue Brose-Werk legt, hat auch eine symbolische Bedeutung: Die Internationalisierung von Brose, so das Signal, ändert nichts am Charakter und Selbstverständnis des Familienunternehmens.

Von weiterreichender Bedeutung als der Ausbau in Spanien ist der in England, schon weil es sich bei dem Werk in Coventry um den ersten Werkbau im Ausland in der inzwischen mehr als achtzigjährigen Firmengeschichte handelt. Außerdem wird mit der Übernahme des ersten Bauabschnitts Ende Mai 1992 unter der Regie von Frieder Paasche erstmals das Prinzip der »lean production«, der Optimierung der Wertschöpfung und der Reduzierung der Ressourcenvergeudung, von Anfang an konsequent umgesetzt.

Praktisch bedeutet das unter anderem die höchstmögliche Verschränkung von Fertigung und Verwaltung. Mehr als ein Drittel der Angestellten-Arbeitsplätze werden in der Fertigung eingerichtet. Solche Teambüros bewältigen die anfallenden Aufgaben aus den Bereichen Entwicklung, Fertigungsplanung, Produktion, Qualitätssicherung und Logistik in hohem Maße eigenverantwortlich. Standort und Produktionsweise zahlen sich aus: Seit Mitte Juni 1992 liefert Brose Fensterheber an Honda, ein Jahr später auch an Toyota. Die beiden japanischen Autobauer nehmen ihrerseits in dieser Zeit die Fertigung in Europa auf.

Einen Produktionsschwerpunkt des englischen Werks bilden seit 1992 Türmodule. Das entspricht dem Trend der Automobilkonzerne, die eigene Fertigungstiefe zu verringern und den Zulieferern die Herstellung immer komplexerer Systeme zu überlassen.

In diesem Sinne unterstreicht Brose auf der Internationalen Automobilausstellung im September 1989 seine Absicht, verstärkt komplette Fensterheber- und Sitzsysteme zu fertigen. Der im gleichen Jahr präsentierte doppelsträngige Seilfensterheber ist ein Schritt in diese Richtung. Da durch ihn die separate Scheibenführung überflüssig wird, senkt er die Kosten für die Autotür, und das freut die Autobauer; gleichzeitig erhöht er den Lieferumfang des Produkts und mit ihm den Geschäftserlös, und das wiederum freut den Zulieferer.

Allerdings muß der erst einmal investieren und dabei die Wünsche der Kundschaft, also der Automobilkonzerne wie der Endverbraucher, richtig einschätzen. Weil das nicht ohne Risiko ist, weil darin aber zugleich die Chance liegt, in den angestammten Bereichen durch innovative Lösungen die Marktführerschaft zu behaupten, führt Brose schon 1988 eine eigene Abteilung »Vorentwicklung« ein. Hier will man fortan die Grundlagenentwicklung unabhängig von einem bestimmten Kunden oder einem konkreten Geschäft vorantreiben.

Die Weichenstellung hat den willkommenen Nebeneffekt, daß sich schon im Vorfeld eine gewisse Qualitätsprüfung durchführen läßt. Denn je komplexer und komplizierter die Systeme mit fast jeder Neuerung werden, um so größer werden die Anforderungen von allen und an alle Seiten, nicht zuletzt an diejenigen, die Brose wiederum zuliefern.

Ende der achtziger Jahre kaufen die Coburger ihrerseits immerhin mehr als die Hälfte der zu verarbeitenden Teile bei Dritten ein. Als das Unternehmen Ende Oktober 1997 zu einem Lieferantentag einlädt, finden sich Vertreter von nicht weniger als 50 Firmen ein. Und weil die Automobilfirmen ihrerseits an Zulieferer wie Brose rasch wachsende Qualitätsanforderungen stellen und im übrigen deren Zahl über dieses Kriterium mehr und mehr ausdünnen, fordern die Coburger von ihren Lieferanten bis 1998 die strenge Einhaltung definierter Qualitätsmerkmale.

Nur unter dieser Voraussetzung kann Brose weiterhin mit den Auszeichnungen der bedeutenden Automobilhersteller rechnen, und die gewinnen zunehmend an Bedeutung. So wird die ohnehin beträchtliche Trophäensammlung im März 1988 mit dem erstmals durch Ford in Deutschland vergebenen Qualitätspreis »Q 1« um ein schönes Stück erweitert. Alleine von März 1990 bis Juni 1993 werden Brose beziehungsweise einzelne seiner Bereiche oder Standorte von BMW, VW, DAF, Volvo, Rover, SEAT und Peugeot in den exklusiven Kreis der A-Lieferanten aufgenommen. Und auch in den folgenden Jahren geht das so weiter.

Aber was heißt Qualität? Weil die Antworten auf diese Frage für den Erfolg entscheidend sind, geht die Geschäftsführung in Klausur. Inzwischen hat sie drei Mitglieder: Neben dem geschäftsführenden Gesellschafter und Jakob Faßbender, der jetzt für Finanzen und Verwaltung verantwortlich zeichnet, ist Roland Kankowsky seit 1988 für den neugeschaffenen Geschäftsführungsbereich Markt und Technik zuständig. Die drei legen sich und die Mitarbeiter 1989 auf einen Katalog von Brose-Qualitätsgrundsätzen fest, die konsequent umzusetzen sind: Qualität ist ein Prinzip, beginnt also in den Köpfen; jeder einzelne trägt Verantwortung für Qualität; zur Qualitätssicherung gehört die Fähigkeit, Kritik zu üben und Kritik zu verkraften; weil jeder Fehler einer zuviel ist, sind die Ursachen, nicht die Folgen eines Fehlers zu bekämpfen; Qualität wird erzeugt und nicht erprüft.

Nun sind Grundsätze nur so gut wie die Bereitschaft sie zu befolgen, und die ist um so besser ausgeprägt, je zufriedener die Beschäftigten mit ihrer Arbeit und ihren Arbeitsplätzen sind. Stoschek weiß, daß Mitarbeiter wie Heinz Knauer, der 1989 sein vierzigjähriges Betriebsjubiläum feiert, ohne einen einzigen Tag krankheitsbedingt ausgesetzt zu haben, die Ausnahme sind: Ihm selbst, der sein Unternehmen »liebe«, bekennt der Chef auf der Feier, sei das »nicht gelungen«. Daher haben die Befragungen zur Zufriedenheit am Arbeitsplatz, die Stoschek seit 1990 regelmäßig in seinen Betrieben durchführen läßt, keine Alibifunktion, sondern einen triftigen Grund: Zufriedene Beschäftigte fallen seltener aus und sind eher zu Höchstleistungen bereit.

Im Sommer 1990 wird in Zusammenarbeit mit der Universität Bamberg und der Fachhochschule Coburg eine repräsentative Befragung von 200 Mitarbeitern durchgeführt. Die Ergebnisse sehen denen der Enquete von 1979 recht ähnlich. So erklären 75 Prozent der gewerblichen und 86 Prozent der angestellen Mitarbeiter, daß ihnen ihre Arbeit »gut« oder »sehr gut« gefällt, allerdings äußern auch gut drei Viertel der

Befragten den Wunsch nach Verbesserungen – von modischerer Arbeitsbekleidung bis hin zu einer Mitarbeiterberatung.

Bis zum Jahresende hat die Geschäftsführung etwa die Hälfte der Vorschläge aufgegriffen, 30 Prozent sind in Bearbeitung, die übrigen sind nicht kurzfristig umzusetzen, geraten aber nicht aus dem Blickfeld. So beginnt Brose 1992 mit der geforderten Beratung der Mitarbeiter, und seit Jahresmitte 1996 wird die neue und einheitliche Berufskleidung eingeführt, auf der sich nicht nur der Firmenschriftzug, sondern auch der Name des Mitarbeiters findet.

1994, 1998 und 2003 werden die Befragungen wiederholt. Dabei läßt sich die Geschäftsführung grundsätzlich von jenem Motiv leiten, das Stoschek seinen Mitarbeitern 1990 so erläutert hat: »Trotz des Erfolges und des Wachstums von Brose wollen wir nicht zu einem anonymen Großunternehmen werden. Ich möchte viel eher die Eigenschaften des Familienunternehmens fördern, in dem man sich kennt, sich versteht und sich vertraut.«

Was aber ist ein Familienunternehmen? Was zeichnet es aus? Hat es unter den obwaltenden politischen und wirtschaftlichen Rahmenbedingungen eine Zukunft? Seit er die Geschäftsführung übernommen hat, denkt Stoschek über diese Fragen nach – pragmatisch, nüchtern, unsentimental und manchmal auch öffentlich. So zum Beispiel zum Jahresende 1990 vor den Coburger Rotariern, und wenn er eine Botschaft hat, dann ist es nach wie vor die, das Unternehmen vor seinen Gesellschaftern zu schützen.

Daher sein entschiedenes Plädoyer für die Trennung von Eigentum und Führung, die im Zweifelsfall, wenn es aus diesem oder jenem Grund keinen geeigneten Nachfolger gibt, auch auf die »Bestellung eines familienfremden Managements« oder auch auf den »Verkauf des Unternehmens«

hinauslaufen kann. Daher sein Bekenntnis zur wirtschaftlichen Unabhängigkeit als »höchste[m] Ziel eines Familienunternehmens«, das den Eigentümern bei Ausschüttungen beziehungsweise Entnahmen die »größtmögliche Selbstbeschränkung« auferlegen muß. Daher die Warnung vor dem Risiko: »Das Risiko der Familienunternehmen liegt genau dort, wo ihre Chance liegt: nämlich in der Unternehmerfamilie. Damit haben Familienunternehmen eigentlich nur sich selbst zu fürchten.« Folglich sind »Krisen der Familienunternehmen fast immer Familienkrisen, die Unternehmensprobleme nach sich ziehen.«

Natürlich bleiben Fragen, so die, ob nicht die Expansion eines solchen Unternehmens an Grenzen stößt oder stoßen muß, an denen sein höchstes Ziel, die wirtschaftliche Unabhängigkeit, nicht länger zu wahren ist. Und Brose expandiert. Enorm. Den Grundstein dafür haben die Gesellschafter 1988 gelegt – mit der Entscheidung für neue Produktionsstandorte im Aus- und im Inland. Als sie am 16. Dezember 1988 endgültig den Baubeginn des neuen Werkes beschließen und die Brose Fahrzeugteile GmbH & Co. Kommanditgesellschaft, Hallstadt, Mitte Mai 1990 die Produktion aufnimmt, betreten sie auch hier Neuland – weil sie in Deutschland erstmals außerhalb der Coburger Region fertigen, und weil Stoschek – endlich und jedenfalls für einige Zeit – die Vier-Tage-Woche durchsetzen kann.

Pionier auf diesem Gebiet ist einer der wichtigsten Brose-Kunden: Seit Mai 1988 ist im Regensburger Werk von BMW das neue Arbeitszeitmodell in Kraft. Hier stehen die Mitarbeiter vier Tage die Woche am Band, insgesamt 36 Stunden und damit eine Stunde weniger, als zu diesem Zeitpunkt tariflich vorgesehen ist. Weil aber der Samstag ein Regelarbeitstag ist, treten sie zweimal monatlich auch an diesem Tag an, haben dafür aber alle drei Wochen mit dem Sonntag fünf Tage frei. Der entscheidende Vorteil für BMW liegt in einer um 35 Prozent erhöhten Laufzeit der Maschinen. Ähnlich sieht das Arbeitsmodell in Hallstadt aus, wo zunächst vor allem Fensterheber produziert werden – unter anderem besagte doppelsträngige Seilfensterheber, alleine 8000 täglich für den »Golf«.

Der im November 1990 erstmals gewählte Betriebsrat zeigt sich damals in Fragen der Zukunftssicherung des Standorts noch kompromißbereit und stimmt nicht nur diesem Arbeitszeitmodell zu, sondern auch dem Nachfolgemodell, das im August 1997 in Hallstadt eingeführt wird: Fortan richtet sich die Arbeitszeit nicht mehr nach den Stunden des Tages und der Woche, sondern nach den Bedürfnissen des Unternehmens und seiner Kunden. In der Fertigung gilt ein Arbeitszeitrahmen zwischen null und 46,5, in der Verwaltung sogar zwischen null und 50 Wochenstunden. Ein Gleitzeit- und ein Freizeitkonto gleichen darüber- oder darunterliegende Stundenzahlen aus. Der vertraglich vereinbarte Lohn wird in jedem Falle ausbezahlt.

Politisch gesehen ist das Werk im oberfränkischen Hallstadt ein Anachronismus. Denn als die Gesellschafter im Dezember 1988 den Baubeginn beschließen, gehen sie wie die meisten ihrer Zeitgenossen davon aus, daß sich an der politischen Großwetterlage und damit auch an der Teilung Deutschlands auf absehbare Zeit nichts ändern werde. Der Standort wurde ja nicht zuletzt wegen der finanziellen Förderung der immer noch sogenannten Zonenrandlage gewählt.

Doch dann kommt innerhalb kurzer Zeit alles ganz anders als erwartet oder gar geplant. Drei Jahre später gibt es die Sowjetunion nicht mehr, und das von ihr aufgebaute Imperium einschließlich der Deutschen Demokratischen Republik auch nicht. Dabei hat Erich Honecker, der Mann an der Spitze von Partei und Staat, noch im Januar 1989 prophezeit, daß die Deutschland teilende Mauer auch in 50 und

100 Jahren noch stehen werde, sofern die »dazu vorhandenen Gründe« noch bestünden. Damals haben er und die übrigen Mitglieder der altersstarren Führungsclique längst verlernt, die Zeichen der Zeit zu erkennen, und die stehen auf Sturm.

Ausgelöst durch ein Reformprogramm des sowjetischen Präsidenten Michail Gorbatschow, das eigentlich dem Kommunismus eine Zukunft eröffnen soll, drängen die Völker der Sowjetunion und ihres Imperiums, schließlich auch die Menschen in der DDR, auf ein Ende der Zwangsherrschaft und versetzen so dem kommunistischen System, jedenfalls in Europa, den Todesstoß. Als die Außenminister Österreichs und Ungarns Ende Juni 1989 mit symbolträchtiger Geste ein Loch in den Stacheldrahtzaun an der gemeinsamen Grenze schneiden, und Ungarn diese schließlich am 10. September öffnet, gibt es kein Halten mehr.

Innerhalb von 48 Stunden kommen 10 000 Flüchtlinge aus der DDR nach Österreich; Anfang Oktober dürfen Tausende von DDR-Bürgern, die sich auf dem Gelände der Bonner Botschaft in Prag aufhalten, das Land verlassen; wenige Tage später, am 18. Oktober, wird Erich Honecker »auf eigenen Wunsch« von seinen Funktionen als Staats- und Parteichef der DDR entbunden. Als dann am Abend des 9. November der völlig übermüdete Informationssekretär des tags zuvor inthronisierten neuen SED-Politbüros auf einer Pressekonferenz befragt wird, wann denn das neue Reisegesetz für DDR-Bürger in Kraft trete, sagt der vor laufenden Fernsehkameras »Sofort, unverzüglich!« und löst damit eine Massenwanderung Richtung Mauer aus. Mit diesem unerwarteten Ansturm Neugieriger konfrontiert, öffnen die verunsicherten Grenzsoldaten um 23:14 Uhr die ersten Schlagbäume.

So gesehen ist der Fall der Mauer ein Betriebsunfall der Geschichte, nicht geplant und von vielen innerhalb und zumal außerhalb Deutschlands bis dahin auch nicht gewollt. Vergleichbares ist von der Vereinigung des Landes zu sagen, die nicht einmal ein Jahr später, am 3. Oktober 1990, gefeiert werden kann. Selbst der Mann, der deutscherseits in diesem Prozeß die Regie führt, der seit Herbst 1982 amtierende christdemokratische Bundeskanzler Helmut Kohl, hatte diese Entwicklung nicht für möglich gehalten, als er am 28. November 1989 vor dem Bundestag in Bonn seine »Zehn Punkte«, eine Art Fahrplan für die nächsten Jahre, verlas.

So aber sind Mauerfall und Vereinigung Etappen eines vielschichtigen, revolutionären weltpolitischen Prozesses, der nur wenig später ein jahrzehntelang für undenkbar gehaltenes Ende findet. Als Gorbatschow zum Jahresende 1991 seinen Hut nimmt und damit die Sowjetunion und der Ost-West-Konflikt über Nacht Geschichte sind, wissen die meisten Beobachter nicht, was sie von der neuen Lage halten sollen. Welche Risiken und Chancen birgt das riesige Vakuum, das die jahrzehntelange sowjetische Zwangsherrschaft in Mittel- und Osteuropa hinterläßt?

Die Optimisten finden sich vor allem in den Reihen der Wirtschaft. Langfristig sehen ihre Vertreter dort einen riesigen Markt und kurzfristig ein großes Reservoir an Arbeitskräften. Auch Brose. Hier geht man 1989 zunächst davon aus, zum Jahreswechsel etwa 100 Stellen nicht besetzen zu können, bis sich im Spätsommer die Lage ändert. Noch vor dem Mauerfall stellen die Coburger 50 Flüchtlinge aus der Botschaft der Bundesrepublik in Prag sowie Übersiedler aus Polen, Rumänien und Ungarn ein.

Der Fall der Mauer bringt es mit sich, daß die Region Coburg von der Randlage der alten Bundesrepublik in die Mitte des vereinigten Deutschland rückt – jedenfalls politisch, denn verkehrstechnisch ändert sich einstweilen nichts, im Gegenteil: Die großen Verkehrsprojekte, die nach der Vereinigung aus der Taufe gehoben werden, lassen die Stadt links liegen. Dafür bietet das benachbarte Thüringen für Brose ein neues Betätigungsfeld. Auch um dort einen »Beitrag zum wirtschaftlichen Wiederaufbau« zu leisten, vereinbart Brose schon im März 1990, also noch zu DDR-Zeiten, mit dem VEB Fahrzeugzubehörwerke Ronneburg, Werk Gera, eine Mehrheitsbeteiligung.

Im Dezember 1990 beschließt die Gesellschafterversammlung die Gründung der Brose Fahrzeugteile GmbH & Co. Kommanditgesellschaft, Gera, und damit des dritten Standorts in Deutschland und des ersten in den jetzt sogenannten Neuen Bundesländern. Produziert wird zunächst mit fünf Mitarbeitern in angemieteten Räumen der Geraer Fahrzeugteile GmbH. Zum Jahresende 1994 übernimmt der dreißigjährige Betriebswirt Jürgen Otto die Leitung des Werks. Als die Kapazitäten endgültig an ihre Grenzen stoßen, entschließen sich die Gesellschafter zum Bau eines neuen Werks im sächsischen Meerane, unweit Zwickau. Unter der Regie von Jürgen Otto wird die mehrfach ausgezeichnete Fabrik zu einem Musterbetrieb innerhalb und außerhalb der Brose-Gruppe. Seit 1997 werden hier unter anderem Türmodule für das im nahen Mosel vom Band laufende VW-Modell »Passat« produziert.

So scheint auch Brose von der Aufbruchsstimmung erfaßt zu werden, die ganz allgemein für die ausgehenden achtziger und beginnenden neunziger Jahre charakteristisch ist, bevor die Ernüchterung Platz greift und in Enttäuschung übergeht. So erreicht das Coburger Unternehmen 1989 mit einem Wachstum von gut 18 Prozent den bisher höchsten absoluten Zuwachs in der Unternehmensgeschichte, und auch 1990 liegt man mit acht Prozent noch einigermaßen im Rennen. Als dann aber die Weltwirtschaft 1992/93 durch ein Tal der Rezession muß und zum Beispiel 1993 in Deutschland 22 Prozent weniger Autos produziert werden als ein Jahr zuvor, bekommt das natürlich auch der Zulieferer zu spüren.

Weil sich die Automobilindustrie nach wie vor wie ein Seismograph verhält und die konjunkturellen Schwankungen vorwegnimmt, weisen Broses Bilanzen die »härtere[n] Zeiten« schon in den Jahresbilanzen 1991 und 1993 aus: Das Jahr 1991 gehört zu den wenigen in der Firmengeschichte mit einem gruppenweit leichten Umsatzrückgang. Während die Werke in England und Spanien Zuwächse von insgesamt 50 Prozent verzeichnen, gehen die Umsätze der deutschen Gesellschaften um vier Prozent zurück. Und 1993 tritt Brose, so die *Süddeutsche Zeitung*, sogar »scharf auf die Bremse«. Angesichts hoher Lagerbestände bei den Autobauern wird die Produktion zu Jahresbeginn in einigen Bereichen um 30 bis 50 Prozent zurückgefahren. Zwar schließt das Jahr wieder mit einem leichten Plus, aber ein erfolgverwöhntes Unternehmen mit satten zweistelligen Wachstumsraten kann so ein Ergebnis natürlich nicht zufriedenstellen.

Das ist nicht schön, aber dramatisch ist es auch nicht. Denn Stoschek sieht auch in dieser Krise eine Chance: Wenn dem Drang nach Umsatzsteigerung äußere Grenzen gesetzt sind, macht man eben aus der Not eine Tugend, lenkt die ungebrochene Energie um und mobilisiert sie für die Modernisierung, Restrukturierung und Internationalisierung des Betriebs. Die Phase schwächelnden Wachstums läßt sich nutzen, um das Unternehmen für die neuen Herausforderungen einer Welt aufzustellen, von der jetzt alle sagen, daß sie in ein neues Zeitalter, das Zeitalter der Globalisierung eingetreten sei.

Hinter diesem Schlagwort steckt eine komplexe, dynamische Entwicklung, die sich keineswegs auf die Wirtschaft beschränkt, sie aber in besonderem Maße betrifft. Der Zusammenbruch der alten Weltordnung, die Überwindung des Ost-West-Konflikts, hat ja nicht zuletzt zum Zusammenbruch der starren Ordnung des Kalten Krieges und mit ihr zur Überwindung von Grenzen aller Art geführt. Für viele bringt dieser revolutionäre Vorgang neue, bislang nicht gekannte Freiheiten – so für die jahrzehntelang unter kommunistischer Zwangsherrschaft lebenden Völker, aber auch für jene Staaten und Völker der sogenannten Dritten Welt, deren Zukunft sich bis zum Ende der neunziger Jahre über die mehr oder weniger bedingungslose Anpassung an den einen oder anderen Block definierte.

Für die industrialisierten Staaten der westlichen Welt brachte dieses System des Kalten Krieges deutlich mehr Vor- als Nachteile. Denn seine künstlichen Barrieren hielten Ungemach aller Art von dieser Wohlstandssphäre fern. Damit ist es Anfang der neunziger Jahre gleichsam über Nacht vorbei, wenn es auch noch etwa ein Jahrzehnt dauert, bis man das hier wahrhaben kann oder will. Spätestens jetzt wird erkennbar, daß die Wohlstandsinseln der Welt, zu denen auch das westliche Europa gehört, Flüchtlinge, Migranten und Vertriebene, aber auch Kriminelle aus allen Teilen der Welt magisch anziehen; erkennbar wird auch, daß die lange Zeit unterdrückten, vernachlässigten oder vergessenen Völker und Staaten der Welt ihrerseits nach vorne drängen – sei es als Wettbewerber auf den Märkten der Welt, sei es als Konkurrenten beim Wettlauf um die knapper werdenden natürlichen Ressourcen des Globus, sei es als Anbieter kostengünstiger Arbeitskräfte und Produktionsbedingungen.

Diese Entwicklung frühzeitig, also schon zu Beginn der neunziger Jahre, in ihrem ganzen Ausmaß zu erkennen, ist nicht leicht; darauf angemessen zu reagieren, erst recht nicht. Zu denen, die das eine wie das andere im Rahmen des möglichen schaffen, gehört Michael Stoschek. Ob die Weichenstellungen, die er jetzt vornimmt, in erster Linie auf die zutreffende Einschätzung der neuen Lage oder vor allem darauf zurückzuführen sind, daß er auf ein in Krisenzeiten bewährtes Handlungsmuster zurückgreift, sei dahingestellt. Sicher ist, daß er Brose einmal mehr neu positioniert, ohne daß dabei die Traditionen, in denen sich das Familienunternehmen verankert weiß, über Bord gehen.

Dazu gehört, daß der Unternehmer seine Mitarbeiter ins Bild setzt. Sie sollen wissen, was er für sie tut, und sie müssen wissen, was er von ihnen erwartet. In diesem Sinne schreibt der geschäftsführende Gesellschafter im Sommer 1992 in der Firmenzeitschrift: »Ich will in aller Deutlichkeit sagen, daß wir unsere Werke im Ausland erworben haben, um am dortigen Wachstum der Automobilindustrie teilzuhaben und um unsere internationale Position zu verstärken. Nicht getan haben wir dies, um allmählich unsere deutschen Arbeitsplätze aufzugeben. Natürlich haben wir nicht über Jahrzehnte zunächst in Coburg und später in Hallstadt und Gera investiert, um unseren Mitarbeitern, die zum Teil schon in der dritten Generation bei uns beschäftigt sind, sagen zu müssen, daß wir ihren Arbeitsplatz hier nicht mehr aufrechterhalten können. Aber ich bin sicher, daß unser Ziel der Sicherung der Arbeitsplätze nur gemeinsam und unter großen Anstrengungen erreichbar ist.«
Das klingt wie eine Floskel. Es ist aber keine. Denn natürlich hat Brose seinerseits ein Interesse daran, seine Mitarbeiter an das Unternehmen zu binden. So erhält im Juni 1994 als »ein Zeichen des Dankes für das Engagement der Mitarbeiter« über viele Jahrzehnte hinweg jeder von ihnen – je nach Dauer der Betriebszugehörigkeit – eine Sonderzahlung zwischen 300 und 1200 D-Mark. Im Juli des folgenden Jahres beschließen Gesellschafter und Beirat nach einem sehr guten Geschäftsjahr die Ausschüttung einer Er-

folgsprämie von durchschnittlich 1000 D-Mark je Mitarbeiter, und weil die englische Tochtergesellschaft in puncto Qualität und Rendite den Vogel abschießt, streichen ihre Mitarbeiter auch die Spitzenprämie in Höhe von durchschnittlich 1755 D-Mark ein. Ganz offensichtlich spornen die Prämien an. Für das Geschäftsjahr 1997, in dem die Gesellschafter Erfolgsprämien von insgesamt fünf Millionen D-Mark an ihre Mitarbeiter ausschütten, liegen die Spanier mit einem maximalen Betrag von 1700 D-Mark an der Spitze.

Über den Tag hinaus weist hingegen die Gründung einer unternehmenseigenen Krankenkasse, die zum Jahresbeginn 1992 ihre Arbeit aufnimmt. Mit einem Beitragssatz von 9,8 Prozent bringt die BKK, die Brose-Betriebskrankenkasse, ihren Mitgliedern eine jährliche Ersparnis von bis zu 700 D-Mark. Kein Wunder also, daß die BKK bereits drei Jahre später das zweitausendste Mitglied begrüßen kann. In Verbindung mit dem werksärztlichen Dienst, dem Anfang der neunziger Jahre zwei Ärzte und drei Werksschwestern angehören, ist das ein attraktives Angebot für die Mitarbeiter.

Zu den bewährten Mitteln der Mitarbeiterbindung und -motivation gehört auch bei Brose nach wie vor das Betriebliche Vorschlagswesen. Wie alle Bereiche des Unternehmens wird es zu Beginn der neunziger Jahre gestrafft, enthierarchisiert und durch einen 1996 erstmals vergebenen »Brose-Innovationspreis« ergänzt. 1991 knacken Wilfried Bosecker und Michael Hermann mit ihrem Verbesserungsvorschlag im Bereich der Elektro-Fensterheber-Montage den Prämienrekord Michael Schiemanns aus dem Jahr 1984: 52 800 D-Mark ist dem Unternehmen ihre Idee wert. 1994 wird durch Verbesserungen aller Art immerhin die stattliche Summe von etwa drei Millionen D-Mark eingespart, wovon rund die Hälfte auf das Konto des Betrieblichen Vorschlagswesens geht und die andere auf das von BEST.

BEST heißt im Klartext »Brose-Erfolg durch Sparsamkeit und Teamgeist«; BEST steht nicht für ein zeitliches oder räumliches Programm, sondern für eine grundlegende unternehmerische Neuausrichtung; BEST ist sozusagen die modernisierte Variante von KONZORG und damit das Zukunftsprogramm auf dem Weg ins 21. Jahrhundert; BEST zieht die Konsequenz aus einem ernüchternden Befund, zu dem eine Studie des Massachusetts Institute of Technology gekommen ist: Danach liegt die Anzahl der Defekte bei den zugelieferten Komponenten pro 100 Fahrzeuge in Japan lediglich bei 24, in den USA bei 33 und in Europa gar bei 62.

Zwar ist Brose von diesen Zahlen weit entfernt, doch reagiert man auch hier auf dieses Zeichen der Zeit, und das bedeutet: Man nimmt sich das Modell Japan zum Vorbild. Daher soll BEST »durch einen kontinuierlichen, schrittweisen Wandel den Prozeß der ständigen Verbesserung im ganzen Unternehmen bewirken« und damit nicht zuletzt Kosten sparen. Was die prämierten Einzelvorschläge der Mitarbeiter zur produktorientierten Qualitätssicherung beitragen, soll BEST durch eine das gesamte Unternehmen einbeziehende Qualitätsverbesserung ergänzen, zusammenfassen und abrunden. Ziel ist die Umsetzung besagter »lean production«, die gerade im neuen englischen Werk eingeführt wird und zum Produktionsprinzip des gesamten Unternehmens werden soll. In Coburg wird dafür zum Beispiel Anfang 1994 das Pilotprojekt »Schlankes Preßwerk« auf den Weg gebracht.

Teil dieses Prozesses ist die »Schlanke Instandhaltung«. Im Kern geht es auch dabei um die Umsetzung eines simplen Gedankens: Wenn man die Instandhaltungsfachleute in die Fertigungsteams integriert, sollten sie in der Lage sein, die Wartungs- und Reparaturarbeiten an ihren Maschinen selbst durchzuführen; langwierige Anfragen und Abstimmungsschwierigkeiten sollten der Vergangenheit angehören. Aufwendigere Wartungs- und Reparaturarbeiten bleiben einem abgespeckten, schnell abrufbaren Service-Center vorbehalten, das auch für Fragen der Instandhaltungsplanung und Energieoptimierung zuständig ist.

Erdacht worden ist dieses Projekt in Kooperation mit dem Fraunhofer Institut für Produktionstechnik und Automatisierung und im Rahmen einer Reihe sogenannter BEST-Workshops, die 1992 und 1993 durchgeführt wurden. Dieses konzentrierte Nachdenken im engen Kreis wird um so wichtiger, je stärker und schneller die Abteilungen des Unternehmens wachsen. Zum Beispiel die Fensterheber-Entwicklung, das Herzstück des Betriebs. Als Peter Heß, ihr Leiter, vor 25 Jahren, also noch zur Zeit Max Broses, in das Unternehmen eintrat, bestand sie aus einem technischen Büro und einer kleinen Versuchsabteilung. Jetzt, im Februar 1991, arbeiten hier alleine 50 Ingenieure und Techniker. Vor einem Vierteljahrhundert produzierten die Brosianer jährlich rund zwei Millionen Fensterheber, 1991 sind es mehr als 16 Millionen, Tendenz stark steigend. 1966 wurden damit 23 Millionen D-Mark umgesetzt, 1991 ist es rund eine halbe Milliarde.

Davon wird ein zunehmender Anteil im Ausland erwirtschaftet. Brose ist eben ein international aufgestelltes Unternehmen – auch in der Hinsicht, daß in den deutschen Werken inzwischen Mitarbeiter aus 22 Nationen beschäftigt sind. Michael Stoschek ist, wie er zum Jahresende 1995 seinen Mitarbeitern sagt, »überzeugt, daß Zulieferer der Automobilindustrie in unserer Größenordnung sich in Zukunft nur dann erfolgreich behaupten können, wenn sie auf dem Weltmarkt vertreten sind«.

Dazu gehört der besonders schwierige asiatische Markt. Seit September 1993 sind die Coburger mit der Brose Japan Ltd.

Übersee: Mit der Brose Automotive Systems Co. Ltd., die seit Oktober 1995 in Zhangjiagang, 140 Kilometer nordwestlich von Schanghai, ansässig ist, gibt Brose auch »in China Gas«.

in Tokio vertreten, und mit der Brose Automotive Systems Co. Ltd., die seit Oktober 1995 in Zhangjiagang, 140 Kilometer nordwestlich von Schanghai ansässig ist, gibt Brose – so die *Süddeutsche Zeitung* – auch »in China Gas«. Den spezifischen Konditionen der Volksrepublik entsprechend handelt es sich dabei um ein Joint-venture-Unternehmen, an dem Brose mit 60 Prozent, die Zhangjiagang Xinggang Electronics Co. Ltd. mit 40 Prozent beteiligt ist, an der wiederum die städtische Wirtschaftskommission die Mehrheit, eine Firma aus Singapur die Minderheit hält.

Im Vordergrund der Expansion steht freilich während der ersten Hälfte der neunziger Jahre der amerikanische Kontinent, und dort wiederum verfolgt Brose eine doppelte Strategie. Zum einen werden die Aktivitäten der im April 1977 gegründeten Brose North America Inc. durch das 1993 eröffnete Vertriebs- und Entwicklungsbüro in Detroit – also im Herzen der amerikanischen Automobilindustrie, in der Höhle des Löwen – verstärkt, das die Aktivitäten für die USA, Kanada und Mexiko koordiniert. Damit trägt Brose auch der Ende 1992 unterzeichneten, zu Jahresbeginn in Kraft getretenen NAFTA, dem »North American Free Trade Agreement« zwischen diesen drei Staaten Rechnung.

Vordringlich geht es darum, Aufträge der »Big Three« der amerikanischen Automobilindustrie, also General Motors, Chrysler und Ford, sowie der japanischen »Transplants« Honda, Toyota und Nissan zu akquirieren. Als Mitte März 1994 jenseits des Atlantiks ein erster Fertigungsauftrag von General Motors eingeht, ist Brose endgültig auf dem härtesten Markt der Welt angekommen. Zusätzlichen Schwung bekommt das Amerikageschäft, als Jan Kowal die Leitung des amerikanischen Hauptsitzes übernimmt. Der gebürtige Pole hat zunächst das Brose-Büro in seiner Wahlheimat Schweden geleitet, ist dann in Deutschland und England für die Coburger tätig gewesen und jetzt für den NAFTA-Raum zuständig. Im Jubiläumsjahr 2008 steuern rund 260 Mitarbeiter in der Detroiter Zentrale und fünf Werke in Nordamerika und Mexiko ein Umsatzvolumen von rund 600 Millionen US-Dollar bei.

Der Ausbildung des NAFTA-Raumes Rechnung tragend, haben sich die Coburger aber seit Anfang der neunziger Jahre auch bei den beiden kontinentalen Nachbarn der USA umgeschaut, und so beschließen sie schon im Juli 1992 die Gründung einer Niederlassung in Mexiko. Mit dem Erwerb einer ehemaligen Pumpenfirma in Querétaro – 220 Kilometer nordwestlich von Mexiko City – im Januar 1993 und der Gründung der Brose Mexiko S. A. de C. V., Querétaro, im Oktober 1993 machen sich die Coburger erstmals in der Firmengeschichte außerhalb Europas an die Produktion. Eigentliches Ziel dieses Engagements ist der nordamerikanische Markt. Zwar beliefert Brose Mexiko zunächst das VW-Werk in Puebla mit Fensterhebern; bald aber kann auch BMW als Kunde gewonnen werden. Die Bayern haben ihrerseits 1992 einen neuen Weg eingeschlagen und produzieren seit 1995 in Spartanburg im US-Bundesstaat South Carolina den Roadster Z3, dann auch den Geländewagen X5 unter anderem für den europäischen Markt.

Broses mexikanische Geschäfte lassen sich so gut an, daß bereits im Oktober 1995 eine Erweiterung des Werks in Querétaro in Angriff genommen und ein weiteres Jahr später, im Oktober 1996, der Grundstein für den Bau eines Zweitwerks gelegt wird: Seit 1997 fertigen die Coburger auch in Puebla, einer etwa 100 Kilometer südöstlich von Mexiko City gelegenen Stadt, unter anderem Türsysteme für das nahe gelegene VW-Werk.

Die Errichtung neuer Standorte im In- und Ausland stellt natürlich auch nicht unerhebliche Anforderungen an die Informationsverarbeitung. Schon weil die neuen Werke in Hallstadt und Gera in den Computerverbund integriert werden müssen, baut Brose die EDV seit 1991 konsequent aus und unterzieht sie dabei einer grundlegenden Modernisierung. Im November 1995 wird am Standort Coburg BALL, das »Brose Auftrags- und Lager-Leitsystem«, in Betrieb genommen, mit dessen Hilfe sich Anlieferung, Lagerbestände, Bearbeitung und Produktversand zentral registrieren und steuern lassen. 1998 schreibt Brose die Entwicklung konsequent fort und bringt mit immerhin 25 Millionen D-Mark, der größten EDV-Investition in der Firmengeschichte, SPEED auf den Weg: »Strukturierte Prozesse: effizient, erfolgreich, dynamisch« lassen unter anderem den einheitlichen Datenzugriff auf sämtliche Unternehmensbereiche im In- und Ausland zu.

Das ist zusehends unverzichtbar, denn seit Mitte der neunziger Jahre stürmt das Unternehmen von Erfolg zu Erfolg – geschäftlichem wie technischem. Zu den geschäftlichen Erfolgen gehört der Umsatz, der 1994 erstmals die Hürde von einer Milliarde D-Mark nimmt. Zu den technischen Erfolgen zählen Zulieferungen für aufsehenerregende Modellneuheiten wie den Z3-Roadster von BMW, der 1995 im James Bond-Film »Golden Eye« seine Weltpremiere feiert, oder den »Smart«, ein Joint-venture-Produkt von Mercedes-Benz und SMH, dem Hersteller der Swatch-Uhren. Hier haben sich 1994 sogar erstmals vier Zulieferer, unter ihnen Brose, zusammengetan, um die kompletten Seitentüren einbaufertig zu produzieren. Dieses ambitionierte Vorhaben scheitert dann aber doch an der nicht zu überwindenden Konkurrenzsituation.

Natürlich sind die Coburger daran interessiert, sich mit solchen Neuheiten gebührend in Szene zu setzen. Seit den Anfängen des Unternehmens spielen die großen Messen – zunächst in Berlin, jetzt in Frankfurt am Main – eine bedeutende Rolle. Brose legt es darauf an, dort alle zwei Jahre echte Neuheiten präsentieren zu können. Immerhin sind alleine bis 1996 mehr als 400 Erfindungen auf den Namen Brose angemeldet.

1993 können sich die Coburger, die in diesem Jahr in der Tschechischen Republik ihre achtzehnte Gesellschaft gründen, in Frankfurt nicht nur mit einer sechsjährigen Serienerfahrung und einer Gesamtproduktion von acht Millionen Einheiten erneut als Weltmarktführer auf dem Gebiet der Fensterheber-Elektronik präsentieren, sondern auf dem hauseigenen Messestand zugleich die dritte Generation dieses Systems vorstellen. Hinzu kommen unter anderem die aktive manuelle Sitzhöhenverstellung und ein neues Sitzgetriebekonzept, das mit substantiell reduziertem Gewicht erstmals im Saab 900 zum Einsatz kommt.

Die Weiterentwicklung des ebenfalls gezeigten Kompakt-»Memory« ist für Brose übrigens der Anlaß, sich einmal mehr mit einer eigenen Anzeigenkampagne sowohl den Kunden in der Automobilindustrie als auch den Endverbrauchern in Erinnerung zu rufen. Und die gehören offensichtlich zumeist noch dem männlichen Geschlecht an. Jedenfalls versucht Brose sie mit der Frage »Wie ist Ihre Einstellung gegenüber Ihrer Frau?« von den Vorzügen programmierter Sitzeinstellungen zu überzeugen.

Sich selbst positioniert Brose auf dem zusehends hart umkämpften Markt immer entschiedener und mit Erfolg als führender Anbieter komplexer Systemlösungen. Gewiß, auch auf der 56. Internationalen Automobilausstellung werden bemerkenswerte Neuheiten vorgeführt – etwa der doppelsträngige Seilfensterheber aus gewichtssparendem Aluminium in der neuen Fünfer-Reihe von BMW, eine besonders leichtgängige manuelle aktive Sitzhöhenverstellung im neuen Opel »Vectra« oder der neu entwickelte Einklemmschutz bei elektrischen Fensterhebern, der jetzt mit Ultraschalltechnik arbeitet.

Das besondere Interesse der Kunden aber gilt 1995 den Türmodulen. Brose demonstriert, was diese inzwischen bieten können: Fensterheber, Türelektronik, Schloß mit Zentralverriegelung, Türöffnungsgestänge, Kabelsatz und Lautsprecher.

1996 stattet Brose den »Passat« von VW nach eigener Auskunft »mit dem umfassendsten Türmodul aus, das bisher im Automobilbau bekannt ist«. Produziert werden die Türmodule für VW im fränkischen Hallstadt und nicht zuletzt im sächsischen Meerane. Inzwischen richtet sich der Zulieferer nicht nur bei der Entscheidung über den Produktionsstandort, sondern auch bei der Organisation der Arbeitsabläufe nach den Bedürfnissen seines Kunden. »Bei Brose in Meerane«, berichtet die *Frankfurter Allgemeine Zei-*

tung vom Ort des Geschehens, »wird zur gleichen Zeit wie bei VW in Mosel gearbeitet: in drei Schichten von Sonntagabend bis Samstagnachmittag. Wenn die Mitarbeiter von Volkswagen eine Pause machen, ruht auch die Arbeit bei dem Zulieferer. Über eine Datenautobahn erhält das Werk in Meerane die Bestellungen aus der Autofabrik, und alle 90 Minuten fährt ein Lastwagen die gewünschten Türmodule nach Mosel.«

Mit welchem atemberaubenden Tempo die Entwicklung – unter den Vorgaben der Kunden, also der Automobilkonzerne, und dem Druck der Konkurrenten – hier voranstürmt, zeigt sich an einer schlichten Zahl: Gut zehn Jahre später werden beispielsweise im »Just-in-Sequence-Werk« Saarwellingen für den Vorgang nur noch 60 Minuten benötigt. Hier baut Brose Tag für Tag rund 7000 Türsysteme für die Ford-Modelle »Focus« und »C-Max«. Weil es aufgrund der großen Anzahl von Varianten – praktisch etwa 400, theoretisch mehr als 1200 – wirtschaftlich nicht sinnvoll ist, aus einem Lager zu liefern, wird mit dem Aufbau der Türsysteme erst begonnen, wenn der verbindliche Auftrag eingegangen ist. Und der geht – online – ein, sobald die Fahrzeugkarosse bei Ford in die Endmontage eingesteuert wird.

Dies ist für den Kunden der »point of no return« und für Brose das Startsignal. Hier beginnen sie jetzt an vier Montagelinien synchron die Türsysteme für dieses Fahrzeug zu montieren und auf die mechanische, elektrische und elektronische Funktion zu prüfen. Dafür brauchen sie je Fahrzeugtür rund fünf Minuten. Von den getakteten Montagelinien, die einen Takt von 40 Sekunden erlauben, geht es in die Fördertechnik. Dort werden Türsysteme für 40 Fahrzeuge gesammelt und mit Spezial-Lastern zur 1,7 Kilometer entfernten Abladestelle beim Kunden gefahren, wo sie ebenfalls über eine vollautomatische Fördertechnik an den Verbauort transportiert werden.

Hochgeschwindigkeit: Mit seinem »Just-in-Sequence-Werk« in Saarwellingen stellt Brose sicher, daß vom Auftragseingang bis zur Montage der fertigen Tür im nahegelegenen Ford-Werk nicht mehr als 60 Minuten vergehen.

Da darf nichts oder doch nur wenig schiefgehen. Im ungünstigen Fall verbleiben gerade einmal zehn Minuten, um Störungen, welcher Art auch immer, zu beheben. Um den Fall nicht eintreten zu lassen, um also zu verhindern, daß bei Ford schlimmstenfalls sogar die Endmontage gestoppt und bis zu 2500 Mitarbeiter die Hände in den Schoß legen müssen, haben sie bei Brose eine ganze Reihe von Redundanz- und Notfallsystemen aufgebaut, die regelmäßig eingeübt werden und dazu beigetragen haben, daß der Ernstfall, also der Stop der Endmontage, bislang nicht eingetreten ist.

Damit so etwas gelingt, bedarf es eines gut geschulten, kompetenten Personals. So wendet das Unternehmen allein 1995 eine Million D-Mark für die Fortbildung der Mitarbeiter auf. Von den insgesamt 3100 Beschäftigten belegen 1600 intern veranstaltete Seminare, 270 besuchen externe

Fortbildungsveranstaltungen. Auch damit nimmt Brose also eine Spitzenstellung ein.

Und die Führungskräfte? Auch in dieser Hinsicht verschreibt Michael Stoschek seinem Unternehmen Mitte der neunziger Jahre eine neue, dem BEST-Programm angepaßte Struktur. Damit verfolgt er das erklärte »Ziel, die Aufgaben unserer Mitarbeiter so auszurichten und zu verändern, daß erfolgreiche Produkte mit möglichst wenig Aufwand entstehen, d. h. Produkte, die in Qualität, Leistung und Preis überlegen sind«. Das bedeutet, daß die funktionelle auf eine kunden- und produktorientierte Verantwortung umgestellt wird. Fortan liegt die Verantwortung für jedes Produkt bei einem Produkt-Team, das sich durch personelle Kontinuität auszeichnet und unter der Leitung eines Produktmanagers steht. Dieser trägt deutlich mehr Verantwortung als der überkommene Projektleiter, ist zum Beispiel der direkte Ansprechpartner des Kunden.

Um eine reaktionsschnelle Organisation gewährleisten zu können, sind die Produktmanager jeweils einem der Geschäftsführer direkt zugeordnet. Es ist daher konsequent, daß auch deren Kreis erweitert wird: Neben Michael Stoschek sind Adolf Rosensprung, der gleichzeitig dessen Stellvertreter wird, Ralf Storandt, Hubert Steiner und Carsten Schwarting Mitglieder der nunmehr fünfköpfigen Geschäftsleitung. Letzterer zeichnet dort für das Controlling verantwortlich.

Was aber heißt Verantwortung? Es ist ja auffällig, wie intensiv Stoschek diesen Begriff bemüht. Das ist nicht ohne Risiko, gehört doch der Appell an das Verantwortungsbewußtsein zum Standardrepertoire der politischen Sonntagsrede. So gesehen ist der Begriff abgenutzt und verbraucht. Ihn in den Mittelpunkt unternehmerischen Planens und Handelns zu rücken setzt voraus, daß er mit Inhalten versehen wird, die allen Beteiligten einleuchten. Mit Theorie allein ist es nicht getan. Verantwortung muß sich erfahren lassen – täglich und auf allen Ebenen.

Im Grunde versucht Brose nichts anderes, als den einzelnen Arbeitsabläufen in einem hochkomplexen, hypermodernen Produktionsprozeß wieder ein Gesicht zu geben. Jedem Mitarbeiter soll, ganz gleich an welchem Punkt er tätig ist, sein Anteil an diesem Prozeß und seinem Ergebnis sichtbar sein. Wer sehen und fühlen kann, was er hergestellt oder woran er mitgewirkt hat, entwickelt ein Verhältnis, eine Beziehung, ein Gespür für den Arbeitsablauf und seine Resultate. So entsteht das Bewußtsein für das Ganze, aus dem Verantwortung wächst.

Ein bemerkenswertes, ein revolutionäres Konzept. Damit es aufgehen kann, müssen einige Bedingungen erfüllt sein – allen voran eine Organisation der Arbeitsabläufe, die verantwortliches Arbeiten möglich macht. Und dann will verantwortliches Handeln natürlich honoriert sein: Die Prämierung ist nicht Selbstzweck, sondern Stimulans. Vor allem aber setzt das Gelingen des Projekts seine ständige Modernisierung und die wiederum einen langen Atem voraus. Den bringen in aller Regel nur familiengeführte Unternehmen auf, weil sie im eigenen Interesse über das Hier und Jetzt hinaus denken müssen, wenn sie als solche eine Zukunft haben wollen. Brose und sein geschäftsführender Gesellschafter bekennen sich zu dieser Tradition.

Am 1. Oktober 1996 feiert Michael Stoschek sein fünfundzwanzigjähriges Betriebsjubiläum, am 11. Dezember 1997 seinen fünfzigsten Geburtstag. Mehr als die Hälfte seines Lebens hat er nun in jenem Unternehmen verbracht, das vor beinahe neun Jahrzehnten von seinem Großvater gegründet wurde und das jetzt auf dem besten Weg ist, unter seiner Führung zu einem global aufgestellten Konzern zu werden. Die Frage, ob er unter anderen Umständen als den 1968 obwaltenden auch den Weg des Unternehmers eingeschlagen hätte, stellt sich nicht. Vielleicht wäre er seiner Neigung gefolgt und Fotograf geworden. Auch die Medizin hätte ihn wohl reizen können. Sicher hätte sich Michael Stoschek eine musikalische Karriere vorstellen können, hätte allerdings in diesem Fall nicht den Weg des Vaters eingeschlagen und sich für den Dirigentenberuf entschieden, sondern wäre wohl Tonmeister geworden.

Eine Verbindung zur Musik gibt es jedenfalls, schon weil es bis zum Tod des Vaters eine Bindung an Walter Stoschek gegeben hat. Und so entscheidet sich der Sohn anläßlich seines runden Geburtstags zu einem ungewöhnlichen Geschenk – für seine Gäste, nicht zuletzt aber auch für sich selbst. Am 11. Dezember 1997 dirigiert Michael Stoschek im Landestheater Coburg, der ehemaligen Wirkungsstätte seines Vaters Walter Stoschek und seiner Mutter Christa Leber, Beethovens Violinkonzert D-Dur durch das Orchester des Landestheaters. Was er sich damit zumutet, wird deutlich, wenn man weiß, daß der Mann zwar einige Instrumente leidlich spielen, aber keine Noten lesen kann.

Und weil Michael Stoschek, was immer er anfaßt, keinesfalls dilettiert, bereitet er sich auch auf dieses Konzert entsprechend vor. Ob er es ohne seinen besten Freund geschafft hätte, ist fraglich. So aber steht ihm Gottfried Schneider zur Seite. Der Violinist und Professor an der Hochschule für Musik und Theater in München und der Coburger Unternehmer kennen sich von Kindesbeinen an, weil ihre Mütter Christa Leber und Irmgard Schneider ihrerseits seit frühester Jugend eng befreundet sind. Und so übernimmt Gottfried Schneider nicht nur den Part des Solisten, er stimmt den Freund auch auf das Ereignis ein.

Sechs Wochen lang, insgesamt wohl 300 Stunden, bereitet sich Michael Stoschek auf das Konzertereignis vor – in der Regel in seinem Haus in Ahorn, mitunter auch mit

Kapellmeister: Am 11. Dezember 1997 dirigiert Michael Stoschek, Sohn des Dirigenten und Intendanten Walter Stoschek, anläßlich seines fünfzigsten Geburtstags im Landestheater Coburg, der ehemaligen Wirkungsstätte seines Vaters, Beethovens Violinkonzert D-Dur.

einem befreundeten Dirigenten sowie Gottfried Schneider in den Räumen der Münchner Musikhochschule. Wenn es je eine Situation in seinem Leben gegeben hat, in der er aufgeben wollte, dann ist es diese. Natürlich spielt die Erinnerung an den Vater und wohl auch die tiefsitzende Trauer, früh auf ihn verzichtet haben zu müssen, bei diesem emotionalen und physischen Kraftakt eine Rolle. Aber Stoschek, für den die Neugierde und die Herausforderung Lebensmittel sind, will auch etwas in Erfahrung bringen, was ihn schon immer interessierte: Wie führt man ein Orchester? Wie ein Unternehmen? Macht das Orchester mit, was ich, Michael Stoschek, mir unter Musik, in diesem Falle unter Beethovens Violinkonzert vorstelle?

Die Belastung ist enorm – schon weil er und das Orchester bis zur Aufführung nie im Landestheater, sondern lediglich im Coburger Gemeindehaus proben können. Vor allem aber wächst mit jedem Tag der Respekt vor der Tätigkeit des Dirigierens und vor den Dimensionen von Beethovens einzigem Violinkonzert. Je intensiver sich Stoschek damit befaßt und je besser er das Stück versteht, um so mehr belastet ihn der Gedanke, das grandiose Werk in einer ursprünglich als Spaß verstandenen Veranstaltung zu ruinieren. Am Ende des Konzerts, das Michael Stoschek dank der Unterstützung seines Freundes und des Orchesters »ernsthaft, sicher und präzise« dirigiert hat, ist er nach wochenlanger konzentrierter Arbeit nicht nur um acht Kilo Körpergewicht leichter und um einige Lebenserfahrungen reicher. Michael Stoschek hat seinen Gästen auch, wie man im Feuilleton des *Coburger Tageblatts* nachlesen kann, »ein gesellschaftliches, aber auch ein ernstzunehmendes kulturelles Ereignis beschert«.

So gesehen nähert sich der »vom Leistungsgedanken getriebene Perfektionist«, wie das *Handelsblatt* ihn einmal charakterisiert, dieser ungewöhnlichen Herausforderung nicht anders als der täglichen Arbeit in seinem Unternehmen oder auch der Jagd nach sportlichen Trophäen. Denn Stoschek ist Leistungssportler. Mit Golf kann er gar nichts, mit Ballsportarten nur wenig anfangen – jedenfalls als aktiver Sportler. Dafür holen die von seinem Unternehmen gesponserten Bamberger Basketballspieler schon 2007, im ersten Jahr unter dem Namen »brose baskets«, den deutschen Meistertitel.

Den aktiven Sportler Stoschek faszinieren Pferde und Autos. Seit der Großvater der Schwester ein Pferd geschenkt hat, ist Stoschek begeisterter Reiter. Eben jenes Pferd, den Hannoveraner Wallach »Walzer«, fördert Michael Stoschek so weit, daß er Bayern bei den Deutschen Junioren-

Als Amateur gegen Profis: 1996 gewinnt Michael Stoschek auf seinem Pferd »Respekt« zum zweiten Mal die bayerischen Meisterschaften im Springreiten.

meisterschaften im Dressurreiten vertreten kann. Und weil sich der Braune auch fürs Gelände und fürs Springen eignet, wird Stoschek auch noch fränkischer Meister in der Vielseitigkeit. In der Military fungiert er übrigens bei den Olympischen Spielen 1972 auch als Richter.

Aber die eigentliche Leidenschaft des Unternehmers gehört dem Springreiten. Die Erfolge können sich sehen lassen: Von 1990 bis 1992 ist Michael Stoschek dreimal in Folge fränkischer Meister im Springreiten, im August 1992 wird er mit dem zehnjährigen holländischen Wallach »Acrobaat« bayerischer Landesmeister, 1996 kann er diesen Erfolg mit dem holländischen Wallach »Respekt« wiederholen. Beim CSI in Kiel 1992, bei dem von den ersten 20 der Weltrangliste im Springreiten 15 am Start sind und bei dem er überhaupt nur dank eines persönlichen Kontakts zum Veranstalter eine Startgenehmigung erhält, steht Stoschek am Sonntagabend bei der Siegerehrung als erfolgreichster Reiter des Turniers dort, wo er sich besonders gerne aufhält: ganz vorne.

Als »Respekt«, seine Entdeckung, im Winter des Jahres 2000 – bei einer Routineuntersuchung nach der Injektion eines Betäubungsmittels – innerhalb weniger Minuten an einem anaphylaktischen Schock verstirbt, beendet Michael Stoschek seine Karriere als einer der erfolgreichsten Amateurspringreiter Deutschlands mit mehr als 40 Siegen in nationalen wie internationalen Prüfungen der höchsten Klasse.

Zu dieser Zeit reüssiert der Coburger Unternehmer bereits in einer zweiten Sportart. Das Springreiten und das Rallye-Fahren haben einiges gemeinsam: »In beiden Fällen«, sagt Stoschek, »muß man auf einem optimalen Weg möglichst schnell vom Start zum Ziel kommen, die Kurven auf der Straße sind die Hindernisse im Parcours, und der größte Vorteil beider Sportarten liegt darin, daß man sie im Sitzen ausüben kann.«

Seine Leidenschaft für den Motorsport hat Michael Stoschek eher zufällig entdeckt, als er einmal während der Nacht mit dem Rallye-Fahrer Walter Röhrl über einen verschneiten Alpenpaß fährt. Im Laufe der Jahre steuert er sich – durch systematische und konsequente Vorbereitung, geleitet von der Maxime, daß auch hier »der Zweite der erste Verlierer« ist – ganz nach vorn. 1995 fährt Stoschek mit zwei Porsche 911 insgesamt elf internationale historische Rallyes, belegt dabei siebenmal den ersten Platz und hat beträchtlichen Anteil daran, daß sein Team »Brose Klassik Sport« in diesem Jahr das erfolgreichste in Europa ist.

So geht das Jahr für Jahr. Und natürlich nimmt der selbst-

Siege in Serie: Mit verschiedenen Rennwagen vor allem der Marke Porsche gewinnt Michael Stoschek zahlreiche internationale Rallyes und Rennen. 2006 wird er Europameister im Rallyesport mit historischen Fahrzeugen.

gesetzte Anspruch im Laufe der Zeit nicht ab, sondern ganz im Gegenteil weiter zu. Im In- und Ausland gewinnt Stoschek Rennen mit modernen wie historischen Autos oder steht nach Passieren des Ziels zumindest auf dem Podest. Als dreimaliger Sieger der Carrera Panamericana, des berühmten Straßenrennens durch Mexiko, wie durch seine Erfolge bei der australischen Targa Tasmania macht er sich auch in Übersee einen Namen. Nachdem Stoschek die Geschäftsführung abgegeben und damit die Zeit hat, um eine ganze Meisterschaft zu fahren, erreicht er auch jenes Ziel, das er schon länger vor Augen hatte: 2006 holt Michael Stoschek auf einem wiederaufgebauten Werks-Porsche 911 SR aus den Baujahr 1971 den Titel des Europameisters in der FIA European Historic Sporting Rallye.

Wenn er nicht auf dem Rücken eines seiner Pferde sitzt oder ein Auto aus seiner Sammlung historischer Rallye-Fahrzeuge über Asphalt- oder Schotterpisten steuert, führt Michael Stoschek sein Unternehmen von Erfolg zu Erfolg. Das wirft Fragen auf, vor allem die: Woher nimmt er die Energie? Wenn denn die Frage richtig gestellt ist. Vermutlich gehört er zu jener kleinen Gruppe von Menschen, die ständig unterfordert sind, was ihnen in der Masse notorisch überforderter Zeitgenossen nicht unbedingt einen Vorteil verschafft: »Ich meine«, kommentiert er im Dezember 1996 einen sich abzeichnenden »faulen Kompromiß« bei den Lohnnebenkosten, »man muß nüchtern feststellen, daß die Politik ebenso versagt hat wie die Tarifpartner. Aber vermutlich sind auch sie überfordert.«

Aber gilt das nicht zwangsläufig auch für das engere berufliche Umfeld? Wie wirkt einer, der ständig unter produktiver Anspannung steht, für den Entspannung ein Fremdwort und Genuß ein Luxus ist, auf seine engsten Mitarbeiter? Motiviert solche Höchstleistung andere? Im Falle Stoscheks ist die Bilanz durchwachsen. Nicht wenige resignieren früher oder später. Andere halten den Parforceritt durch, weil sie sehen und akzeptieren, daß der Mann von anderen nicht mehr fordert als von sich selbst.

Und für einen Unternehmer wie Stoschek ist nichts selbstverständlich, und schon gar nichts perfekt. Alles wird in Frage gestellt, natürlich auch die eigenen Leistungen und Produkte. Gerade weil Brose von langfristigen Aufträgen mit einer durchschnittlichen Laufzeit von sieben Jahren lebt, ist die Entwicklung mit dem Auftragseingang nicht abgeschlossen, sondern – wenn man so will – in die Phase der Perfektionierung getreten. Unermüdlich und unerbittlich sucht Stoschek nach Fehlerquellen, will herausfinden, warum etwas nicht oder nicht so funktioniert, wie es sollte: »Dynamik mit System« lautet sein Prinzip, das auch hier zur Anwendung kommt.

Das setzt die Fähigkeit und die Bereitschaft voraus, sich im Zweifelsfall zu korrigieren. Stoschek ist kein Ideologe. Starres Festhalten an einmal gefaßten Beschlüssen ist ihm fremd. Das macht ihn glaubwürdig. Und dann ist der Mann mit seinen Ecken und Kanten, seinen Stärken und seinen Schwächen authentisch. Obgleich ihm die Insignien der Macht, mit denen sich Berufspolitiker oder auch Konzernmanager üppig auszustatten und zu zeigen pflegen, zur Verfügung stünden, braucht er sie nicht. Michael Stoschek, sagen langjährige Weggefährten, muß nicht mit der chauffeurgesteuerten Großlimousine und von Kofferträgern eskortiert vorfahren. Er wird auch so wahrgenommen und respektiert, und außerdem zählt das Understatement zu den obersten Maximen dieses Unternehmers.

Das alles hilft seinem Umfeld, sein ungestümes Naturell zu ertragen. Jedenfalls ist es erstaunlich, daß viele der besten zum Teil über Jahrzehnte an seiner Seite bleiben. Daß er nie einen von ihnen geduzt hat, solange sie noch beruflich aktiv waren, paßt in dieses Bild. Aber selbst wenn nur wenige sein Tempo mithalten können oder wollen – daß der Chef am Montag Morgen um Neun auch dann mit voller geistiger und körperlicher Präsenz die wöchentliche Sitzung der Geschäftsführung leitet, wenn er selbst spät in der Nacht von einem Turnier oder einer Rallye zurückgekehrt ist, verschafft ihm auch bei Skeptikern Respekt.

Und die Familie? Michael Stoschek ist ein Familienmensch. Was seine Eltern ihm nicht bieten konnten, weil sein Vater seinen eigenen Weg gehen mußte, will er seiner Familie nicht vorenthalten. Das ist bei dieser Konstitution und bei diesem beruflichen wie sportlichen Einsatz ein Kunststück. Weil die Familie, weil namentlich Gabriele Stoschek weiß, was der Sport für den Vollblutunternehmer bedeutet, machen sie das beste aus der Situation, legen sich ein Wohnmobil zu und leben an den Wochenenden ein Nomadendasein am Rande der Parcours.

Und natürlich bleibt die Familie auch im Unternehmen der Dreh- und Angelpunkt. So folgen Michael Stoschek und seine Schwester Christine Volkmann der Tradition und beschließen frühzeitig, ihre Kinder mit in die Firma aufzunehmen. Schon 1989 beginnen die beiden Gesellschafterstämme mit einer ersten Unterbeteiligung der Vier an den Coburger Firmen; zwei Jahre später wird der gleiche Schritt für Hallstadt und Gera getan; 1993 erfolgt eine Schenkung für die übrigen Firmen. Im Gegenzug bringen die Kinder von Michael Stoschek und Christine Volkmann ihre Anteile an den Firmen in die Brose Beteiligungs-Kommanditgesellschaft, Coburg, ein. Ähnlich halten sie es im Dezember 2004, als sie weitere Anteile an den Firmen der Brose Gruppe erhalten. Seit 1993 werden sie auch im Handelsregister geführt.

Als der Umbau des Stammsitzes in Coburg abgeschlossen ist und die Urenkel Max Broses aus diesem Anlaß im Juli 2003 eine Büste des Firmengründers enthüllen, bekräftigt Julia Stoschek, daß auch ihre Generation »alles daran setzen« werde, »den Fortbestand der Brose-Gruppe als Familienunternehmen sicherzustellen«. Auch in dieser Hinsicht ist das Unternehmen also für das 21. Jahrhundert aufgestellt.

Der Umbau des Stammsitzes bildet den Höhepunkt des Modernisierungs- und Reorganisationsprozesses im ausgehenden 20. Jahrhundert. Zu ihm zählt auch der Einstieg in die Elektronikfertigung. Unterstützt von Siemens, will Brose ab Frühjahr 2001 rund 20 Prozent der elektronischen Steuerungen selber bauen und damit von seinen Zulieferern unabhängiger werden. In diesem Zusammenhang entsteht im Jahr 2000 in Hallstadt eine neue Verwaltung für Türsysteme und Elektronik.

Am Stammsitz Coburg geht es sowohl um die Verwaltung als auch um die Fertigung, genauer gesagt um die Vorfertigung, in der immerhin 600 Mitarbeiter tätig sind. Neben der Lackiererei, der Kunststoffspritzerei und der Schweißerei wird vor allem das Preßwerk einer Modernisierung unterzogen. Zwei eigens für Brose entwickelte 800-Tonnen-Hydraulikpressen sorgen für einen beispiellos hohen Automatisierungsgrad und in Verbindung mit einer Reihe weiterer Maßnahmen für eine Produktionssteigerung von 50 Prozent. Im Bereich der Verwaltung und des Versuchs entstehen 2001 in einem Neubau auf 12 000 Quadratmetern unter anderem ein neues Rechenzentrum, 400 Büro- und Technikarbeitsplätze sowie ein Komplex mit Besucher- und Konferenzräumen. Damit bringt Brose den Gründungssitz auf das Niveau der ausländischen Produktions- und Verwaltungsstandorte.

Und dann wird in Coburg und Hallstadt das zukunftsweisende Desk-Sharing-System eingeführt, das wie keine zweite Neuerung zugleich für die »Neue Brose Arbeitswelt« steht: Die Mitarbeiter halten sich nicht dort auf, wo ihnen ein Namensschild an der Bürotür den Arbeitsplatz zuweist, sondern sie ziehen sozusagen mit ihrem Arbeitsplatz – einem Rollcontainer, also gewissermaßen einem mobilen Schreibtisch – dorthin, wohin sie der Produktions- oder Verwaltungsablauf ruft. Eine Software ermittelt aus dem Kommunikationsbedarf einzelner Arbeitstage die Zuordnung der Mitarbeiter zu den verfügbaren Büroarbeitsplätzen.

Das hat zur Folge, daß die Großraumbüros am späten Abend, wenn die letzten ihre Arbeitsplätze verlassen haben, den Eindruck vermitteln, als stünde die Firma vor dem Konkurs: Von den Computern und den Telefonen abgesehen sind die Schreibtische leer – keine Papiere, keine Schreibutensilien, keine persönlichen Gegenstände. Der Eindruck täuscht natürlich, und für das Unternehmen rechnet sich das neue Konzept durchaus. So teilen sich zehn Mitarbeiter acht unabhängige Arbeitsplätze, was bei den Bürokosten Einsparungen von bis zu 20 Prozent bringt.

Auch bei den Arbeitszeiten setzt die Geschäftsführung auf Flexibilität, Eigenständigkeit und Eigenverantwortung der Mitarbeiter. Die müssen nur noch in der sogenannten Kernzeit, also von 9.30 bis 14.30 Uhr erreichbar sein, disponieren aber im übrigen ihre wöchentliche Arbeitszeit – in der Regel 40 Stunden – selbst. Das Gehalt bleibt konstant, auch wenn einmal weniger oder mehr gearbeitet wird. Eine Arbeitszeiterfassung gibt es nicht. Prämien und Zuschläge bemessen sich am Ergebnis.

Kein Wunder, daß diese »Brose Arbeitswelt«, zu der auch neue Sozialeinrichtungen wie ganztägig geöffnete Betriebsrestaurants oder Fitneßeinrichtungen zählen, die Zufriedenheit der Mitarbeiter erhöht. Jedenfalls geben 2003 95 Prozent der befragten Angestellten an, mit ihrem Arbeitsplatz zufrieden zu sein, und immerhin 85 Prozent halten die Zusammenarbeit mit ihren Kollegen für gut. Natürlich spricht sich das im Land herum: 2004 gehört Brose nach einer Umfrage unter Tausenden Studenten der Ingenieurwissenschaften zu den 50 beliebtesten Arbeitgebern in Deutschland.

Da diese flexible Arbeitsplatzgestaltung Rückwirkungen auf die Architektur hat, erhalten die Bauten und mit ihnen die Landschaftsgestaltung im Dreieck Ketschendorfer-, Haußmann- und von-Schultes-Straße ein neues Gesicht: Insgesamt werden 45 Gebäude für die Fertigung und die Verwaltung neu gebaut oder renoviert. Alle haben mehr oder weniger die gleiche Höhe, maximal drei Stockwerke – auch das Gebäude der Geschäftsführung, die folglich nicht in einem Hochhaus über den Mitarbeitern thront, sondern sich sozusagen auf Augenhöhe mit der Produktion, in diesem Falle der Vorfertigung, befindet.

Gespür für Städtebau: Karl-Heinz Glodschei (links), Harald Eichhorn und Gabriele Stoschek planen die Umgestaltung des Standortes Coburg, darunter das Gebäude-Ensemble aus der Gründerzeit des Unternehmens an der Ketschendorfer Straße.

Sind die Weichen für die architektonische Neuausrichtung des Unternehmens in den frühen achtziger Jahren durch den Münchener Architekten Gunter Henn gestellt worden, der insbesondere den Bauten in England und Spanien ihr Gesicht gab, so liegt die Regie jetzt bei zwei Coburger Architekten: Karl-Heinz Glodschei und Harald Eichhorn zeichnen für die beeindruckende Anlage verantwortlich. Und dann trägt das ganze auch die Handschrift Gabriele Stoscheks. Einige Jahre lang hat sie die Bänke der Coburger Fachhochschule gedrückt, sich hier und andernorts mit den Fragen moderner Innen- und Außengestaltung auseinandergesetzt und dann im Dialog mit den Architekten ihre Vorstellungen entwickelt.

So entstand am Gründungssitz des Coburger Unternehmens ein Musterbeispiel anspruchsvoller Industriearchitektur. Das Ensemble des Brose-Hauptquartiers, in dem zeitgemäße und zweckmäßige Bauten mit der traditionellen Bausubstanz aus den Gründerjahren eine erstaunlich harmonische Verbindung eingehen, spiegelt zugleich das neue und weltweit gültige Corporate-Design des Brose-Konzerns.

Dieses umfaßt neben der Gebäudearchitektur das Firmenzeichen, aber auch die Drucksachen, die Messearchitektur oder den Internetauftritt. Dabei spielt eine durchgängige und in sich stimmige Grafik und Farbgebung eine wichtige Rolle. Die Farbpalette reicht von Weiß über Grau und Anthrazit bis Schwarz. Silber- und Metallic-Töne repräsentieren den technischen Charakter der Produkte, und das in roten Buchstaben gesetzte Firmenlogo signalisiert das Leben und das Temperament, das die Brose-Gruppe neben ihrer kühlen Sachlichkeit auszeichnet.

Und weil Brose an seinen 40 Standorten in 22 Ländern ein einheitliches Erscheinungsbild zeigen will, finden sich die Architektur wie das Corporate-Design an allen Standorten rund um die Welt. Wer mit einem Brose-Standort vertraut

Klar, effizient, harmonisch: Brose steht auch für moderne Industriearchitektur. Das Bild zeigt Gebäude 10 von Werk 2 in Coburg, in dem Sitzkomponenten und Fensterheber montiert werden.

ist, kennt alle. Vom Grundriß der Produktionsanlagen und der Verwaltungsgebäude, über die Einrichtung der Pausenzonen oder die Markierung der Fußböden bis hin zur Größe, zum Aufbau und zur Plazierung der in grauem Metall gehaltenen Informationstafeln sind alle Elemente identisch. Der Perfektionist Michael Stoschek ist überzeugt, daß ein dynamisch wachsendes Industrieunternehmen einen derart hohen Grad an durchgängiger Systematik in buchstäblich allen Aktivitäten haben kann und haben muß.

Rund 30 Prozent der in der Unternehmensgruppe Beschäftigten arbeiten an der Jahrhundertwende im Ausland, und die Aktivitäten allein im Jahr 1999 zeigen, wo in Zukunft die Musik spielt: So werden an alten und neuen Standorten im brasilianischen Curitiba, im englischen Coventry und im mexikanischen Querétaro neue Produktions- und Verwaltungskomplexe errichtet; in Schanghai wird in Form der Brose Automotive Components Co., Ltd., ein zweites Joint-venture-Unternehmen ins Leben gerufen, das seit 2000 als erster Zulieferbetrieb in China Türsysteme »Just-in-Sequence« fertigt; und mit dem thailändischen Zulieferer Summit Laemchabang Auto Body Work wird ein Lizenzvertrag für Fensterheber unterzeichnet.

Für diese rasante Internationalisierung spricht, daß die europäischen, gerade auch die deutschen Automobilbauer ihrerseits in rascher Folge Produktionskapazitäten im Ausland, vor allem in Amerika, zunehmend aber auch in verschiedenen Ländern Asiens aufbauen. Damit lassen sie den Zulieferern im Grunde keine Wahl als mitzuziehen. Für Brose und namentlich für den geschäftsführenden Gesellschafter ist das ein zusätzlicher Ansporn, die kontrollierte Dezentralisierung voranzutreiben – auch im Bereich der Verwaltung und des Managements.

Die neue Firmenorganisation, die zu Jahresbeginn 1999 auf den Weg gebracht wird, ist die Antwort auf diese Situation. An die Stelle der klassischen Unternehmensfunktionen – Entwicklung, Produktion, Vertrieb und Verwaltung – treten drei Kernaufgaben: Zentrale Dienste, Geschäftsbereiche und Werke. Dabei kommt vor allem den drei Geschäftsbereichen Fensterheber, Türmodule und Sitzverstellungen eine weltweite Produkt-, Markt- und Ergebnisverantwortung zu. Die sogenannten Zentralfunktionen sollen dafür sorgen, daß trotz der forcierten Eigenständigkeit der einzelnen Unternehmensbereiche die Synergien zwischen den Geschäftsbereichen und Produktionsstätten nicht nur nicht verwässern, sondern an Kraft gewinnen. Kurze Kommunikations- und Entscheidungswege, aber auch die neue Raumgestaltung und das besagte Corporate Design tragen das Ihre dazu bei.

So verläßt die Brose-Unternehmensgruppe das 20. Jahrhundert mit dem Blick nach vorn – und mit einem soliden Polster im Rücken. Zum Jahresende 1999 stehen beinahe zweieinhalb Milliarden D-Mark Umsatz in den Büchern, weltweit erwirtschaftet von 4800 Mitarbeitern.

Zu den Herausforderungen des neuen Jahrhunderts im allgemeinen und den spezifischen Anforderungen der neuen Firmenstruktur im besonderen gehören eine schnelle Kommunikation und eine hohe Mobilität – zumal für ein Unternehmen wie Brose. In der Ära Stoschek ist die Beobachtung, daß nicht die Großen die Kleinen, sondern die Schnellen die Langsamen schlucken, schon deshalb zur Maxime geworden, weil Stoschek nicht langsam sein kann und Brose nicht langsam sein will. Wer jederzeit und überall präsent sein kann, hat in diesem Wettlauf einen Vorteil.

Als ein in Coburg stationiertes Flugcharterunternehmen 1992 seinen Betrieb einstellt, erwirbt Brose mit einer fünfsitzigen französischen Turbopropmaschine sein erstes Geschäftsflugzeug und gründet die BFS, die Brose Flugservice GmbH. Zehn Jahre später zeigt sich, wie sehr die Mitarbeiter der Brose-Gruppe wegen der Randlage Coburgs auf den Flugbetrieb angewiesen sind: Drei Geschäftsflugzeuge – zwei Jets und eine Turboprop – sind im ständigen Einsatz, dazu ein Helicopter EC 120, der von Maximilian Stoschek geflogen wird. Eine weitere Brose-Maschine steht in Detroit und unterstreicht damit die enorme Bedeutung des nordamerikanischen Marktes für das Unternehmen.

Allein 1400 Mitarbeiter, die am Firmenstandort Coburg in Geschäftsbereichen und Zentralabteilungen tätig sind, unternehmen jährlich rund 15 500 Reisen, davon etwa zehn Prozent mit einem firmeneigenen Flugzeug. Die Piloten des BFS legen jährlich in 800 Flugstunden fast eine halbe Million Kilometer zurück. Wer die Maschinen jeweils nutzt, das hängt nicht von der Hierarchie im Unternehmen, sondern von der Dringlichkeit der Aufgabe oder der Erreichbarkeit des Reiseziels ab. So sind die Brosianer »in der Lage, innerhalb von rund zwei Stunden jeden Punkt in Europa zu erreichen«.

Mindestens so wichtig wie die schnelle Erreichbarkeit der Standorte und der Kunden ist die interne Verbindung. Seit 2000 werden daher die Standorte der Brose-Gruppe – zunächst in Brasilien, Mexiko und Spanien – über ein System satellitengestützter Kommunikation mit Coburg verbunden; seit 2001 bildet das Brose-Intranet die wichtigste interne Informationsplattform; und im gleichen Jahr wird das »Zentrale E-Business« ins Leben gerufen, mit dessen Hilfe die gesamte Wertschöpfungskette elektronisch vernetzt und damit zugleich ein Beitrag zur Kostensenkung geleistet werden soll.

»Traditionelle Kriterien wie Technik und Qualität«, sagt Michael Stoschek in diesem Zusammenhang, »sind heutzutage kein Garant mehr, um auf dem Weltmarkt erfolgreich zu sein. Langfristig werden nur die Unternehmen überleben, die sich durch Kostenführerschaft, Schnelligkeit und Markenidentität auszeichnen.« Und wo stellt man diese am besten unter Beweis? Natürlich auf der Frankfurter Automobilausstellung, die für Brose auch im 21. Jahrhundert ein wichtiges, wenn nicht das wichtigste Forum für den publikumswirksamen Auftritt bildet. Nirgends sonst erreicht man sowohl den Kunden als auch den Endverbraucher so direkt wie hier.

Dabei steht die erste IAA des neuen Jahrtausends unter einem schlechten Stern: Während sich Aussteller und Besucher auf die Eröffnung des Spektakels vorbereiten, fallen in New York die Türme des World Trade Center in sich zusammen. Seither ist der 11. September 2001 das Synonym für die moderne Form des weltweiten Terrorismus, zugleich

Erste Adresse: Wer sich ein Bild von einem dynamischen Familienunternehmen mit Tradition machen will, kommt zu Brose. 2003 besucht Bundeskanzler Gerhard Schröder den Messestand des Coburger Zulieferers auf der Frankfurter Automobilausstellung.

ein Symbol für die hypersensible Verfassung der Weltwirtschaft im Zeitalter der Globalisierung. Denn nicht nur der Luftverkehr und die Flugzeugindustrie bekommen die Auswirkungen des Schocks zu spüren, auch die nordamerikanische Automobilindustrie muß einen Produktionsrückgang im zweistelligen Prozentbereich verkraften, und der hinterläßt nicht zuletzt in den Bilanzen Broses für 2001, vor allem aber für 2002 seine Spuren.

Andererseits warten die Coburger gerade auf dieser Messe mit einem regelrechten Feuerwerk neuer beziehungsweise weiterentwickelter Produkte auf. So werden in Frankfurt unter anderem die neuen Generationen elektronischer Schließkraftbegrenzungen sowie kompakter, leistungsstarker und kostengünstiger Fensterheber präsentiert. Besonders interessiert zeigen sich die Besucher an der Easy-Entry-Funktion für zweitürige Fahrzeuge der Kompakt- und Kleinwagenklasse: Werden die Vordersitze nach vorn geklappt, fährt der ganze Sitz in diese Richtung und ermöglicht so einen komfortablen Einstieg in den Fond; ein auf der Sitzschiene angebrachter mechanischer »Memory«-Baustein sorgt dafür, daß das Gestühl beim Zurückklappen der Rückenlehne wieder in seine ursprüngliche Position fährt.

Die wohl spektakulärste Neuheit, die Brose 2001 in Frankfurt zeigt, ist die Sitzmemory mit Motordrehzahlregelung. Sie steuert nicht nur die Klima- und Massagefunktionen des Sitzes, sondern auch die Ein- und Ausstiegshilfen, wie zum Beispiel die Lenksäulen- und Gurthöhe. Der Elektronikbaustein des Systems stimmt die Verstellfunktionen aufeinander ab und übernimmt zudem die Steuerung der Instrumentenbeleuchtung. Der eigentliche Fortschritt liegt aber in der Regelung der elektrischen Sitzverstellung selbst. Die Elektronik sorgt dafür, daß die im Akustiklabor abgestimmte Motordrehzahl in allen Verstell-, Temperatur- und Verschmutzungssituationen stets im akustisch genehmen Bereich verbleibt.

Offenkundig zielt das Unternehmen, das sich als jung, modern und dynamisch begreift, mit einem solchen Produkt auf eine betuchte, gesetzte Kundschaft reiferen Alters. Eine interessante Konstellation, und jedenfalls für Michael Stoschek kein Widerspruch, im Gegenteil: In einer neuerlichen, von manchem als provokant empfundenen Werbekampagne macht Brose im Frühjahr 2003 unter dem Titel »Senioren gesucht« auf sich aufmerksam: »Wenn auch Sie«, heißt es da, »zu jenen Führungskräften gehören, die dem Trend gemäß als ›zu alt‹ für einen Manager-Posten gelten, sollten sie zur Brose Gruppe kommen.«

Senioren gesucht:
Mit einer spektakulären
Werbekampagne macht
Michael Stoschek – hier
2003 in der Talkshow von
Sabine Christiansen –
auf sich und sein Unter-
nehmen aufmerksam.

Die Kampagne sitzt. Sie trägt dem Unternehmen über
500 Bewerbungen, Michael Stoschek eine Reihe von Pres-
seterminen und Einladungen, zum Beispiel in die quoten-
trächtige Talk-Show von Sabine Christiansen, und Brose
mehrere Preise ein – darunter den Initiativpreis der Stiftung
Industrieforschung und den Deutschen PR-Preis in Gold,
aber beispielsweise auch die »Goldene Hand«-Auszeich-
nung der Aktiven Generation oder den Sonderpreis des Ge-
nerationenkongresses.

Natürlich meint der Mittfünfziger es mit der Kampagne
ernst, zumal der Begriff des »Senioren« ja interpretations-
fähig ist. Man müsse sich, so erläutert Stoschek seine Initiative in einem Gespräch mit der *Süddeutschen Zeitung,* »den
Typ angucken, nicht den Geburtsjahrgang«. Daß Stoschek
im übrigen aus seiner Firma keine Seniorenunterkunft ma-

chen will, zeigt die konkrete Personalpolitik: Keiner der Männer, die er Anfang Juli 2001 in Führungspositionen geholt hat – darunter Jürgen Otto als Leiter des Bereichs Sitzverstellungen – hat zu diesem Zeitpunkt die Vierzig erreicht.

Die junge Truppe um Michael Stoschek sieht sich nach Beginn des neuen Jahrzehnts mit einem Problem konfrontiert, das Brose in seiner nunmehr fast einhundertjährigen Geschichte in dieser Form nicht kannte und das weltweit zu der existentiellen Herausforderung der Zulieferer zu werden scheint: dem zunehmenden Preisdruck in der Automobilindustrie. Als Anfang Oktober 2005 die im amerikanischen Bundesstaat Michigan angesiedelte Delphi Corp. einen Insolvenzantrag stellt, weiß nicht nur die Branche, was die Stunde geschlagen hat.

Delphi ist 1999 aus dem Automobilhersteller General Motors hervorgegangen und erwirtschaftet mit 185 000 Mitarbeitern einen Umsatz von 28 Milliarden US-Dollar. Für diesen größten Insolvenzfall in der Geschichte der amerikanischen Auto- und Zulieferindustrie sind neben anderen Gründen vor allem die Lohnkosten verantwortlich. Delphis Mitarbeiter gelten als die am besten bezahlten in der gesamten amerikanischen Automobilindustrie. Die auf Restrukturierungen spezialisierte Beratungsfirma Alix Partners kommt zu dem Ergebnis, daß ein Viertel aller Autozulieferer mit akuten Finanzproblemen zu kämpfen hat und 13 Prozent der europäischen, 38 Prozent der amerikanischen Zulieferer zu den Sanierungsfällen zählen.

Allerdings haben die Zulieferer jetzt nicht nur mit den Lohnkosten zu kämpfen; auch der Rohstoffmarkt ist in heftiger Bewegung, seit die neuen Industriegiganten China und Indien im Wettlauf um die natürlichen Ressourcen und um den begehrten Stahl mitmischen. Und dann macht den Zulieferern natürlich der Konzentrationsprozeß der Automobilindustrie zu schaffen: Als Stoschek sich aus der Geschäftsführung zurückzieht, teilen sich sechs Autokonzerne – die Marktführer General Motors und Toyota, außerdem Ford, Nissan/Renault, VW und Daimler-Chrysler – 65 Prozent des Weltmarktes.

Vor diesem Hintergrund schlägt Stoschek 2004 Alarm: »Die Arbeitsplätze der deutschen Autozulieferer sind massiv gefährdet, und das gilt auch für Brose.« Um die Gefahr abzuwenden »müssen [alle] Opfer bringen, vom Gesellschafter bis zum letzten Mitarbeiter«. Was diese angeht, denkt Stoschek in erster Linie an eine Senkung der Personalkosten, und das heißt konkret die Erhöhung der Wochenarbeitszeit bei gleichbleibendem Lohnniveau. Und die Gesellschafter? Sie beschließen auf ihrer 2004 erstmals im neuen Brose-Konferenzzentrum in Berlin abgehaltenen Versammlung Investitionen von 170 Millionen Euro. Das ist die höchste Investition in der Unternehmensgeschichte.

Die Gelder fließen zum einen in die weitere Internationalisierung des Betriebs. Nur so, glaubt die Geschäftsführung 2003, den Umsatz innerhalb von fünf Jahren um 50 Prozent steigern und damit dem Preisdruck gegensteuern zu können. In diesem Sinne wird vor allem in Amerika – in Kanada, Brasilien und in den Vereinigten Staaten und dort zum Beispiel in die Errichtung eines neuen Entwicklungszentrums in Detroit –, aber auch im schwedischen Göteborg oder im tschechischen Ostrava investiert. Allein in diese hochmoderne Produktionsstätte, die zweite in Osteuropa, die im August 2004 ihren Betrieb aufnimmt und in der unter anderem manuelle und elektrische Sitzverstellungen produziert werden, fließen rund 45 Millionen Euro.

Vor allem aber investiert Brose in neue Produkte und damit in seinen technologischen Führungsanspruch. Neben der konsequenten Weiterentwicklung der elektrischen Sitzverstellungen und der elektrischen Fensterheber gewinnen

Hydropulskatapult: Die Produkte des Automobilzulieferers müssen höchsten Belastungen standhalten. Das Bild zeigt die Crash-Anlagen für Fahrzeugsitze und -türen, die Brose 2002 in Betrieb nimmt.

die Türsystementwicklung und in diesem Zusammenhang die Karosseriesysteme rasant an Bedeutung. 2004 liegt die Brose-Systemtür als Prototyp vor. Damit kann der Automobilzulieferer beinahe die komplette Tür eines Autos anbieten. Der Automobilhersteller muß lediglich noch das in Wagenfarbe lackierte Türaußenteil liefern, der Rest – also die Systemtür mit Rahmen, Scheibe, Dichtung und allen Funktionskomponenten sowie auf Wunsch auch die Türinnenverkleidung – kommt von Brose. Mitte Mai 2004 wird im belgischen Gent ein Türsystemwerk eröffnet.

Indessen vermögen auch diese gewaltigen Kraftanstrengungen die Situation nicht grundlegend zu ändern. Brose steht vor dem Dilemma, daß angesichts des weiter zunehmenden Preisdrucks einerseits die Gewinne zurückgehen, andererseits beträchtliche Mittel für Investitionen bereitgestellt werden müssen. So steigt der Umsatz zwar 2005 um zehn Prozent auf nunmehr 2,2 Milliarden Euro, doch sinkt gleichzeitig der Gewinn um 20 Prozent, so daß das selbstgesteckte Ziel einer Umsatzrendite von fünf Prozent nicht erreicht werden kann. Weil aber damit einerseits eine vollständige Cash-flow-Finanzierung der Investitionen nicht mehr möglich scheint, andererseits im beinharten internationalen Wettbewerb nur mit Wachstum zu punkten ist und weil die Coburger folglich auch 2005 rund 160 Millionen Euro investieren, zeichnet sich im Geschäftsjahr 2006 erstmals in der Unternehmensgeschichte die Notwendigkeit ab, für Brose einen Bankkredit aufzunehmen: »Hundert Prozent Eigenfinanzierung«, sagt Stoschek Ende 2005 auf einer Pressekonferenz, »sind auf Dauer weder sinnvoll noch ökonomisch machbar.«

Denn der geschäftsführende Gesellschafter hat keinen Zweifel, daß nur die konsequente Vorwärtsstrategie weiterführt. Weil Brose inzwischen der Weltmarktführer bei Fensterhebern und Türsystemen und 2005 an 37 Standorten in 19 Ländern vertreten ist, gibt es keinen Weg zurück. Die Vorwärtsstrategie aber kann nur in der fortschreitenden Internationalisierung bestehen, zumal im Ausland inzwischen mehr als die Hälfte des Umsatzes erwirtschaftet und praktisch das gesamte Wachstum erreicht wird. Also geht der Großteil der Investitionen nach Amerika und Asien, und seit sich Brose 2005 mit 40 Prozent an Pressan, dem größten türkischen Hersteller für Fensterheber und Fahrzeugschlösser beteiligt hat, richtet sich das Augenmerk erklärtermaßen auch auf den Nahen Osten.

Das alles bedeutet keine Vernachlässigung der deutschen Standorte, im Gegenteil: 2006 wird in Holzgerlingen bei Stuttgart ein neues Werk in Betrieb genommen. Allerdings kommen auf die deutschen Standorte härtere Zeiten zu. Die Alternative, vor welche die Geschäftsführung die Mitarbeiter stellt, lautet: Erhöhung der Wochenarbeitszeit ohne Lohnausgleich oder Abbau von Arbeitsplätzen. Damit ist der Konflikt mit den Gewerkschaften vorprogrammiert.

Die wiederum stehen zu Beginn des 21. Jahrhunderts vor einem nicht lösbaren Dilemma. Sie haben sich überlebt. Von den knapp zwölf Millionen, die Anfang der neunziger Jahre ein Mitgliedsbuch einer der DGB-Gewerkschaften haben, sind bis zum Jahresende 2006 gerade einmal sechseinhalb Millionen geblieben. Das ist, aufs Ganze gesehen, nicht Ausdruck des Scheiterns, sondern des Erfolgs. Denn die 1890 unter dem Dach der »Generalkommission der Gewerkschaften Deutschlands« organisierten freien Gewerkschaften haben vieles erreicht, eigentlich alles, was sich für ihre Klientel erreichen ließ.

Das gilt für die Arbeitszeiten, es gilt für Arbeits- beziehungsweise Produktionsbedingungen, und es gilt sogar für die Mitbestimmung in den Betrieben. Sie ist seit Erlaß des Betriebsverfassungsgesetzes im Jahre 1952 grundsätzlich verbrieftes, danach ständig erweitertes Recht und gewährt den Gewerkschaftsbeauftragten seit 1972 sogar den »Zugang zum Betrieb«. Seither sind die deutschen Gewerkschaften im Grunde auf die Rolle einer Tarifpartei reduziert, und weil das alleine die Existenz von Massenorganisationen mit riesigen bürokratischen Apparaten und hochdotierten Funktionären nicht rechtfertigt, haben sie sich seit den ausgehenden siebziger Jahren auf die Suche nach neuen Aufga-

ben und Zielen begeben, so auf die Durchsetzung der sogenannten 35-Stunden-Woche.

Und weil die Arbeitgeber ihrerseits in den satten Jahren
und Jahrzehnten der Republik lieber ihren Frieden haben
wollten, als überzogenen oder selbst unsinnigen Forderungen entschieden entgegenzutreten, haben sich die Tarifparteien – sehenden Auges und gemeinsam – in eine Situation
manövriert, aus der es nur ein böses Erwachen geben konnte.
Mit dem Ende der alten Weltordnung und der neuen globa-
len Konkurrenz auf allen Gebieten war es soweit. Was einst
mit großem Getöse installiert worden ist, muß jetzt möglichst ohne Gesichtsverlust demontiert werden. So die 35-
Stunden-Woche. Und weil Rückzugsgefechte in aller Regel
besonders erbittert geführt werden, kämpft namentlich die
IG Metall verbissen auch noch an jenen Fronten, die nicht
zu halten sind.

Auch bei Brose ist das nicht anders. Dort freilich herr-
schen besondere Umstände. Einmal sind hier nicht einmal
zehn Prozent der Mitarbeiter in der IG Metall organisiert –
eine Situation, wie man sie in wenigen, allenfalls in anderen
familiengeführten Betrieben der Branche antrifft. Und dann
haben die Gewerkschaften, hat es namentlich die IG Metall
Coburg mit einem Mann zu tun, der mit der Mentalität und
der Kondition des Leistungssportlers in die Auseinandersetzung geht. »Bei Brose«, gibt der Erste Bevollmächtigte
der lokalen Metallergewerkschaft zu Protokoll, »gehe es
nicht um ein Prozent hin oder her, sondern – auf den Punkt
gebracht – um die Person Stoschek«.

Schließlich zeichnet sich auch bei Brose deutlich ab, daß
einer wachsenden Zahl von Beschäftigten der Arbeitsplatz
wichtiger ist als der Kampf um überalterte Prinzipien. Daß
die IG Metall Ende Juni 2003 nicht zuletzt auf Druck der
eigenen Mitglieder hin den Kampf um die Einführung der 35-
Stunden-Woche in der ostdeutschen Metall- und Elektroin-

dustrie ergebnislos abbrechen muß, ist eine in der deutschen Gewerkschaftsgeschichte so nicht gekannte Niederlage. Vergleichbares ist von ihren Gefechten bei Brose zu sagen. Dort einigen sich Geschäftsführung und Betriebsrat Ende Mai 2005 für den Standort Coburg auf weitreichende Vereinbarungen. Die Beschäftigten arbeiten künftig länger und verzichten zudem auf drei Tage Urlaub. Dafür ist der drohende Abbau von 500 Arbeitsplätzen vom Tisch. Und weil das Ganze als Solidaritätsaktion angelegt ist, verzichten die oberen Einkommensgruppen auf zehn Prozent ihres Gehalts.

Da sich aber der Betriebsrat aus Mitgliedern der Liste »Unabhängige Kandidaten« zusammensetzt und die Liste der IG Metall bei den Betriebsratswahlen 2002 nicht zugelassen war, ziehen die lokalen Funktionäre vor Gericht und erstreiten im Mai 2005 letztinstanzlich ein Urteil, das die Betriebsratswahlen für ungültig erklärt. Auch Teile der Betriebsvereinbarung haben vor Gericht keinen Bestand. Brose wäre nicht Brose, würde sich das Unternehmen damit abfinden. Und so beantragt die Geschäftsführung einerseits Revision beim Landesarbeitsgericht und sucht andererseits nach einer innerbetrieblichen Lösung zur Beschäftigungssicherung. Daß 99,9 Prozent der Beschäftigten am Standort Coburg diesem Weg zustimmen, ist ein klares Signal.

In Hallstadt nehmen die Dinge eine für alle Beteiligten unerfreulichere Entwicklung. Als die Werkleitung 51 Mitarbeitern Ersatzarbeitsplätze in Sindelfingen beziehungsweise Aufhebungsverträge mit Abfindungsregelungen anbietet und die IG Metall diese »Kündigungen« mit einem »Informationsveranstaltung« genannten Warnstreik beantwortet, eskaliert die Situation. Auch hier gerät die Gewerkschaft in die Defensive, als immerhin 240 von 540 Werkangehörigen eine Liste unterzeichnen, in der von einer »realitätsfremden, mitunter rücksichtslosen Verhandlungspolitik des Betriebsrats« die Rede ist.

Für die Geschäftsführung sind die Vorgänge in Coburg und Hallstadt eine Bestätigung ihres seit geraumer Zeit verfolgten Kurses, die geltenden Tarifverträge durch innerbetriebliche Vereinbarungen zu ersetzen. Der Austritt der beiden Brose-Standorte aus dem VBM, dem Verband der Bayerischen Metall- und Elektroindustrie, im Mai 2006 ist auch ein Signal in diese Richtung.

Als sich Brose aus dem VBM zurückzieht, ist Michael Stoschek nicht mehr für das Tagesgeschäft des Unternehmens verantwortlich. Schon im November 2003 hat er während eines Pressegesprächs angekündigt, »in drei Jahren nicht mehr in dieser Funktion« zu sein. Damals nimmt ihm das kaum jemand ab. Aber Stoschek tut, was er sagt: Am 16. Juli 2005 gibt er auf der Gesellschafterversammlung in Berlin bekannt, den Vorsitz der Geschäftsführung zum Jahresende abzugeben. Dafür hat er seine Gründe, nicht zuletzt den, daß man den Stabwechsel in der für alle Beteiligten günstigsten Situation vornehmen sollte. Das schaffen nicht viele.

Das gilt für den Rückzug, und es gilt für die Art und Weise, wie Stoschek ihn gestaltet: keine Feier, keine Gratulationskur, keine Ovationen. Statt dessen verabschiedet sich der Unternehmer auf einer Betriebsversammlung von denen, ohne die sein Erfolg nicht denkbar gewesen wäre. Stoschek hat stets ein Herz für die Arbeiter in seinem Unternehmen gehabt, ohne die ein Betrieb wie dieser nun einmal nicht funktioniert. Und so hat er, wenn es denn nötig war, seinen angestellten Mitarbeitern, auch den leitenden unter ihnen, deutlich gemacht, daß die Arbeit am Band den Respekt verdient, der ihr gebührt. Nur einer mit dieser Einstellung konnte jene betriebsweite Solidaritätsaktion durchsetzen, mit der sich Stoschek aus der Geschäftsführung verabschiedet.

Als Michael Stoschek die Geschäftsführung 34 Jahre zuvor übernahm, setzte Brose 28 Millionen Euro um – erwirtschaftet mit gut 1000 Mitarbeitern an einem Standort, in Coburg. Jetzt, als er abtritt, legt sein Unternehmen den besten Jahresabschluß seiner fast einhundertjährigen Geschichte vor: Mit beinahe 9000 Mitarbeitern an 37 Standorten in 20 Ländern werden 2,2 Milliarden Euro Umsatz erwirtschaftet. Die Firma hat unter Stoscheks Führung nur schwarze Zahlen geschrieben und ist schuldenfrei – so wie er sie dreieinhalb Jahrzehnte zuvor übernommen hat.

Vor allem aber hat Stoschek das Unternehmen konsequent modernisiert, hat ihm eine weltweit auf Dynamik und Systematik ausgelegte, einheitliche Organisationsttruktur verpaßt und damit nicht nur die Produktions-, sondern auch die Entwicklungsabläufe optimiert. Als er sich aus der operativen Verantwortung zurückzieht, arbeiten 900 Ingenieure und Techniker, das sind immerhin zehn Prozent der Gesamtbelegschaft, ständig an der Entwicklung neuer Produkte und Verfahren. Rund 200 Patente meldet die Brose-Gruppe Jahr für Jahr an. Damit trägt sie den Rahmenbedingungen Rechnung, die sich im Verlauf der vergangenen drei Jahrzehnte dramatisch geändert haben.

Denn genaugenommen sind es die Zulieferer, die jetzt ein Auto bauen. Mehr als drei Viertel eines modernen Automobils entstehen bei ihnen. 70 Milliarden Euro setzen die deutschen Zulieferer Jahr für Jahr um und beschäftigen dabei fast 330 000 Mitarbeiter. Daß die meisten Betriebe – und einige besonders erfolgreiche unter ihnen – Familienunternehmen sind, ist bemerkenswert, ändert aber nichts an der Wettbewerbssituation. Das gilt erst recht für die globale Konkurrenz. Hier sind es die anonym finanzierten sogenannten Mega-Supplier mit mehr als zehn Milliarden US-Dollar Jahresumsatz, die den Coburgern zu schaffen machen. Nicht weniger als sechs der zehn weltweit größten Autozulieferer sind ihre unmittelbare Konkurrenten.

Sich auf diesem hart umkämpften Markt zu behaupten, ist

eine Herausforderung, der viele nicht gewachsen sind. Hingegen hat sich Brose – wie die *Zeit* schreibt – bei den Autobauern »unentbehrlich« gemacht. Als Stoschek die Geschäfte an seinen Nachfolger übergibt, behauptet das Unternehmen Rang 53 unter den größten Automobilzulieferern der Welt und ist unter diesen zugleich das siebtgrößte in Familienbesitz. In Deutschland nimmt Brose – im übrigen als einziger Automobilzulieferer – Platz 41 unter den 50 »größten Arbeitsplatzbeschaffern« ein.

Michael Stoschek selbst zählt zu den profiliertesten und mehrfach ausgezeichneten Unternehmern des Landes. 1996 erhält er vom Kuratorium der Bayerischen Arbeitgeberschaft das Silberne Ehrenzeichen; 1998 wählt ihn die Region Oberfranken-West des Verbandes der Bayerischen Metall- und Elektro-Industrie auf ihrer Gründungsversammlung zum Vorsitzenden; 2004 wird er mit dem Verdienstkreuz 1. Klasse des Verdienstordens der Bundesrepublik Deutschland ausgezeichnet und zum Vorsitzenden des Kuratoriums der Bamberger Stiftung Weltkulturerbe gewählt; im November 2005 wählen die Intes Akademie für Familienunternehmen und das Magazin *Impulse* Michael Stoschek zum Familienunternehmer des Jahres.

Und die Stadt Coburg? Immerhin ist Brose seit bald 90 Jahren einer ihrer verläßlichsten Arbeitgeber und Steuerzahler, und Michael Stoschek gehört zu ihren großzügigsten Mäzenen. Das scheint zu Beginn des 21. Jahrhunderts auch einem Teil der Coburger Stadtväter klarzuwerden, der nunmehr eine das Firmengelände durchquerende Straße nach Max Brose, dem Gründer des Unternehmens, benennen will. Als es dann allerdings unter Ausschluß der Öffentlichkeit zu Aussprache und Abstimmung kommt, lehnen die Stadträte die Namensnennung im Juli 2004 mit einer Stimme Mehrheit ab. Natürlich will es nachher niemand gewesen sein, auch nicht Coburgs Oberbürgermeister, der sich zwar

für die Umbenennung ausspricht, aber weder seine eigene
Fraktion für den ursprünglichen Antrag noch eine Mehrheit
des Stadtrates dazu bringen kann oder will, die Entscheidung
zu vertagen, und sich mit dem Ausgang »nicht glücklich«
zeigt.

Der lokalen und überregionalen Presse ist zu entnehmen,
daß für eine Reihe von Mitgliedern des Stadtrates wohl die
»NS-Vergangenheit« Max Broses und namentlich der Umstand den Ausschlag gegeben hat, daß er NSDAP-Mitglied
und – als IHK-Präsident – auch Wehrwirtschaftsführer gewesen sei. Andernorts hat man solche Bedenken nicht. Nicht
nur in Hallstadt und in Weil im Schönbuch, vor den Toren
Sindelfingens, gibt es jeweils eine »Max-Brose-Straße«, sondern auch das amerikanische Tuscaloosa hat einen »Brose
Drive«, und während sich die Coburger Stadtväter in kriti-
scher Geschichtsbetrachtung üben, benennen ihre Kollegen
im kanadischen London, Ontario, den »Concept Drive« in
»Max-Brose-Drive« um. Sie wissen, was sie an einem Unternehmen haben, das 30 Millionen Euro investiert.

Die Coburger Vorkommnisse sind schon deshalb bemerkenswert, weil sie sich ausgerechnet in der Stadt abspielen,
die einst stolz auf die Bezeichnung »Erste nationalsozialistische Stadt Deutschlands« war, die als erste Stadt einen nationalsozialistischen Bürgermeister hatte und die, wiederum
als erste Stadt im Deutschen Reich, Adolf Hitler die Ehrenbürgerrechte andiente.

Jahrzehntelang hat sich die Stadt mit diesem Kapitel ihrer
Geschichte nicht auseinandergesetzt, jedenfalls nicht intensiv und kompetent, und vermutlich hätte sich daran auch
nichts geändert, wäre nicht um die Jahrtausendwende jene
Debatte um die Entschädigung der Zwangsarbeiter ent-
brannt, die zur sogenannten Stiftungsinitiative der deutschen Wirtschaft führt: Mehr als 6500 deutsche Firmen, unter diesen Brose, bringen schließlich fünf Milliarden D-Mark

auf – sehr spät, zu spät für viele, wenn nicht für die meisten Betroffenen. Aber immerhin.

Weil aber während des Zweiten Weltkrieges Heere von Zwangsarbeitern auch für die öffentliche Hand tätig waren, beteiligt sich die Bundesrepublik Deutschland ihrerseits mit fünf Milliarden D-Mark an der Stiftung »Erinnerung, Verantwortung und Zukunft«. Damit kommt der Bund, wie der Deutsche Städtetag im September 2000 festhält, »seinen verfassungsrechtlichen Pflichten« nach und handelt »für die gesamte öffentliche Hand – einschließlich Länder und Kommunen«. Wohl sind diese, finanziell gesehen, jetzt aus dem Schneider, doch verpflichten sie sich, in ihren »Bemühungen um eine Aufarbeitung der deutschen Vergangenheit aus der ortsgeschichtlichen Perspektive nicht nach[zu]lassen«.

Also schreiten auch die Coburger Stadtväter zur Tat: 2001 beauftragt die »Geschichtswerkstatt Coburg e. V.« einen Historiker mit der Ausarbeitung einer »Dokumentation ›Zwangsarbeiter in Coburg‹«. Als der mit dem Projekt nicht zu Rande kommt, werden zwei Kollegen mit der Fertigstellung des Projekts betraut. Was die drei nach immerhin vier Jahren vorlegen, genügt nicht einmal wissenschaftlichen Mindestanforderungen. Bedenklich ist, daß die Auftraggeber das nicht einzuschätzen wissen und die »Dokumentation« zur Kenntnisnahme an die Coburger Firmen, darunter Brose, weiterleiten. Als sich mit deren Reaktion das Debakel für die Stadt abzuzeichnen beginnt, nimmt diese die Dokumentation unter Verschluß und übt sich seither in der jahrzehntelang praktizierten Kunst des Schweigens.

Kein Wunder, daß die Unternehmerfamilie über den Vorgang empört ist. Unverständlich genug, daß die Stadt sich nicht zu einer angemessenen Würdigung des Firmengründers durchringen kann, droht auch der Name Brose durch die öffentliche Aufführung dieses Provinzspektakels im Coburger Raum beschädigt zu werden.

Ohnehin wird es für Brose immer schwieriger, qualifizierte Bewerber für einen Umzug nach Coburg zu gewinnen, und auch dafür macht der Unternehmer nicht zuletzt die Stadt verantwortlich. Ganz gleich ob es um die Neugestaltung des Coburger Marktplatzes oder um den immer wieder verzögerten Bau der Schloßplatz-Tiefgarage, um die Kürzung der Zuschüsse für das Coburger Landestheater oder um die Vernachlässigung der Museumslandschaft in Coburg geht, Stoschek ist ungehalten.

Ganz ähnlich war es einst dem Großvater ergangen, als er während der zwanziger Jahre einige Jahre im Stadtrat saß, aber dann entnervt das Handtuch warf, um sich wieder ganz seinen Geschäften widmen zu können. Und mancher Beobachter fragt sich, ob der Enkel es vielleicht umgekehrt halten und sich nach dem geordneten Rückzug aus dem unternehmerischen Tagesgeschäft der Lokalpolitik zuwenden werde.

Auf einem anderen Feld sieht es jedenfalls ganz danach aus. Als Michael Stoschek für das Amt des Präsidenten der IHK zu Coburg kandidiert und am 30. Januar 2007 auch einstimmig gewählt wird, tritt er in die Spuren Max Broses, der das Amt ja fast ein Jahrzehnt innehatte. Anders als der Großvater, der das Präsidentenamt neben seiner Tätigkeit als Unternehmer ausübte, tritt der Enkel es erst nach dem Rückzug aus der Geschäftsführung seines Unternehmens an. Das ist plausibel, denn inzwischen ist aus dem Coburger Betrieb ein weltweit operierender Konzern geworden.

Am 1. Januar 2006 bezieht Jürgen Otto nicht nur das Büro Michael Stoscheks an der Ketschendorfer Straße in Coburg; er belegt fortan auch den Parkplatz seines Vorgängers. Der zweiundvierzigjährige Betriebswirt ist im Dezember 1990 als Logistik-Disponent zu Brose gekommen, hat im Dezember 1994 die Leitung des Werks Gera und im Novem-

Auf den Schultern des Gründers: Zum 1. Januar 2006 überträgt Michael
Stoschek den Vorsitz der Geschäftsführung an den
Betriebswirt Jürgen Otto (links).

ber 1997 die des Werks Meerane übernommen, das in dieser Zeit zu einem Musterbetrieb innerhalb des Konzerns
avanciert. Otto ist der typische Repräsentant dieser Generation von Brose-Managern – immer im Einsatz und damit
bereit, den Preis zu zahlen, den die bedingungslose Unter-
ordnung aller anderen Bereiche unter das Leben im und für
das Unternehmen nun einmal fordert.

Als Stoschek im Zuge der tiefgreifenden Firmenreorgani-
sation die traditionell vom Stammsitz aus wahrgenomme-
nen Verwaltungsaufgaben für die gesamte Unternehmensgruppe von den Aufgaben des Werks Coburg trennt, diesem
damit allerdings auch seine Position im weltweiten Wettbewerb der Werke untereinander zuweist, betraut er den Diplomkaufmann im April 1999 mit dessen Leitung. Seit Juli
2001 ist Jürgen Otto als Leiter des Geschäftsbereichs Sitzverstellung Mitglied der Geschäftsführung.

Michael Stoschek entscheidet sich also nicht für einen externen Nachfolger im Vorsitz der Geschäftsführung, sondern für eine interne Lösung. Das spricht für den Wunsch nach Kontinuität. Andererseits entscheidet er sich aber gegen beziehungsweise nicht für einen Nachfolger oder eine Nachfolgerin aus der eigenen Familie. Das hat nichts mit der berühmten Frage der dritten Generation zu tun – obgleich Stoschek diese sehr ernst nimmt. Denn genaugenommen stellt sie sich im Falle Brose nicht, weil Michael Stoschek faktisch die zweite, biologisch aber zugleich die dritte Generation repräsentiert.

Vielmehr ist es so, daß seine Kinder und Nichten für sein Empfinden noch nicht so weit sind, weil sie eigene berufliche Wege gehen oder weil sie sich aus dem Kreis der Gesellschafter zurückgezogen haben. So im Dezember 1998 Monika Volkmann, die am 15. Dezember 1977 geborene jüngere Tochter Christine Volkmanns. Es ist das erste Mal in der einhundertjährigen Geschichte des Unternehmens, daß ein Mitglied der Familie Brose den Kreis der Gesellschafter verläßt; und es ist zugleich die Nagelprobe für den Gesellschaftsvertrag.

Ihre Schwester Gabriele Volkmann, die am 31. Mai 1972 zur Welt gekommen ist, hat als studierte Biologin weder die Neigung noch die Ambition, einen Technikkonzern zu führen. Mit einer Abneigung gegen Technik und Automobile hat das im übrigen nichts zu tun: Wie der Onkel und gemeinsam mit ihrem Mann Josef, einem Immobilienkaufmann, fährt Gabriele Volkmann leidenschaftlich gern Rallyes.

Auch läßt ihre berufliche Entscheidung nicht auf Gleichgültigkeit oder gar Desinteresse am Unternehmen und an der Familie schließen. Weil von den nachfolgenden Generationen zur Vorbereitung auf die Gesellschafterrolle eine juristische oder kaufmännische Ausbildung erwartet wird, hat Gabriele Volkmann nach dem Abitur zunächst eine

Die fünfte Generation: Flavia Volkmann, hier im Oktober 2007 mit ihrer Mutter Gabriele und ihrer Großmutter Christine Volkmann, ist die erste Ururenkelin des Firmengründers.

Banklehre absolviert. Und dann ist Gabriele Volkmann ja auch, seit am 10. März 2007 ihre Tochter Flavia geboren wurde, Mutter des ersten Angehörigen der nächsten, der fünften Generation.

Eigene Wege gehen, jedenfalls auf absehbare Zeit, auch die Kinder Michael Stoscheks. Dabei hatte es zunächst so ausgesehen, als würde Julia in die Fußstapfen des Vaters treten: Auch sie besucht das Coburger Casimirianum, erhält dort die klassische Ausbildung und schließt das Abitur mit dem großen Latinum und dem Graecum ab. Mit dem Vater teilt sie die Begeisterung für den Pferdesport, setzt allerdings früh – und schon weil der Vater als Springreiter reüssiert – auf die Dressur und schafft es bis in den Bundeskader. 1992, also im selben Jahr, in dem sich Michael Stoschek die bayerische Landesmeisterschaft im Springreiten der Senioren sichert, wird Tochter Julia bayerische Juniorenmeisterin in der Dressur.

Und auch beruflich scheint sie zunächst den Weg des Vaters einschlagen zu wollen. Jedenfalls nimmt Julia Stoschek nach dem Abitur in Bamberg das Studium der Betriebswirtschaft auf. Dann aber entdeckt sie im Zuge ihrer Praktika in New York und München das Kulturmanagement und macht es nach dem Examen zu ihrer Sache. Daß sie schon als Kind eine Neigung für kreative Menschen verspürt hat, kann angesichts der einschlägigen Tradition in dieser Familie nicht überraschen. Julia Stoschek bleibt bei der Kunst, macht mit dem Projekt unter dem Namen »Just«, der für Julia Stoschek steht, als Förderin junger Künstler erstmals auf sich aufmerksam und findet über die frühe Station als Galeristin bald in die Rolle der Mäzenatin und Sammlerin.

Seit 2004 gehört sie dem Kuratorium des Berliner Kulturinstituts »Kunst-Werke« und seit 2006 als entscheidungsberechtigtes Mitglied der Ankaufkommission der Medien-Abteilung des Museum of Modern Art in New York an. Inzwischen hat sich die junge Stoschek, wie der *Kölner Stadt-Anzeiger* schreibt, »zu einer auffallenden Kunstsammlerin im Rheinland entwickelt«. Die Schwerpunkte ihrer Sammlung bilden Videos, Fotoarbeiten und Installationen. Seit dem Sommer 2007 ist ihre Kunstsammlung in Düsseldorf-Oberkassel untergebracht, wo Julia Stoschek eine einhundert Jahre alte, dreieinhalbtausend Quadratmeter große, denkmalgeschützte Fabrik, in der zunächst Bühnenbilder für die Düsseldorfer Theater, später Damenkorsetts und zuletzt Bilderrahmen gefertigt wurden, zum Showroom und Wohnloft umgebaut hat.

Damit ist sie, jedenfalls in Deutschland, eine Außenseiterin. Denn »nicht nur im Rheinland«, schreibt das Kunstmagazin *art* über die junge Galeristin, »sind die Sammlerpersönlichkeiten in der Regel über 60, männlich und forcieren ihre Kunstsinnigkeit erst gegen Ende einer glorreichen Karriere«. Wohl nicht zufällig erinnern der hohe Anspruch, mit

Eigene Wege: Julia Stoschek – 2003 bei der Werkeröffnung in Coburg und 2007 vor Dara Birnbaums Video »Technology Transformation/ Wonder Woman« – macht sich national und international einen Namen als Mäzenatin und Sammlerin.

dem die junge Mäzenatin und Sammlerin antritt, der Erfolg, den sie dabei hat, aber auch mancher mißgünstige Blick, den sie damit auf sich zieht, an den Weg des Vaters.

Daß der Julias Düsseldorfer Projekte anfänglich mit großer Begeisterung verfolgt hätte, läßt sich nicht unbedingt sagen. Aber dann ist er doch beeindruckt und stellt nicht ohne Stolz fest, daß seine Tochter ihren eigenen Weg selbständig und ohne seine Hilfe gefunden hat. Und natürlich weiß Michael Stoschek, daß es nicht zu den besten Erfahrungen im Leben zählt, in die Nachfolge der Unternehmensführung gedrängt zu werden. Wenn die »Miterbin des Lieferanten von Teilen für Autositze und -türen« – so das *Handelsblatt* – allerdings einmal im oder für das Unternehmen ihrer Familie auftritt, ahnt man, wer das Zeug hätte, Brose zu führen.

Und wenn es darauf ankäme, wenn die »Not groß« wäre, würde sie »wahrscheinlich – schweren Herzens« die »Kunst für das Familienunternehmen aufgeben«, wie sie in einem Interview mit der *Süddeutschen Zeitung* bestätigt. »Denn eines ist ganz klar: Die Firma steht in unserer Familie immer an erster Stelle.« Aber zur Zeit gibt es keinen Notstand, und so residiert die Sammlerin Julia Stoschek einstweilen zur Untermiete in der Hauptstadtrepräsentanz des Unternehmens: Beisheim Center, Potsdamer Platz, Berlin Mitte.

Bei ihrem Bruder hat es zunächst so ausgesehen, als würde er sich auf die Nachfolge des Vaters vorbereiten. Jedenfalls hat Maximilian Stoschek nach dem Besuch der Wirtschaftsschule im Regensburger Siemens-Werk eine dreijährige Ausbildung zum Industriekaufmann absolviert und ist dann in die Zentralverwaltung von Brose eingetreten. Sechs Jahre lang durchläuft er verschiedene Bereiche des Unternehmens und wirkt unter anderem am Aufbau des E-Business mit. Aber dann geht Maximilian Stoschek doch eigene Wege. Natürlich bleibt er der Firma verbunden – als Gesellschaf-

Eigene Pläne:
Die Leidenschaft
des Berufspiloten
Maximilian Stoschek
gehört dem Hub-
schrauber. Das Bild
zeigt den Urenkel
Max Broses 2004 am
Steuer eines Euro-
copter EC 120 auf
dem Weg zum spani-
schen Brose-Werk
in Santa Magarida.

ter ohnehin, aber auch mit der gelegentlichen Übernahme
besonderer Aufgaben wie der Vorbereitung der Automobil-
ausstellungen 2005 und 2007 oder auch des Firmenjubiläums 2008.

Die eigentliche Leidenschaft des jungen Stoschek aber gehört der Fliegerei. Mit 14 macht er den Segelflugschein, vier
Jahre später den Motorflugschein. Schon früh fasziniert ihn
der Hubschrauber. Kein Wunder, daß er bald der jüngste
Hubschrauberpilot auf einem Turbinenhubschrauber ist,
und weil der Vizemeister der Junioren im Hubschrauber-
Fliegen wie sein Vater, mit dem er einige Jahre das Hobby
Rallye-Fahren geteilt hat, und seine Schwester »keine halben Sachen macht«, entscheidet er sich 2005 für eine Laufbahn als Berufspilot. Daher ist es konsequent, daß sich Maximilian Stoschek aus dem operativen Geschäft von Brose

zurückzieht. Für die Nachfolge steht er also – einstweilen – nicht zur Verfügung, weil er sie sich noch nicht zutraut und weil er sie noch nicht antreten will. Das gibt Maximilian Stoschek Anfang 2006 auch öffentlich zu Protokoll und läßt damit eine beachtliche Souveränität und eine gehörige Portion Selbstbewußtsein erkennen.

Der Vater teilt diese Sicht. Für sein Empfinden ist der Siebenundzwanzigjährige mit gerade einmal sechsjähriger Berufspraxis zu jung, um ein Unternehmen dieses Zuschnitts zu führen. Gewiß, er selbst war noch jünger, nicht einmal vierundzwanzig, als er den Betrieb übernahm. Allerdings erwirtschaftete dieser damals an einem Standort mit gerade einmal 1000 Mitarbeitern einen Bruchteil des heutigen Umsatzes und war von einem internationalen Auftritt noch weit entfernt, von weltweit beinahe 40 Standorten gar nicht zu reden. Und dann macht es natürlich einen Unterschied, ob man als Enkel mittelbar einem distanzierten Großvater oder als Sohn unmittelbar seinem eigenen Vater nachfolgt.

Im übrigen hat Michael Stoschek der innerfamiliären Kapitalnachfolge stets die Priorität vor der Führungsnachfolge durch ein Familienmitglied eingeräumt. Erstere ist seit vielen Jahren gesichert, letztere ist ja nicht grundsätzlich und auf alle Zeit ausgeschlossen. Bezeichnenderweise nennt er sich nach dem Rückzug aus der operativen Verantwortung »Vorsitzender der Gesellschafterversammlung« und macht damit deutlich, daß seine »Aufgabe« neben der »größtmöglichen Unterstützung« der Geschäftsführung darin besteht, »die Familie zusammenzuhalten«.

Der Mann bleibt sich treu. Auch bei dieser grundlegenden Entscheidung und auch in einer Situation, in der sich die Lebenskreise der Familie und des Unternehmens schließen. Am 21. März 2006 stirbt Christa Leber im Alter von 87 Jahren. Im Leben des Unternehmens hat die jüngere der bei-

den Töchter Max Broses keine Spuren hinterlassen, schon
weil die ältere Schwester Gisela, als die Nachfolge anstand,
dem Wunsch Max Broses Folge leistete und diese für die
Jahre des Übergangs antrat. Ihre Leidenschaft galt vor allem dem Theater.

Im Leben der Familie Brose hingegen kommt Christa
Leber eine tragende Rolle zu. Ihre Begeisterungsfähigkeit,
ihr liebenswürdiges Naturell, aber auch ihre direkte Art
brachten warme Farben und sanfte Töne in die ansonsten
eher streng und distanziert organisierte Unternehmerfamilie. Bei alledem war Christa Leber eine disziplinierte, starke,
wohl auch ehrgeizige Frau und nicht zuletzt: die Mutter des
einzigen männlichen Nachkommens. Das war schon deshalb eine Herausforderung, weil ihr Vater, weil Max Brose
von Anfang an seine Hoffnungen und Erwartungen in diesen Nachfolger setzte.

Keine leichte Aufgabe, denn Michael Stoschek zeigte
schon als Kind alle Merkmale jenes »Kraftwerks«, als das er
auf dem Höhepunkt seiner Karriere als Unternehmer einmal von einem Wirtschaftsmagazin charakterisiert worden
ist. Da er früh ohne den leiblichen Vater aufwuchs, wog die
Verantwortung der Mutter doppelt schwer. Manfred Leber,
ihr zweiter Mann, war ihr bis zu seinem unerwartet frühen
Tod Partner und Stütze; ihr Vater, Max Brose, war bald die
entscheidende Bezugsperson im Leben des Jungen – aber
die Verantwortung konnte ihr weder der eine noch der andere abnehmen. Michael Stoschek hat nie vergessen, was er
seiner Mutter verdankt.

Und auch geschäftlich schließen sich für ihn jetzt die Kreise.
Zu den letzten Ereignissen, die in seine Zeit als geschäftsführender Gesellschafter fallen, gehört Ende Oktober 2005 die
offizielle Übergabe der grundlegend modernisierten Werks-
anlagen der »Brose Schließsysteme GmbH & Co. KG« in
Wuppertal. Brose hat die Schließsystem-Produktionsstätte

Neue Horizonte:
Michael Stoschek,
Vorsitzender der
Gesellschafter-
versammlung
von Brose, 2007.

im November 2002 von Bosch übernommen und mit einem Investitionsvolumen von insgesamt 110 Millionen Euro bis zum Jahr 2007 zum größten Produktionsstandort für Schließsysteme innerhalb der Gruppe ausgebaut.

Die Übernahme ist nicht ohne Risiko, entwickelt sich Brose doch erstmals nicht mit eigenen Produkten und eigenen Mitarbeitern weiter, sondern erwirbt ein neues Geschäftsfeld – dazu noch mit relativ niedriger Produktivität: Die seit Jahrzehnten nach oben weisenden Kurven beispielsweise der Wertschöpfung pro Mitarbeiter gehen plötzlich nach unten. Immerhin ist Wuppertal zu dieser Zeit mit seinen 650 Mitarbeitern – nach Coburg und noch vor Hallstadt – der zweitgrößte Standort in Deutschland.

Die Erfahrungen, welche die Coburger hier sammeln, sind mithin nicht nur erhebend; aber nützlich sind sie allemal. Denn es bleibt nicht bei dieser Übernahme. Weil im scharfen Wettbewerb der Automobil- und namentlich der

Zuliefererbranche Wachstum eine Voraussetzung für den unternehmerischen Erfolg, wenn nicht gar für das geschäftliche Überleben ist, nimmt Brose im Dezember 2007 neue Horizonte und bislang nicht gekannte Dimensionen in den Blick und erwirbt von Continental, einem der Mega-Supplier der Automobilindustrie, die VDO-Sparte Electric Motor Drives.

VDO – die Vereinigte DEUTA-OTA – ist 1929 aus dem Zusammenschluß der Deutschen Tachometer-Werke GmbH (DEUTA) und der Offenbacher Tachometer Werke (OTA) hervorgegangen und nach mehreren Besitzerwechseln vom neuen Eigentümer in die 2001 gegründete Siemens VDO Automotive AG eingebracht worden. Nachdem Continental Ende Juli 2007 zunächst die gesamte VDO von Siemens erworben hat, übernimmt Brose wenige Monate später die Elektromotoren-Sparte und sticht damit die japanische Konkurrenz aus.

Fortan gehören nicht nur die Aktivitäten der Business Unit Motor Drives in Würzburg mit ihren 1500 Mitarbeitern sowie die Entwicklungsbüros in Nürnberg und der Standort Oldenburg zu Brose, sondern auch Werke im französischen La Suze, im amerikanischen Gainesville und im mexikanischen Reynosa, drei Fertigungsstätten in China, darunter eine in Zhangjiagang, wo die Coburger ihrerseits seit 1995 produzieren, außerdem einzelne Produktionslinien im brasilianischen Salto, im tschechischen Trutnov sowie in der ungarischen Hauptstadt Budapest.

Einerseits liegt die Übernahme in der Logik der dynamischen Entwicklung namentlich der vergangenen zwei Jahrzehnte, in denen Brose zu einem international aufgestellten Unternehmen herangewachsen ist. Zudem wird mit den neuen Kapazitäten – wie schon mit der Übernahme der Schließsysteme von Bosch – Broses Kompetenz auf dem Gebiet der mechatronischen Systeme konsequent ausgebaut.

Und schließlich macht es Sinn, daß der weltweit größte Abnehmer von Elektromotoren für Fensterheber und Sitzverstellungen auch von diesen einen Teil selbst fertigt: Immerhin lieferte Siemens-VDO Würzburg 80 Prozent seiner Fensterhebermotoren an Brose.

Andererseits werden die Coburger mit der Übernahme auf neuen Feldern tätig und erweitern ihr Programm mit Motoren für Heizungen und Lüftungen, Antiblockiersystemen, Motorkühlungen und Servolenkungen um zusätzliche Wachstumsgebiete. Vor allem ist Brose gleichsam über Nacht ein Konzern mit einem Jahresumsatz von mehr als drei Milliarden Euro und einer auf mehr als 14 000 Mitarbeiter gewachsenen Belegschaft.

Ein großer Sprung und eine enorme Herausforderung. Die Chancen, daß sie erfolgreich gemeistert wird, stehen gut – weil die gelungene Integration der Bosch-Schließsysteme, also gewissermaßen der Probelauf, gezeigt hat, daß die Coburger Übernahmen stemmen und verkraften können; weil Brose auf eine über 100 Jahre organisch gewachsene Tradition als Automobilzulieferer zurückblicken kann; und weil der von Max Brose gegründete Betrieb bei alledem ein Familienunternehmen geblieben ist.

Epilog
Ein Familienunternehmen in Deutschland

Die Geschichte des Familienunternehmens Brose ist zunächst und vor allem die Geschichte zweier herausragender Unternehmerpersönlichkeiten: Max Broses und seines Enkels Michael Stoschek. Der eine hat die Firma, ursprünglich eine Zweigniederlassung des väterlichen Betriebs im bergischen Land, über beinahe sechs Jahrzehnte hinweg zu einem solide aufgestellten, regional verankerten, national tätigen Unternehmen aufgebaut. Der andere hat daraus in gut drei Jahrzehnten einen weltweit aufgestellten Konzern gemacht, der in den Stammbereichen die Marktführerschaft beanspruchen darf.

Das hört sich leichter, reibungsloser an, als es tatsächlich der Fall gewesen ist. Denn beide hatten die Firma durch außerordentliche Zeiten, durch Zeiten der Kriege und der Krisen zu steuern. Max Brose hat das Unternehmen durch die wohl größte Katastrophe der neueren Geschichte, durch das Zeitalter der beiden Weltkriege geführt. Michael Stoschek sah sich zunächst in der Ära der Öl- und Energiekrisen der siebziger und achtziger Jahre, dann im Zeitalter der Globalisierung mit Problemen konfrontiert, die die Automobilindustrie und mit ihr die Zulieferer vor existentielle Herausforderungen stellten.

Daß sie es schafften, hatte mehrere Gründe – allen voran

eine aufs Ganze gesehen konsequente unternehmerische Strategie, aber auch eine Menge Fortune und nicht zuletzt und namentlich im Falle des Firmengründers: manche Konzession an den Zeitgeist. Nicht daß solche Zugeständnisse, für sich genommen, ungewöhnlich oder verwerflich wären. Auch Unternehmer sind nun einmal Kinder ihrer Zeit. Aber Max Brose mußte das Unternehmen auch in und durch Zeiten lenken und leiten, in denen Konzessionen an den Zeitgeist in der Konsequenz auf die jedenfalls mittelbare Unterstützung eines totalitären Regimes hinausliefen.

Das festzustellen heißt nicht, daß Max Brose und sein damaliger Partner Ernst Jühling über diese Exzesse unterrichtet gewesen sind oder daß sie ihnen gar auf die eine oder andere Weise bewußt Vorschub geleistet hätten. Es heißt auch nicht, daß sie der nationalsozialistischen Ideologie und namentlich ihren planwirtschaftlichen Ideen viel hätten abgewinnen können, von der Rassen- und Vernichtungsideologie gar nicht zu reden. Aber es heißt, daß sie die Vorgaben der Machthaber und die Handlungszwänge des Systems in Kauf genommen haben und daß ihr Unternehmen während des Kriegs von staatlichen Aufträgen lebte und profitierte. Daß Max Brose den Betrieb auch ohne diese Zugeständnisse an den Zeitgeist durch den Krieg hätte bringen und als Familienunternehmen erhalten können, ist unwahrscheinlich.

So bleibt am Ende der Ära Brose eine zwar nicht ungetrübte, aber doch insgesamt eine beachtliche Bilanz: Ein Unternehmen durch zwei Weltkriege und zwei Nachkriegszeiten einschließlich zweier wertvernichtender Inflationen zu führen und den Nachfolgern einen wirtschaftlich stabilen und technisch zukunftsfähigen Betrieb zu übergeben, ist eine Leistung. Und es ist eine Herausforderung.

Daß Michael Stoschek diese annahm und meisterte, daß er das Unternehmen konsequent modernisierte, daß er ihm eine weltweit einheitliche, genuin dynamische Organisationsstruktur verpaßte und den Betrieb damit auf die Launen und Tücken einer unberechenbaren Welt einstellte, ist nicht minder respektabel. Immerhin sah sich Brose, kaum daß Stoschek mit nicht einmal Vierundzwanzig das Ruder übernommen hatte, der ersten jener Öl- und Energiekrisen gegenüber, die der Automobilindustrie und damit den Zulieferern seither und mit zunehmender Intensität zu schaffen machen. Und diese Situation wird sich weiter verschärfen. Der Öldurst kommender Industriegiganten wie China oder Indien, die Standortnachteile von Hochlohnländern wie Deutschland oder auch die Eigendynamik der vor allem in den etablierten Industriestaaten geführten Umweltdiskussion stellen die Autobauer und mit ihnen die Zulieferer vor existentielle Herausforderungen.

Daß viele, und keineswegs nur die kleinen, vor die Existenzfrage gestellt werden, ist nicht überraschend; daß Brose gegen den Trend kontinuierlich wächst, ist bemerkenswert und hat seine Gründe. Vor allem haben Familie und Firma an dem festgehalten, was sie konnten, und es stetig weiter ausgebaut: Die Entwicklung, die Produktion und der Vertrieb von Automobilzubehör waren und sind ihre Stärke. Systematisch, zügig und weitsichtig haben sie jede Chance genutzt, die sich auf alten und vor allem neuen Tätigkeitsfeldern ergaben. Ausflüge in näher oder ferner gelegene Gefilde wie die Zahntechnik, die Schreibmaschinenkonstruktion oder den Maschinenbau blieben zum Teil kostspielige, mitunter auch verlustreiche Ausnahmen. Sie wurden beendet, bevor es zu spät war, und in keinem Fall wurden die Substanz und das Kerngeschäft angegriffen oder gar aufs Spiel gesetzt.

Dahinter stecken nicht nur Pragmatismus und betriebswirtschaftliche Vernunft, sondern auch die Erkenntnis, daß sich das größte Risiko eines familiengeführten Unternehmens genau dort verbergen kann, wo auch die größte Chance liegt, nämlich in der Unternehmerfamilie. Weil das vor allem für Zeiten scheinbar grenzenlosen Erfolgs gilt und weil diese im Falle Broses mit den siebziger Jahren anzubrechen schienen, ergriff Michael Stoschek Maßnahmen, mit denen sich das Unternehmen »vor seinen Gesellschaftern schützen« ließ. Neben neuen Einrichtungen, wie einem Vertrag, der die Rechte und Pflichten der Gesellschafter klar und deutlich definierte und einen unabhängigen Beirat mit erheblichen Kompetenzen installierte, gehörte dazu auch das Festhalten an Maximen, die sich seit den Tagen Max Broses bewährt hatten. So haben sich die Gesellschafter bei Entnahmen von Gewinnen stets mit bemerkenswerter Disziplin zurückgehalten und statt dessen auf Investitionen in den Betrieb und damit auf die Zukunft gesetzt.

Dabei hat Michael Stoschek allerdings nie vergessen, daß rapide steigende Umsätze von einem Unternehmen auch verkraftet werden müssen. Gerade weil Brose-Produkte am Markt eine Resonanz hatten, die von den Werken und ihrem Personal zeitweilig kaum mehr gestemmt werden konnten, weil der Erfolg so groß und dem Wachstum scheinbar keine Grenzen gesetzt waren, galt es zu verhindern, daß die ohnehin notorisch dünne Personaldecke nicht überstrapaziert wurde und die Expansion zu Lasten der für Brose lebenswichtigen Qualität ging. Programme wie das Mitte der achtziger Jahre unter dem Namen »Konzentration und Organisation« umgesetzte bedeuteten immer auch das Anziehen der Wachstumsbremse: Bevor man den nächsten Schritt tat, ein neues Werk aus dem Boden stampfte oder ins Ausland ging, galt es innezuhalten, sich zu konzentrieren und neu zu organisieren.

Zu Entscheidungen wie diesen gehören Mut, Kraft und Weitsicht – Eigenschaften, wie sie in dieser Form und in solchen Situationen wohl nur familiengeführte Unternehmen aufbringen. Davon überzeugt, daß Mut zum Risiko und

Kleine Runde: Der Kreis der Gesellschafter des Coburger Familienunternehmens ist überschaubar. Das Bild, aufgenommen 2003, zeigt
vorne links Christa Leber, die jüngere Tochter des Firmengründers
Max Brose, mit ihrer Tochter Christine Volkmann und deren Tochter
Gabriele (hintere Reihe) sowie mit ihrem Sohn Michael Stoschek und
dessen Kindern Julia und Maximilian.

Freude an der Neugier zu den Voraussetzungen des Erfolgs
zählen, zugleich fest in ihrer Heimat verwurzelt und von der
Verantwortung für diese wie für ihre Mitarbeiter geprägt,
hat Brose jene für viele deutsche Familienunternehmen typische Mischung aus Bodenhaftung und Dynamik entwikkelt, die ein mittelständischer Betrieb braucht, wenn er sich
im beinharten internationalen Wettbewerb als Weltmarktführer behaupten will.

Brose hatte und hat das Glück, daß der Kreis der Gesellschafter stets überschaubar geblieben ist und daß sich diese

an die vereinbarten Regeln und Beschlüsse gehalten haben oder aber ausgeschieden sind. Daß letzteres, von Ernst Jühling abgesehen, in 100 Jahren nur einmal vorgekommen ist, sagt viel. Und was Jühling angeht, der zwar nicht zur Familie gehörte, aber immerhin den entscheidenden Teil des Startkapitals für den Übergang vom Vertrieb zur Produktion von Autozubehör in die Firma einbrachte, so gilt auch für ihn, daß er sich jahrzehntelang loyal an die Firmenraison gehalten hat. Das Zerwürfnis der späten Jahre hatte andere Gründe.

Wie überhaupt Loyalität und Pflichtbewußtsein zu den auffallenden Merkmalen dieses Unternehmens und dieser Familie gehören. Über die beiden herausragenden Figuren, über Max Brose und Michael Stoschek zu reden heißt nicht, von den anderen zu schweigen – von Ernst Jühling nicht, und von Gisela Brose auch nicht. Gewiß hat der eine wie die andere in der Profilbildung der Firma keine dauerhaften Spuren hinterlassen können oder wollen. Aber daß Max Broses ältere Tochter schon früh in die Firma eintrat, daß sie die Geschäfte in der Zeit des Übergangs mit großer Umsicht und im Wissen um die hohe Verantwortung geführt hat, ist Teil dieser Geschichte.

Dabei hatte sie ursprünglich anderes im Sinn als eine Karriere in einem metallverarbeitenden Betrieb. Wäre es nach ihr gegangen, wäre Gisela Brose wohl Journalistin geworden. Diesen Beruf hatte sie erlernt, und er entsprach ihrer Neigung. Wie überhaupt das unternehmerische Engagement zwar das dominante in der Familie Brose ist, aber eben nicht das einzige. Auffallend ist die Neigung und wohl auch eine Begabung für das künstlerische Fach, und offenkundig hat die Heirat von Max Broses jüngerer Tochter Christa mit Walter Stoschek diesen Zug belebt und verstärkt.

Auf fast allen Feldern haben sie sich versucht – mit größerem oder auch geringerem Erfolg, öffentlich oder auch nur privat: Carl Brose, der Bruder des Firmengründers, als Bildhauer; seine Nichte, Max Broses Tochter Christa, als Schauspielerin; ihr Mann Walter Stoschek als Pianist, Kapellmeister und zeitweilig auch als Intendant; ihr gemeinsamer Sohn Michael als Fotograf und einmal auch als Dirigent; seine Tochter Julia schließlich, die Urenkelin des Firmengründers, als Sammlerin zeitgenössischer Kunst.

Das ist keine schlechte Bilanz, und ein Widerspruch zum anderen Betätigungsfeld der Familie, dem unternehmerischen, ist es auch nicht: Carl Brose vollzog – ursprünglich mehr aus Pflichtbewußtsein denn aus Neigung – die Wandlung vom Bildhauer zum erfahrenen Unternehmer, Julia Stoschek hätte wohl das Zeug, ihre Management-Fähigkeiten nicht nur im Bereich der Kunst, sondern in einem weltweit operierenden Unternehmen unter Beweis zu stellen, und Michael Stoschek findet ohnehin, daß es – bei allen Unterschieden zwischen den Dimensionen eines international aufgestellten Unternehmens und eines regional arbeitenden Orchesters – Gemeinsamkeiten in der Leitung des einen wie des anderen gibt.

Allerdings haben die Broses und die Stoscheks stets gewußt, daß man nicht beides zur gleichen Zeit mit letztem Einsatz und vollem Erfolg tun kann. Die Konzentration auf das eine schuf den Spielraum für anderes. Das eine, das Geschäft, stand dabei stets im Mittelpunkt. Es konnte nicht anders sein. Denn ein Unternehmen zunächst national, dann weltweit stabil zu positionieren und über Jahrzehnte ungebrochen auf Erfolgs- und Expansionskurs zu halten, verlangt ganzen Einsatz, verlangt Phantasie, Kreativität, Leidenschaft, Disziplin und – nicht zuletzt und im Falle eines familiengeführten Unternehmens – Zusammenhalt. Von Brose ist da einiges zu lernen. Es gibt nicht viele Unternehmen in Deutschland, von denen sich nach 100 Jahren solches sagen läßt.

Anhang
Zur Quellenlage

In die Geschichte eingehen wollte er offenbar nicht. Jedenfalls hat Max Brose nichts unternommen, um nachfolgenden Generationen einen gesicherten Einblick in sein Leben und sein Lebenswerk zu ermöglichen. Daß er sich 1908 selbständig gemacht, 1919 das Unternehmen gegründet, über fast ein halbes Jahrhundert hinweg an seiner Spitze gestanden und das Fundament für die Karriere seiner Firma zu einem imposanten, weltweit agierenden Konzern gelegt hat, wissen wir.

Wie er das gemacht hat, ließe sich kaum mehr rekonstruieren, wären wir auf die in der Familie und der Firma überkommenen Unterlagen angewiesen. Dort findet sich nämlich so gut wie nichts, was uns weiterhilft. Einige Postkarten und Briefe, eine Reihe von Fotos, auch einzelne Dokumente wie zum Beispiel der Wehrpaß Max Broses sind offenkundig eher zufällig erhalten geblieben. Von einer konsequenten Sammlung oder gar von einer systematischen Archivierung durch die Familie oder die Firma kann keine Rede sein.

Besser sieht es bei jenen Institutionen aus, deren Auftrag eben jene systematische Traditionssicherung ist. Von Interesse sind hier die öffentlichen Archive vor allem jener Städte, in denen die Familie beziehungsweise die Firma ansässig waren, also Wuppertal, Berlin und Coburg. Allerdings weisen die Bestände namentlich in den Fällen Wuppertals und Berlins erhebliche kriegsbedingte Lücken auf. Immerhin sind Jahresberichte der Schulen, die Max Brose und seine Brüder besuchten, außerdem Adreßbücher, Ausstellungskataloge, zeitgenössische Presseberichte und ähnliche Materialien mehr erhalten.

Deutlich günstiger stellt sich die Situation in Coburg dar, weil die Stadt weitgehend vom Krieg verschont geblieben ist und weil Max Brose hier in seiner Eigenschaft als Bürger, als Unternehmer und zeitweilig auch als Mitglied des Stadtrates und der Industrie- und Handelskammer eine deutliche Spur hinterlassen hat. Zwar sind die Akten der Coburger IHK 1945 durch die amerikanischen Besatzer beschlagnahmt worden und dann verloren gegangen. Doch konnten die Lücken durch die Bestände des Bayerischen Hauptstaatsarchivs in München sowie des Bundesarchivs in Berlin, und hier namentlich durch die Akten des Reichswirtschaftsministeriums und der Reichswirtschaftskammer, zum Teil geschlossen werden.

Von erheblichem Interesse sind auch die gleichfalls im Bundesarchiv, in diesem Falle in Freiburg, aufbewahrten Kriegstagebücher der Rüstungskommandos Coburg und Nürnberg sowie der Rüstungsinspektion Nürnberg, in denen die Auftragsabwicklung seit dem Einstieg des Metallwerks Max Brose & Co., Coburg, in die Rüstungsproduktion dokumentiert ist. Ergänzend sind die Bestände des Reichsministers für Rüstung und Kriegsproduktion sowie der entsprechenden Wirtschaftsgruppen herangezogen worden. In Verbindung mit den Akten, die in den Staatsarchiven von Coburg, Bamberg und Nürnberg aufbewahrt werden – allen voran die der NSDAP-Gauleitung »Bayerische Ostmark« und der Regierung von Ober- und Mittelfranken – vermitteln sie ein zuverlässiges Bild der Tätigkeit

Max Broses und seines Unternehmens in der Zeit des Dritten Reiches.

Natürlich sind die Archive in Coburg, Nürnberg oder München auch eine erste Adresse, wenn es um die Entwicklung des Betriebs in der Nachkriegszeit geht. Erschöpfend ergründen läßt sich die Geschichte freilich aus diesen Quellen alleine nicht, von der Persönlichkeit Max Broses gar nicht zu reden. Hier helfen einige teils zufällig erhaltene, teils für die Nachwelt zusammengestellte Dokumente weiter – allen voran ein unscheinbares Adreßbuch, das sich Hans Remde Anfang der siebziger Jahre beim Coburger Bürobedarfshändler Stempel-Steier besorgt hat.

Von A wie »Abschreibungen« bis Z wie »Zahn & Co.« hat der langjährige Prokurist, der 1956 von Max Brose in die Firma geholt worden ist und auch dessen Tochter und Enkel bis zu seiner Pensionierung loyal zur Seite stand, alle ihm wichtig dünkenden Informationen notiert. Da Remdes Aufmerksamkeit bis in die Zeit seines Firmeneintritts zurückreicht, ist das Büchlein eine der wichtigsten Quellen zur Geschichte der Firma wie auch der Familie Brose. Eine hochwillkommene Ergänzung findet es in einem Akt, den Peter Jühling, der Sohn von Max Broses jahrzehntelangem Partner Ernst Jühling, Ende der fünfziger Jahre zusammengestellt hat. In ihm ist nicht nur die Trennung der beiden dokumentiert, sondern die Papiere werfen auch ein bezeichnendes Licht auf die Charaktere der Protagonisten und erlauben uns einen aufschlußreichen Einblick in die Geschäftsverhältnisse seit Ende des Zweiten Weltkrieges.

Und dann gibt es die Erinnerungen Christa Lebers, der jüngeren Tochter Max Broses, einerseits und ihres ersten Ehemannes Walter Stoschek, des Vaters von Michael Stoschek und Christine Volkmann, andererseits. Walter Stoschek hat seine für eine Veröffentlichung bestimmten Memoiren unter dem Arbeitstitel »… als ob es gestern war!

Erinnerungen eines Dirigenten« zu Papier gebracht und am Jahresende 1975 im Manuskript abgeschlossen.

Christa Leber gab im Frühjahr 2003 dem Drängen ihrer Schwiegertochter nach und führte mit dieser eine Serie von Gesprächen über ihr Leben. Gabriele Stoschek hat sie auf Tonband aufgezeichnet, außerdem ergänzende Gespräche unter anderem mit der längsten und besten Freundin Christa Lebers geführt und daraus ein Manuskript erstellt, das in kleiner Auflage gedruckt worden ist.

Der schmale Band enthält nicht nur den Lebensbericht Christa Lebers, sondern auch anschauliche Porträts ihrer Eltern und nicht zuletzt ihrer älteren Schwester Gisela, die ja die Firma von 1968 bis 1971 führte und von der wir im übrigen so wenig wissen wie von keinem zweiten Mitglied der Familie Brose beziehungsweise Stoschek. Nicht zuletzt bildet der Bericht der jüngeren Tochter Max Broses mit der Schilderung der Kindheit und Jugend Michael Stoscheks eine Brücke in jene Zeit, die sich mit dem Namen des Sohnes von Christa Leber, Neffen von Gisela Brose und Enkels von Max Brose verbindet.

Über diese Ära, die mit der Übernahme der Geschäftsführung durch Michael Stoschek im Oktober 1971 beginnt, sind wir umfassend informiert, weil sie dicht und geschlossen dokumentiert ist. Das gilt für die Familie Michael Stoscheks, und zwar sowohl für seine eigene wie auch für die seiner Schwester. Daß der leidenschaftliche Fotograf die Geschichte seiner Familie, aber auch die seines Unternehmens auf seine Weise festgehalten hat, gibt der Überlieferung eine eigene Note.

Und es gilt für die Firma. Zu den wichtigsten Unterlagen, die in den Büroräumen der Geschäftsführung aufbewahrt werden, gehören neben den Geschäftspapieren aller Art im engeren Sinne vor allem die wichtigen Gesellschaftsverträge, die Protokolle der Gesellschafterversammlungen,

Korrespondenzen und andere Dokumente mehr. Ein äußerst aufschlußreiches, die primären Quellen ergänzendes Dokument ist die seit 1973 erscheinende Firmenzeitschrift *brose intern*.

Und dann rückten das Unternehmen beziehungsweise der Unternehmer zunehmend in das Blickfeld der Öffentlichkeit. Daß sich die regionale Presse von Anfang an für einen der wichtigsten Arbeitgeber der Stadt Coburg interessierte, versteht sich von selbst; daß die überregionalen Blätter und dann auch die großen Wirtschaftsmagazine seit Anfang der siebziger Jahre auf das oberfränkische Unternehmen aufmerksam wurden, ist kein Zufall: Die Karriere des mittelständischen Automobilzulieferers hin zum international aufgestellten Konzern mit Milliarden-Umsätzen in den Büchern und einem Leistungssportler an der Spitze ist nun einmal der Stoff, aus dem Berichte und Geschichten zu machen sind.

Abkürzungen

AG	Aktiengesellschaft
BEST	Brose-Erfolg durch Sparsamkeit und Teamgeist
BKK	Brose-Betriebskrankenkasse
BMW	Bayerische Motoren Werke AG
Co.	Compagnie
DKW	Dampfkraftwagen
DNVP	Deutschnationale Volkspartei
DVP	Deutsche Volkspartei
GM	General Motors Corporation
GmbH	Gesellschaft mit beschränkter Haftung
HUK	Haftpflicht-Unterstützungs-Kasse kraftfahrender Beamter Deutschlands
IHK	Industrie- und Handelskammer
Kfz	Kraftfahrzeug
KG	Kommanditgesellschaft
KONZORG	Konzentration und Organisation
LKW	Lastkraftwagen
MTM	Methods-Time-Measurement
NSDAP	Nationalsozialistische Deutsche Arbeiterpartei
NSKK	Nationalsozialistisches Kraftfahrkorps
PKW	Personenkraftwagen
SEAT	Sociedad Española de Automóviles de Turismo, S. A.
Treuco	Treuhand- und Revisionsgesellschaft mbH Coburg
VW	Volkswagen

Bildnachweis

Peter Jühling: S. 31 und 135; Stadtarchiv Coburg: S. 59 und 61; Yun Lee: S. 289. Alle übrigen: Brose Fahrzeugteile GmbH & Co. KG. Bei einigen Abbildungen konnten die Urheber nicht ermittelt werden. Rechteinhaber mögen sich bitte an den Verlag wenden.

Personenregister